江戸のお茶——俳諧　茶の歳時記

江戸のお茶

――俳諧 茶の歳時記

山田新市

八坂書房

江戸のお茶――俳諧 茶の歳時記

目次

プロローグ　歳時記と茶　——誰が文ぞゆかし茶のこと雪のこと

＊歳時記と茶

食にまつわる文化の特徴の一つは季節性に富んでいるということである。それはいろいろな食材も、またそれを口にする習慣も、ともに季節性に従わざるを得ないことだけでなく、古来日本列島の四季が変化に富んだものだったことにもよっている。

茶もまた季節性を持った食品の一つだが、そうした季節性を個別のことばとしてもっとも体系的に捉えてきた歳時記によれば、茶の季節性を示すことば、つまり季語は、出版されている本によって多少の違いはあるものの、およそ次のとおりである。

新年——大服茶《おおぶく》　初釜　挽初《ひきぞめ》　荷茶屋《にない》

春　——茶摘《ちゃつみ》　製茶　聞茶《きき》　利休忌　釣釜　炉塞《ろふさぎ》

夏　——新茶　古茶　風炉茶　朝茶の湯　夏切茶《なつぎり》

秋　――接待
冬　――口切《くちきり》　炉開《ろびらき》　茶の花

言わずもがなのことだが、たとえば「初釜」は茶の湯の釜の新年のかけ初めのことで、初茶の湯、釜始、点初《たてぞめ》、初点前《てまえ》、点茶始、茶の湯始などとも言うように、バリエーションも多い。しかしそれは「初釜」に限ったことではなく、「茶摘」でも茶摘唄、茶摘籠、茶娘などとも言うように、いずれの季語も句に詠みこむ場合の具体的な表現は多様なのである。

季語はまた、それぞれの時代を反映している、と言ってよい。江戸時代には大切な季語だったが現代では消えてしまっているものもあれば、現代だからこそ新しく生まれたものもあるからである。

右に上げた新年の季語である「荷茶屋」や、秋のそれである「接待」などは、歳時記によってはまだ記載しているものもないではないが、実態はもうほとんど消えてしまっているから、失われた季語と考えてよいであろう。

「荷茶屋」は中世から江戸末期まで行われた飲茶の行商形態で、これが新年の季語になっていたのは、元日に勧修寺大納言家の取次ぎにより紫宸殿の階《きざはし》の下で茶を点てる習慣があったからであった。

また「接待」は門茶《かどちゃ》とも言い、陰暦の七月に寺参りをする人たちに、寺々が山門を入ったあたりや本堂のそばなどに接待所を設け、お茶や麦湯などを供することを言った。それだけでなく、門前を往来する人に湯茶を施す寺もあったというが、今はほとんど見かけることのなくなった習俗である。

では、もともと春夏秋冬それぞれに行なわれていた「茶摘」が春に特定される季語となったのはなぜだろうか。同様に四季それぞれにあった「新茶」が夏の季語となったのはなぜであろうか。

そこには右に上げた「初釜」や「荷茶屋」「接待」などの場合とはおのずから別な理由があった。それは春にだけ作る碾茶《てんちゃ》（抹茶の原料となる茶）が四季それぞれの茶の代表とされたからだが、この理由は別の項に述べるように、日本での茶の歴史の実際と深くかかわっていると言ってよい。

ところでその歳時記はいつのころに出来たものであろうか。ごく大づかみに言うと、中世の連歌師だった宗祇が『白髪集』をあらわして「季の詞」をあげたのを皮切りに、江戸時代に入ってからは貝原好古編・同益軒補の『日本歳事記』（一六八八年刊）、滝沢馬琴の『俳諧歳時記』（一八〇三年刊）に至るまで、次第に充実した形をとるようになったとされる。

だんだんと詳しくなってきた歳時記の歴史に深入りするつもりはないが、その中に茶はどのように取り入れられてきたであろうか。江戸前期の国学者で俳人でもあった北村季吟の『山の井』（一六四八年刊）を見ると、取り上げられている季語一一三のうちに茶の関係の言葉は含まれていない。管見では、茶が歳時記に登場し始めたのは延宝六（一六七八）年、芭蕉より少し前の時代の人である野々口立圃《りゅうほ》がまとめた『増補はなひ草』（『はなひ草』は寛永十三＝一六三六年）からだが、そこには次のように記されている。

一、茶　うへ物にあらず、つむはうへもの也。
一、茶　只一、ちやつぼ・ちやせんなどの内に一、茶や一、いづれも折をかへて有《ある》べし。ちや染《ぞめ》・

ちやせんがみ等はうらにあり。但、ちやせんとちやせんがみ、出がちに一たるべし。

これには少し説明が必要である。「うへ物」とは「植え物」、つまり栽培される植物のことである。俳諧連句で単に「茶」と言う場合は「うへ物にあらず」、つまり栽培されたものでない茶の木を指し、茶を「摘む」と言う場合は「うへもの也」、つまり栽培された茶の木を指すとしている。

また、「茶」の言葉は、連句一作品の中では「ちやつぼ・ちやせんなど」の形で一回だけ登場させる程度がよい。これは「茶屋」についても同じで、「ちやせんとちやせんがみ」などは「出がち」、つまり出す出さないは勝手である、と言うのである。「うら」とは連句を記録する料紙（横に二つ折りにして使う）の裏のこと。

しかし立圃はここで「茶」を特定の季節を示す季語として述べることに眼目をおいてはいない。「うへ物」「うへ物にあらず」「うらにあり」などと言っているように、むしろ栽培か否かにより多くこだわり、連句の作法にこだわっているのである。

立圃の言う後段はその茶を俳諧連句の中でどう扱ったらよいかという心得を述べた記述だが、その意味を知るのには、面倒でも俳諧連句がどういうものかを簡単にでも見ておくことが必要になる。

かいつまんで言うと、五七五（長句）と七七（短句）とを連続させることでイメージによる連想を次々と展開させ、その全体で一つの文芸的なイメージの世界を作り上げていくのが連句である。

これは全体の句の数によって歌仙《かせん》（三六句）、世吉《よよし》（四四句）、百韻（一〇〇句）、十百韻《とっぴゃくいん》（千句）や大矢数（これの最大は井原西鶴の独吟二万数千句）などさまざまな形があり、連衆《れんじゅう》と呼ばれる数人の参加者による座芸だが、一人でする場合（独吟）もある。

俳諧ということばは、直接にはおどけ、たわむれ、滑稽などの意味である。しかしそれも、俳諧の「俳」の字が「わざおぎ」（芸をする人）を意味しているように（俳優など）、実生活との間にある距離をおいた関係を示していると考えてよい。

ことばの意味を探り始めると煩瑣になるからこれ以上はやめよう。もっとも一般的なのは三六句を連ねる「歌仙」（和歌の三六歌仙に由来する名）だったが、その最初の句を発句、最後の句を挙句と呼んだ他、詠みこむことばについても、次のような大まかなとりきめがあった。すなわち発句にはその季節を詠みこむこと、五句目と一四句目、および二三句目には月を、また一七句目と三五句目には花を詠みこむこと、同じ句材は重複させないこと、全体に人間的な華やかさをあたえるために恋の句を詠むこと、などである。立圃が茶壺、茶筅、茶屋などは何句も隔たって詠むとしたのは、そういう意味だったのである。こうして連句では三六句なり四四句なり一〇〇句なりの全体がかもし出す流れの緩急自在さが楽しまれたのである。

現代でも使われる「挙句の果て」などという用語法は最後の句を挙句と言ったことからきているが、その発句がやがて独立して近代の俳句になっていったことは誰でも知っていよう。

＊俳諧の中の茶

歳時記が次第に詳細に、緻密になっていったことはすでに言ったが、立圃のこの『増補はなひ草』の記述を見ると、江戸の初期、茶は俳諧の句材（句作の材料）としてはそれほど高い位置を占めていたわけではないらしいことも分かる。

しかし、次第に盛んになっていった江戸俳諧をつぶさに調べてみると、茶を読み込んだ句は、長句・短句をまじえてかなりの数にのぼっている。あるきっかけで松尾芭蕉門下の俳人たちの句を中心に、茶を詠んだ江戸時代の俳句を三〇句あまり抽出した機会に始めた茶の句の蒐集作業は最近になってようやく終盤を迎えたが、発句だけでざっと数えて一五〇〇句近く、連句の付合が六〇〇句を越えることになった。

発句は春四二〇句あまり、夏三〇〇句近く、秋一八〇句あまり、冬五七〇句あまり、そして無季あるいは雑の若干である。これは江戸時代の連句の中で詠まれた茶の発句の、おそらく大半であろう。目を通していない記録に記されている句を加えても、二〇〇〇は越えないのではあるまいか。無季の句というのは季を特定できない句（雑）のことだが、連句の付合《つけあい》には、季節を特定しないことで緊張をほどく部分もあるからである。

茶にかかわる季語を持つ句の主な数をあげると、茶の花がおよそ一八〇句、茶摘みは一一〇句あまり、炉（炉開き・炉塞ぎ他）は一一〇句ほど、口切（夏切を含む）が一〇〇句ばかり、新茶五〇句ほど、製茶三〇句近く、大服茶二七句、接待二四句になる。

その中から、元禄期ころには各地に著名な俳人が生まれたが、蒐集した茶の句の作者は吟者不詳の句を別にして五〇〇人を越えている。その中から一〇句以上の茶の句の作者をあげると、長句と短句を含めておよそ次のような数になる。

一茶一四五句	芭蕉五七句	几董《きとう》五一句	蕪村三九句	其角二九句	野坡二八句
西鶴二八句	不白二六句	長頭丸二三句	素丸二三句	麦水一九句	徳元一七句
乙由一六句	葎亭一六句	支考一四句	召波一三句	也有一四句	青蘿一三句
太祇一二句	寥太一一句	浪化一一句	宗鑑一一句	暁臺一〇句	晩得一〇句

長頭丸は貞徳（松永氏）の別号だが、一人一人の俳人についてここで詳しく述べるわずらわしさは避けよう。しかし茶を詠み込んだこれらの句は、江戸時代の人々の生活史を、また茶の社会史を、俳諧に固有な角度から照らし出してくれる。もちろんこれらの句が伝える一七文字、あるいは一四文字がすべて実生活のディテールを忠実に表現していると考えるわけにはいかない。もちろん虚構もあれば修辞もあるからである。

俳諧で属目《しょくもく》と言うのは即興的に目にふれたものを詠むことだが、俳諧そのものはそれだけに縛られるものではない。イメージの連想からの展開は、むしろつねに空想と虚構と願望に支えられていると言ってもよい。それは近代の俳句でも同じだが、しかし俳句であれ、あるいは小説であれ、そこに取り込まれた虚構や空想や願望や修辞が実生活とはまったく無関係だと考えるよりは、何らかの意味で作者とその周辺の実生活を反映していると考えることの方がむしろ自然である。

＊俳諧の中に茶を探る

江戸時代に茶はどのようなものだったのだろうか。どのように飲まれていたのであろうか。少なくとも現代人よりはずっと勤勉だったと思える江戸時代の人々は、根を詰めた日々の中でいつ、どんな風にして茶を飲んでいたのであろうか。それは俳人たちの目にどのように映っていたであろうか。長句・短句合わせて二一〇〇句あまりの中からそれを探ってみることは意味のないことではあるまい。

江戸時代の茶の姿については、これまでもいろいろに言われてきているが、これらの句をつぶさに読んでいくと、それとは違った姿も浮かび上がってくる。気の合った仲間でか、あるいは近隣同士でか、朝ごとに集まって茶を飲む習慣があったらしいこと、〈旅人とわが名呼ばれん〉と詠んだ元禄の俳人芭蕉が茶には特別な思いを寄せていたらしいこと、等々はその隠れもない一つである。

＊　＊　＊　＊　＊

茶は、生活物資という意味では、かつても今も卑小な存在であるには違いないが、しかしそれでもじつに多様な側面を備えた生活物資であった。その多様だった江戸の茶の側面を、以下、句の示す範囲で考えてみたいと思う。

俳句はあくまでもイメージの世界である。これは俳句論ではないから、「イメージの世界」という言い方には異論のある向きはあろう。しかし筆者がここで言おうとするのは、かつて芭蕉が喝破したように、江戸時代の俳句が「虚実の間」のものであって、あくまでも事実に忠実に記録された史料とはおのずと異なるということに過ぎないが、だからと言ってこれが現実の反映でないわけではない。いわばそれは「個的な現実」の反映と言うべきであろうが、以下、その集積が物語るものに目を向けることにもなにがしかの意味はあるであろう。

一　朝茶の習慣　――卯の花や朝茶の色はなお黄ばみ

＊朝茶のことわざから

朝茶というのは、文字通り朝に飲むお茶、朝ごとに飲む茶のことである。どこか新鮮な語感がただよう言葉だが、それは、夜が明けたばかりの時間帯のすがすがしさが投影されるからかも知れない。飲茶は朝のものであった。朝茶がことわざでお馴染みなのもそのためだろうか。

・朝茶に別れるな
・朝茶は三里行っても飲め
・朝茶は七里帰っても飲め
・朝茶はその日の難逃れ
・朝茶は福が増す

これは朝茶の登場することわざの主なものだが、ここで「里《り》」は距離の単位で、およそ四キロメートル、正確には三・九二七三キロメートルになる。「難逃れ」と「福が増す」は対になった表現だが、ある辞典は、よく似たこれらのことわざを「朝茶は七里帰っても飲め」に代表させ、次のように説明する。

朝茶は大事だからたとえ七里の道を戻ってでも飲むべきである。朝の茶はその日の災難よけであるから必ず飲むべきものだという意。「朝茶は三里行っても飲め」「朝茶はその日の祈禱」とも。〈「お茶がはひりますから、延喜（縁起）に呑んで行って下さい」「いや、朝茶はその日の祈禱だといふから一杯呑んで行きませう」〉（歌舞伎・極附幡随長兵衛―三幕）（『故事ことわざの辞典』、小学館）

そこから朝茶は、朝に飲む茶という意味を超えて旅立ちのイメージを思わせもするが、それは災難が多く旅にともなうものだったからでもあろう。旅と災難は自分にだけかかわるものではなかったはずである。

猪の追《おわ》れてかへる哀《あわれ》なり　淡水
茶ばかりのむ《ん》でけふも旅立《だつ》　支考（茶草子）

まるで追い払われる猪のように、急ぎ足でそそくさと立ち去るばかりの旅人だが、支考も茶だけは飲ませている。朝茶のことわざのような連想が支考にもあったのだろう。

それはともかく、ここで朝茶は大事な茶、縁起の茶、災難よけの茶、祈禱の茶として特別な意味を持つとされている。少なくとも、現代人が何気なく飲むのとは違う茶なのである。

しかし俳諧に詠まれた朝茶は、ことわざのもつ教訓性やしかつめらしさとはおのずと異なっている。ことわざとはそういうものだと言ってしまえばそれまでだが、実際の朝茶はむしろ茶の味を楽しみ、茶を口にするゆったりとした朝のひとときをも楽しんでいるのである。

朝茶のむ僧しずかさや菊の霜　芭蕉（ばせを盥）
うの花や朝茶のいろは猶黄ばみ　一秀（俳諧奈都美津起）
朝々や茶がむまく《う》成る霧おりる　一茶（七番日記）

とりあえず三句を上げてみた。いずれも発句だが、芭蕉の句に登場する僧は近江（滋賀県）堅田にあった祥瑞寺の僧だとされる。朝の勤行を終えた僧が早くも霜の降りた菊を眺めながら一人静かに茶を飲んでいる――それはいかにも自適した心境を示しているかの如くである。堅田は和歌にも俳句にも詠まれてきた名どころの一つだが、蕉門の一人だった千那《せんな》が住職を務める本福寺があり、祥瑞寺はそのとなりにある寺だった。

高燈籠《たかとうろ》ひるは物うき柱かな　千那

その千那の句を「猿蓑」が収めている。本福寺は真宗の寺で、千那以後の代々の住職は俳諧を好んだという。

引用の二句目は表題に借りた句だが、一秀の茶はいわゆる金色透明の茶である。金色透明は古くから上等な茶の煎出液の色を表現することばだった。卯の花の色をも映しているようだ、と一秀は思ったのだろうか。

一茶も茶を好んだらしく見える。茶の句が図抜けて多いことにもそれはうかがえるが、もともと茶が嫌いではこの句も詠めなかったろう。「うまくなる」「霧おりる」とるを二つ重ねる独特な語法から受けるやわらかな感じもあるけれど、どこかほのぼのとした一茶の句の世界の骨頂を垣間見せているのは、やはり背景に茶が好きだったことがあるように思える。霧は秋の季語だが、一茶は霧をもまた茶のうまさにかかわらせている。

一茶の生きた時代は新しい茶が生まれた時代でもあった。それは宇治田原の人だった永谷宗円（一六八一〜一七七八）が、やがて青製と呼ばれるようになった新しい茶を考案することで開かれた時代だった。これは急須に入れた葉茶に湯をそそぐだけの淹《だ》し茶と呼ばれる飲み方の茶である。とりあえずその時代の意味だけでもはっきりさせておかなければならないが、それを一言で言うと、それまでは煮て作っていた煎じ茶に加えて、蒸して揉み上げる茶、煎茶が新たに登場したことにあったのである。

この茶のことを言うとき、往々にして、それ以前の茶が古臭いものになったようなニュアンスで語られることが多いのは如何なものであろうか。茶に限ったことではないが、こうした新しい時代の変化を新旧をつぎはぎする形でだけ考えていると、江戸という大きな時代の喫茶の動向をダイナミックに捉えることは出来なくなる。しかし貧困に泣いた一茶がこうした変化の意味に気づいていたかどうかは分からない。

この茶は誰が飲んだのだろうか。永谷宗円の茶の販売を一手に引き受けたのは、山本嘉兵衛と名乗る茶問屋だった。現在の山本山の祖である。その山本山の家史によると、嘉兵衛はこの茶の得意先を諸大名の江戸下屋敷に開拓したというから、大雑把に言えば、支配層の中にその愛好家を見出したことになる。必ずしも安価な茶ではなかったろう。

それはそれとして、宗円が新しく開発した茶は、江戸の中期から後期への、大きく強い時代の流れを反映していたのかも知れない。「朝々や茶がむまく成る」という句には、一茶らしいとは言え、ある明るさも仄《ほの》見えるではないか。

＊流行した朝茶と由来

朝茶がかなりな広さで行なわれたらしいことは、朝茶を詠んだ句がたくさんあるということからだけの推測ではない。しかも朝茶の句は江戸時代になってから初めて詠まれたものだったわけではなく、すでに室町の時代にその由来を述べたらしい句があるという。ほかならぬ連歌の第一人者だった宗祇（一四二一～一五〇二）の作とされる左の句がそれである。

冬は猶奈良のならひで朝茶哉　　宗祇

この句は『綾錦』ほかいくつかの俳諧書が記しているから、本当に宗祇のものかも知れない。もっとも『綾錦』は享保十七（一七三二）年に沾涼《せんりょう》が編纂した本で、宗祇の存命時期とかけ離れ過ぎているのが気になるが、そこには「慶長のころに詠まれた」という注記がある。慶長は一五九六年～一六一五年の九年間だから、宗祇の没年と引き合わせると、「宗祇吟」というのもまたいささか怪しくはなる。すでに宗祇も伝承の世界の人だったかと思わされたりもするが、それでもこの方が話としてはおもしろい。『綾錦』を編纂した菊岡沾涼は平藩（福島県）藩主家の二男だった内藤露沾（一六五五～一七三三）の門人だった。考証趣味のある人だったようだから、まったくの間違いというわけでもあるまい。宗祇の句を検索するわずらわしさを避けて、ここは沾涼の説を信じることとしよう。

宗祇は近江（滋賀県）湖東の生まれとも、また紀州（和歌山県）の猿楽の生まれとも伝えられる連歌師だが、この「冬は猶」の句がいつどこで詠まれたものかは分からない。しかし宗祇は奈良とも因縁があったから、すでに宗祇のころから奈良に朝茶の習慣があったのだと想像できなくもない。宗祇が中七文字を「奈良のならひで」としていることに意味を求めるだけの価値はあるように思える。

朝茶そのものを詠んだ江戸の句に戻ろう。

宿《しゅく》はづれ霜消《きえ》る間は朝茶めせ　如泥（続虚栗）

郭公《ほととぎす》小坂ひとつや朝茶の子　涼菟（一幅半）

茶に塩のたらぬ朝也はつしぐれ　蒼虬（蒼虬句集）

如泥の句はおのずから旅立ちを思わせるところがあって、先のことわざとも一脈相通ずるのかも知れない。霜は冬の季語。宿外れの家の庭に降りた霜はまだ寝静まったままのように白い。日の昇るのは遅く、消えていない霜は朝まだきの頃合いであることを教えている。「朝茶めせ」という下の句には、だからこそそのもてなしという思いが示されていると見ようか。

涼菟の「郭公」の句。「ひとつや」はあるいは一つ屋、一軒家のことだろうか。「や」を切れ字として見ると意味不明と思わざるを得ないが、一つ屋だとすれば小坂は涼菟に覚えのある地名だろう。涼菟は伊勢神宮の下級の神職だった人で、芭蕉最晩年の門人だったらしい。無造作、無作為の作風だったというから、珍しく体言だけで構成された句と見てもよいかも知れない。「茶の子」は茶請けのことと思えるが、朝の簡単な食事ととってもよいように思う。茶の子が軽い食事を意味する用例はあるからである。

ずっと後の時代まで、土地によっては朝飯と夕飯の間の、空腹を癒すだけが目的の食事をさして茶の子とか茶漬けなどと呼ぶところがあった。それを含めて一日四食が習慣だったそこは苛酷な肉体労働を

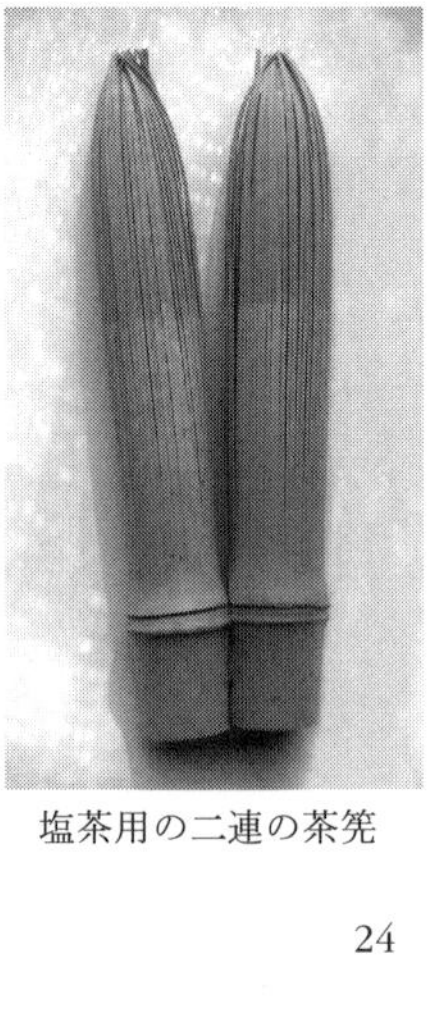

塩茶用の二連の茶筅

伴なわざるを得ない農村だったが、これは江戸時代以降の食の文化がつねに茶を伴なって変化発達してきたことをうかがわせる。

蒼虬《そうきゅう》の「はつしぐれ」の句は、朝茶に限らず茶には塩を入れて飲んだことを示しているが、塩が足りず味も思わしくない朝茶の不満がしぐれ模様の空へのうとましい思いと重ね合わされている。

茶に塩を入れて味を調える慣習は中国・唐代の人だった陸羽の『茶経』にも出てくるものだが、江戸時代には貝原益軒が『養生訓』の中で「塩を入れてのむべからず」と言わなければならないほど普通の飲み方だった。それを茶筅で泡立てて飲んだのである。

もっとも、朝茶のきらいな人々も当然いたのには違いない。

雉子啼《ない》て朝茶ぎらひの長閑《のどか》なり　成美（ばら〳〵傘）

思わず苦笑させられるが、しかし成美も茶を嫌いだったわけではない。夏目成美（一七四九〜一八一六）は江戸浅草蔵前の札差だった。若い時から俳諧を楽しみ、一茶のよい庇護者となった人だ。成美の名誉のために「続成美家集」にある次の句をあげておこう。

はつ秋や茶に梅干の朝もすき

梅干を茶請けにして茶を飲むという飲み方は伝統的なもので、昭和の時代になってからでも、旅館などでは朝食の前に出してくれたものだ。しかし朝茶も毎日のことともなれば、さぞ忙しかったことではあろう。「朝茶ぎらひの長閑なり」が一種のアイロニーのようにさえ聞こえるではないか。

＊朝茶の形

江戸時代の人々は平均的な現代人とくらべるととびきり朝が早く、しかも勤勉だった。昼はしごと先で忙しく過ごすのがいつものことだったから、ゆっくりと茶を飲むなら朝がいちばんだったに違いない。朝茶がほとんど慣習的なものだったのはそのためであろう。

元日の心や雪の朝茶の湯　　孤舟（卯辰集）
此《この》ごろや朝茶夕酒うめの花　　梅室（梅室家集）
朝茶のむ家睦じき乙鳥《つばめ》かな　　佳棠（松のそなた）

孤舟はわざわざ「茶の湯」とことわっているが、当今の辞典類が言うように、茶の湯を「客を招いて抹茶を点て、会席の饗應などをすること」（『広辞苑』）だとすると、元日とはつきにくい。都市の商家などを別にすれば、元日は家族だけの祝いをするのが通例だったから、ここでは単に抹茶というだけの意味であろうか。

梅室の句は、なるほど夜は酒という手があるかと妙に納得させられたりするが、佳棠が孵ったばかりのつばめの巣の賑やかさを引き合いにして、なごやかにむつまじく朝茶を飲んでいる家の様子を詠んでいるのをみれば、朝茶が人々の暮らしの中でどんな意味を持っていたのだったかが諒解されるだろう。

しかし朝茶は夜が明けてからだけのものではなかった。次のような情景が付合にも詠まれているのである。

煩ふ牽頭《たいこ》舌やさけなん
駕宿《かご》は未《ま》だ夜深《よぶか》きに茶が煮《にえ》て（江戸筏）

牽頭はもちろん太鼓持ちのこと。気のきいたおしゃべりと座敷芸で宴席の取り持ちをした職業である。舌も裂けるほどしゃべりすぎた太鼓持ちが不意の病で泊まらざるを得なくなった駕宿では、まだ夜も明けないというのに早出の駕籠のための茶が煮えているという付合だが、こんな場合に限らず、江戸時代の人々の朝は早かったのである。

しかし朝茶は、それぞれが毎朝自分の家で飲むというだけのものではなかったらしい。隣りへ出かけて行って飲むこともあったし、朝ごとに寄り合って茶を飲むグループが出来たりすることもあったかと思える。一茶の句に見るように、「朝茶仲間」という言葉さえ一再ならず詠みこまれているのである。

呼《よび》かへせどもまけぬ小鰹　土芳
肌さむき隣の朝茶のみ合《あい》て　芭蕉（付合集）

髪とれどもとの五兵衛で済しけり　梅塵
朝茶仲間のかしら鬮《くじ》ひく　一茶（歌仙付句）

土芳と芭蕉の付合は「隣の朝茶」を飲み合いながら「小鰹」売り相手に値引きの交渉をしているという仕立てである。梅塵と一茶の付合は、頭は丸めても名前はこれまで通りに五兵衛で押し通している男（つまりただのいがぐり頭）がいるのを引き合いにして、「朝茶仲間のかしら」に籤を引かせる。何の籤引きなのか。もちろん朝茶仲間の誰に頭を丸めさせようかというわけだろう。

朝茶仲間はどこにでもにあったものか、それとも一茶の周辺にだけあったものだったのかは分からない。しかし、朝茶仲間と呼ぶほどのものだったかどうか分からないにせよ、これがどうやら一茶だけの体験ではなかったらしいことは次の付け合いからも判断してよいのではないか。

市小屋に有明月の筋がひて　呂芳
茶呑《のみ》に来よと笛をふく秋　魚淵（三韓人）

これも朝茶である。ところは市の小屋。市はマーケットである。有明月は秋の朝の月、「筋がひて」はその月が天空を斜《はす》かいに移ってゆくこと。そこで魚淵が「茶呑に来よと笛をふく」と詠んだところからすると、笛は朝茶の始まりを知らせる合図だったのだろう。しかし、一茶の朝茶仲間には別な合図もあった。

茶を呑めと鳴子《なるこ》引《ひく》なり朝霞　一茶（七番日記）
茶鳴子のやたらに鳴るや春がすみ　一茶（嘉永板発句集）

十月の隣の沢に鴫立ちて　梅塵
茶を呑め〳〵と板木たゝく也　一茶（歌仙付句）

一茶が詠んだ句に登場するのは鳴子やら板木《はんぎ》やらである。鳴子というのは小さい板と細い竹とを組み合わせ糸でつないで引けば音を立てる仕掛けの、田畑を荒らす鳥などをおどして追うために考えられた道具、板木は寺で集会や食事などの合図に木槌で叩き鳴らす道具で、どれもかまびすしい音を立てる。一茶の句はそれで朝茶の始まりを知らせる趣向なのである。

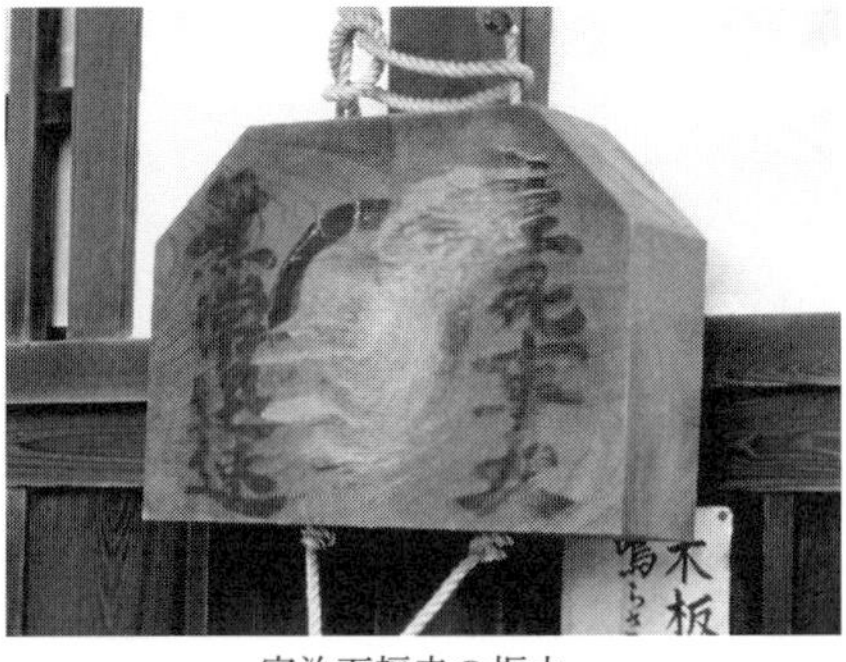

宇治万福寺の板木

朝ごとに飲む朝茶に対して、昼に飲む茶は「昼茶」である。しかし昼茶は、朝茶とはまた別な詠まれ方をしている。ことばの形は似ていても、朝茶と昼茶では生活的には当然別な意味を持っていたことが関係していよう。というのも、江戸時代、昼は基本的にしごとをする時間帯だったから、茶を飲む暇などあるはずもなかった。昼茶を飲むことにはおのずと別な価値観があったと考えなければなるまい。

時〳〵に花も得咲ぬ新畠《あらばたけ》　之道
晝茶わかして雲雀かたむく　珍碩（あめ子）

烏も烏の真似をして啼《なく》　幾全
茶をのめと招く晝間は命なる　霞柳（北国曲）

之道と珍碩の付合は、開墾したての新しい畑なのに花も咲かないのでは困ったものだ、しかたがないから昼茶を沸かして飲んでいたら日も傾きかけてきたというのであろう。また霞柳の付句に昼茶を「招く晝間は命なる」とあるのは、もちろん幾全の前句が「烏も烏の真似をして啼く」とあるのにつけたもの。烏が烏の真似をするとは言語道断と見て、昼茶など飲んでいられる身でもないのに「茶をのめと招く」こと自体が「命なる」ということにもなる。それが朝茶と昼茶の違いだったのであろう。

しかし、朝茶は単なる句材（作句の素材）としてだけあしらわれていたわけではない。朝ごとに寄合の茶として楽しまれた茶には、どうやらそれなりの「こころ」があったように見える。

＊朝茶の「こころ」

「茶のこころ」などと言うことがある。そもそも茶は単なる生活物資ではない、茶には「こころ」があるのだというのである。その「こころ」なるものはさまざまに言うことが出来ようが、左の句から読者に感じ取られるのは何であろうか。

朝茶のむうちは居よかし冬雀　乙二（をのゝえ草稿）
呼入《よびいれ》て朝茶のません鉢たゝき　魯鶏（ひなつくは）
　洗濯摺れの過度の青石　一茶
朝〻の朝茶の爲に花植て　一茶（連句選成）
　やきめしけぶる鳥部野《とりべの》の秋　維中
朝茶の月立さらでみるならひならば　維中（俳諧破邪顕正）

岩間乙二《おつに》（一七五六～一八二三）は、陸前（宮城県）白石の千手院の住職だったが、旅を好み、関東・奥羽から北海道にまで足跡を残した。その乙二はせめて朝茶を飲む間だけでもいてほしいと雀に願っている。魯鶏の句にある「鉢たゝき」は日本浄土教の祖とされる空也の系統を引く念仏宗の徒で、「鉢たゝき」自体は冬の季語だが、念仏行脚をするかたわらでは茶筅を作って売った。別にチャセン・ササラなどと呼ばれた被差別の民との関係もあって、魯鶏は彼らへのいたわりの気持ちを朝茶に託そうとしたのであろう。むろん乙二の朝茶の席に雀がいたかどうかは知らない。また魯鶏の家へ「鉢たゝき」が顔を見せたのかどうかも知らない。それを作句のおりの作りごとと考えたとしても、しかしその虚構は「居よかし」「朝茶のません」という思いに支えられているのである。

一茶の花も同様だろう。一茶は一茶で朝茶のために花を植えているが、その庭にはひたすら叩かれるだけの砧《きぬた》石が置かれてある。砧は衣板《きぬいた》から変化した言葉で、木槌で布を打って柔らかくし、つやを出したり、洗ったりした。打つ台には石が使われたりした。

維中は、朝茶のおりに出た月は茶を飲み終わったからといって立ち去らないで見るのがならいだとしている。鳥部野は平安時代の火葬場のあったところ。現在の京都・東山区にあった。『徒然草』第七段に「鳥部山の煙立ち去らでのみ住み果つる習ひならば」とあるのが維中のこの独吟付合の下敷きである。しかし維中は火葬の際の鳥部野の煙を朝茶の煙にとりなし、またそこに定座の月をとりこむことで、一気にイメージの転換を果たしてみせている。定座とは、歌仙三六句のうちで、月および花を詠み込むべしとして決まった位置のことである。この二句の渡りはなかなかのものと言うべきか。

むろん維中のこの句も、連句にこそ許される百パーセントの虚構ではある。しかし句の仕立ては虚構でも、「朝茶の月立さらでみるならひならば」という独立したイメージの中に朝茶を楽しもうという人々の茶への思いを仮託している点では、もはや虚構を超えていると言うべきではあろう。それを「朝茶の心」と見ることに抵抗はあるまい。
乙二も魯鶏も、維中も一茶も、朝茶には特別な思いを寄せていたのである。朝茶は発句よりも付合に多いが、しかしそれを無制限に上げてもしかたがないから、一茶の独吟付合を一つだけ観賞に供することにしよう。

撰集に入りし乞食《こつじき》の菴《いお》　　一茶
茶初尾を朝〳〵花に備へッ、　　一茶（たねおろし）

「撰集」は特定の選者があって編まれた和歌や俳句の集である。選者はオーソリティーだったから、「撰集に入」るのは名誉なことだった。前句に逐字の解をすれば、その名誉を手に入れた人は実は乞食の住むようなあばら家に住んでいるということだが、また別に「乞食の菴」を詠んだ歌なり句なりが撰集に入ったと考えてもよい。ともかくそれを祝って、毎朝、茶の「初尾」を庭の花に供えているというのである。とすれば、これは一茶の住いでもあったか。初尾は一番煎じの茶のことだろうが、いずれにせよ一茶は心のもてなしを茶に託していたのであろう。

二　振り茶の周辺——立ち寄れば振り茶かおるや桃の花

*振り茶と点て茶

振り茶という言い方がある。茶を振るわけではない。茶筅を振って泡立てた茶の意味である。茶筅を振って空気を混ぜ込むと茶の味はまろやかになる。こうして出来た茶を点て茶と言う。表面が白く泡立った茶である。

茶筅を振って泡立てるのは、今では主に抹茶と呼ばれる粉末の茶を飲む場合の技法で、しかも抹茶を使うのは主に茶の湯の世界だから、振り茶と言えば茶の湯のことだと思う人がいるかも知れない。たしかに茶の湯も振り茶の一つではある。しかしその他にも、ブクブク茶、ボテボテ茶、バタバタ茶など、日本にはいくつも振り茶があって、それぞれに個性的な形を持ち、固有な歴史を持っていたのである。

そこでまず、茶の湯にかかわる句から見ていくことにしよう。

初雪やせめて薄茶の仕廻《しまい》迄　　不白（不白翁句集）

十月の中の十日を茶の湯哉　一茶（七番日記）
かくれかねて數寄者《すきしゃ》世にすむ若楓　成美（谷風草）

川上不白（一七一六〜一八〇七）は江戸千家の祖で俳諧にも親しんだ人だった。不白が詠んだ薄茶《うすちゃ》は気取ってお薄《うす》などとも言ったりするが、抹茶の量を少なくして点てる茶である。対して量を多くした茶は濃茶《こいちゃ》と言うが、不白が詠んでいるのは茶会・茶事そのもの。濃茶はそのハイライトとして、薄茶はその終局に出される。茶会で亭主を務めていた不白の目に、折から降り始めた初雪が見えたのだろう。せっかくの初雪だから、茶会の果てるころまで止まないでほしいものだが、と不白は詠んでいる。

一茶も成美も、心得はあったであろうが、不白のような茶人ではない。二人の句はそれなりの観察である。それもかなり批評的な観察と言うべきかも知れない。貧にあった一茶には、月のうち十日も茶の湯に明け暮れる生活など思いも及ばなかったろう。それでも茶の湯に招かれた何日かがあったのだろうか。一茶は卑下するでもなく、世辞も嫌味も言うわけではない。

井筒屋という裕福な札差《ふださし》だった成美は、茶の湯に招かれることも珍しくはなかったかも知れない。それでも数寄者を「かくれかねて世にすむ」と見たのには学識も博くて深かったこの人なりの批評眼が働いていよう。芭蕉の「侘び侘びて」という境地には隠れ住むのが似つかわしいが、成美の知る茶の湯者は、口に侘び茶を言いながらもそうはいかなかったのだろう。

成美の句にある数寄者はもとは「好き」に発した言葉で、連歌師などを指して言われたこともあったが、江戸時代にはもう茶人のことだった。

人も茶も初むかしなり夏木立　乙由（麦林集）
小屏風に茶を挽《ひき》かゝる寒さ哉　斜嶺（續猿蓑）
雲なびく季読経《きのみどきょう》のひき茶かな　芭蕉（月令博物筌）

抹茶を詠んだ句である。乙由の句の「初むかし」は碾茶《てんちゃ》の銘。江戸の初期に将軍が愛飲する宇治の葉茶にこの名をつけたことに始まるという。碾茶は摘んだ茶の葉を蒸したまま乾燥させた葉茶で、これを臼で挽いて抹茶とする。しかし茶は分かるが「人も……初むかし」は何だろうか。あるいは皺深い老人が初昔の新茶を立てているの意だろうか。新茶は夏のものだが、夏木立の季語がこの茶の新茶であることを言外に暗示している。

斜嶺が「茶を挽かゝる」と詠んだのは、碾茶を挽きはじめるの意味だが、茶を挽くのは客のいない時である。水商売などで客が来ないことを「茶を挽く」というのはその意味だが、芭蕉が「ひき茶」としたのはすでに挽かれている茶、つまり抹茶の意味である。また季読経は季御読経が正しく、大般若経会《だいはんにゃきょうえ》とも言って、朝廷などで多数の僧を集め、前後四日間にわたって大般若経などを奉じさせる行事だった。『佛教大事典』によると、元明天皇和銅元（七〇八）年十月十七日の勅旨に今年より年別一度大般若経を読むとあるのがその起源だというが、その二日目に「引茶」を賜るならわしがあった。しかし季御読経そのものは春秋二季（二月と八月、あるいは三月と九月）に行なわれるものだったから、芭蕉がどちらを思い描いて詠んだのかは分からない。

胡座《あぐら》にて茶の湯はなるか冬籠　五明（塵壺）

五明のこの句には、「茶の手癖ある人の俳諧は片よりたる遊びならずやと申さるゝに、たはむれながら」という前書がつけられている。俳諧が「片よりたる遊び」かどうかは別として、「茶の手癖ある人」というのも妙な言い振りだが、川柳的な揶揄を含んだ句である。吉川五明（一七三一〜一八〇三）は秋田の富商だったが、父の感化で早くから俳諧に親しみ、のちに蕉風に目を開いて秋田蕉風の祖となった人だった。俳諧の側にも茶の湯の側にも、相互にさまざまな誤解があったことが分からないではない。五明の時代、すでに能代藩では藩主が桧山《ひやま》で茶を作らせていた。宇治風の製法を今も伝える桧山茶である。今でこそ桧山の茶は「北限の茶」などとされるが、江戸時代にはもっと北があった。青森・弘前の藩主が城下に茶を作らせていたのである。

しかし、前にも言ったように、振り茶、抹茶、茶の湯はそれぞれイコールではない。抹茶を使う茶の湯は振り茶の作法の一つであるには違いないが、近世より前はとりあえずおくとして、近世の茶はそのほとんどが茶筅で泡立てて飲む茶であった。

立《たち》よれば振茶かをるや桃の花　　浪化（浪化上人発句集）

表題に借りた句。真正面から振り茶を詠んだ秀逸の句である。浪化（一六七一～一七〇三）は東本願寺一四世琢如の遺腹の子だったが、七歳で越中井波（富山県東砺波郡）瑞泉寺の一一世住職を勤めた人だった。東本願寺は浄土真宗の寺だが、越中とは縁が深く、古くから真宗の講の席で飲まれたのがバタバタ茶という振り茶だった。今では越中の北部、下新川郡朝日町の一角である蛭谷周辺にだけ残っているこの茶が江戸時代にはどれほどの広さで行なわれていたものか分からないが、興味のあることではある。浪化が芭蕉の弟子となるのは元禄七（一六九四）年のこと。芭蕉が上洛中のことで高弟の去来の紹介だったという。むろん茶の湯のたしなみはあったろうが、この茶を抹茶ととる理由は見当たりそうもない。あるいは煎じ茶、またあるいはバタバタ茶であったかもしれない。

つき上《あげ》窓に出《いづ》る日を待つ
ふりたつるこい茶の色のいかならん　（犬子集）

吟者不詳の付合である。雨戸を棒で突き上げて明りを入れる方式の突き上窓はむろん茶室の窓の形の一つであるが、山小屋などで明かり取りと煙抜きのために作られる窓から着想されたものなのではないか。山小屋はヒュッテの意味ではなく、山人が山中に作った小屋のことである。唐突に思えるかも知れないが、こうしたことは自在鉤や五徳など他にも例があり、茶は山人の生活と深いかかわりがあったことを示唆している。

茶室の窓だから「ふりたつるこい茶」とつけたわけだが、茶の湯では濃茶は点てるとは言わず、練ると言う。古くからのことであろうが、付句の作者（不詳）はそんなテクニカル・タームには頓着していなかったらしい。

使う抹茶の量を多くして茶筅で練って仕上げる濃茶は、薄茶が銘々の茶碗で出されるのに対して、一つの茶碗で客同士が回し飲みをする。回し飲みが何に始まるかは定かではないが、戦乱の時代だった茶の湯発祥のころに寄合《よりあい》の茶として行なわれた桶茶の風を取り入れたものではあるまいか。桶茶は大ぶりの桶でまとめて茶を点て、それぞれの茶碗に小分けする飲み方だが、優雅を旨として桶も小さくされ、寄り合った人々の親密さを強調する意図と工夫が廻し飲みを生んだと考えれば、これは間違いなく桶茶の方法のデフォルメされたものであろう。

＊桶茶とブクブク茶

沖縄にブクブク茶と呼ぶ独特な喫茶法がある。一時期消えていたのを近年復活させた茶だが、現代ではほとんど姿を消した桶茶と呼ばれる喫茶法の一つである。ブクブク茶を復活させたのは、那覇に住む安次富《あしとみ》順子氏のグループだが、差し渡し三〇センチもあるかと見える桶に、ウーロン系の茶と番茶、それに炒り米湯を入れ、やはり三〇センチ近い特大の茶筅で泡立てた後、少量の飯をウーロン系の茶に浸した小振りの茶碗に泡を盛り立て、砕いたピーナッツ（地豆）をトッピングして飲むのである。泡は固いほどよいとされる。複数の人間が寄り合って飲むという喫茶の習俗の本来的な意味から言えば、桶茶は古くから喫茶の習俗の本流だったと言ってよいかも知れない。

窓にうごかぬ十月の蠅　　越人
茶碗へは桶に立テたる泡汲て　　越人（鵲尾冠）

これも桶茶である。茶筅を振って茶桶に茶を点てて飲む飲み方は各地にあった。越智越人《おつじん》は明暦二（一六五六）年、北越の生まれだが、名古屋で染物屋をして活動した人である。三〇歳のころ芭蕉を知って入門、貞享五（一六八八）年八月には「更科紀行」の旅に出た芭蕉に従って江戸へ下り、江戸蕉門とも風交をかさねているから、各地の桶茶を見聞する機会も多かったろう。

振り茶の習俗に詳しい漆間元三氏によると、泡にこだわるブクブク茶に似た桶茶は、琉球だけでなく、南九州の徳之島にもあった（フイ茶）し、奥三河（愛知）その他にもあったから、越人がどこの桶茶を思い描いてこの句を付けたのだったかは分からない。しかしこの付句が「十月の蠅」に付けられている

ブクブク茶を点てる（左）。長さが30センチ近くあるブクブク茶の茶筅（右）。

のを見れば、壺の口を切ったばかりの茶を飲んでいるのだと言外に示しているのでもあろう。しかし抹茶を桶で点てたものかどうかは分からない。

雨母親の留守を慰む　匂子
烟らせて男の立テ茶水くさし　匂子（虚栗）

茶振舞いの主役はつねに女性だった。ふだん茶を点ててくれる母親は出かけているという仕立てだが、留守番の男が雨音を聞きながらしかたなしに点てた茶だから、やはり「水くさ」いのであろう。

振り茶そのものの由来は古く、発祥もどこまで遡れるものかはっきりしないが、富山県の朝日町蛭谷とその周辺集落にはバタバタ茶が残っている他、山陰の松江や大根島などにはボテボテ茶、四国松山にはボテ茶、奈良・橿原の中曽司にも振り茶がある。こうした各地の振り茶は漆間元三氏の『振茶の習俗』（国土地理協会、一九八二）にも詳しいし、拙著『日本喫茶世界の成立』（ラ・テール出版局）にも述べたから、ここでは最近訪ねた新潟県糸魚川の復活したバタバタ茶について紹介しよう。

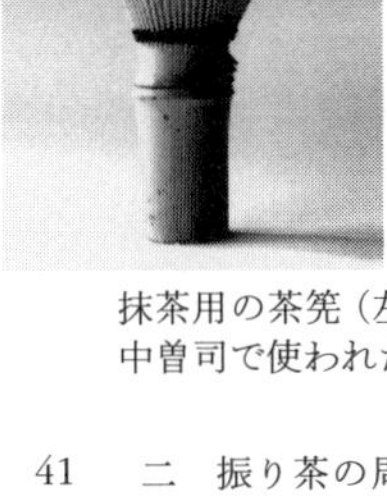

抹茶用の茶筅（左）と奈良県中曽司で使われた茶筅（右）

＊糸魚川のバタバタ茶

漆間元三氏は各地の振り茶を訪ね歩いた人である。先の『振茶の習俗』で紹介されている中で、いったん姿を消した後に復活したのは沖縄のブクブク茶と糸魚川のバタバタ茶であろうか。他にもあるかも知れないが、ブクブク茶のことは先に書いたから、ここでは糸魚川のバタバタ茶について簡単に記しておこう。

糸魚川はヒスイで知られるフォッサマグナ北端の町である。糸魚川のバタバタ茶のことは、「カチューシャの唄」や「都の西北」の作詞者として知られる早稲田派の詩人相馬御風が昭和の初期にこの茶を紹介した「タテ茶の風習」という文章で知ったが、ここ数年の地道な努力のおかげで復活した糸魚川のバタバタ茶は弘法茶（河原決明《かわらけつめい》を乾燥したもの）を使っている。

しかしバタバタ茶の会の代表石田千枝子氏によると、昔は懐に余裕がある人は茶を使い、そうでない人は弘法茶を使ったものだそうだ。御風が「番茶を使う」と書いていたのはそういう事情を指すのであろう。だから糸魚川の人たちが河原決明を使うことにしたのも、菅江真澄が『遊覧記』に記している青森県館岡の「もくだ」が鳥足升麻《とりあししょうま》を使ったのとは違い、茶への意識は厳然としてあってのことと考えるべきだろう。河原決明はマメ科の一年草、鳥足升麻はユキノシタ科の多年草である。

蛭谷のバタバタ茶の点茶。
手前はいろり。柄杓の柄が見える。

糸魚川には、高齢者の記憶を別にすればバタバタ茶の習俗は残っていなかったから、同じバタバタ茶で知られる富山県朝日町蛭谷を訪ねて詳しいことを教わったという。茶筅などは蛭谷のそれと同じ二連の茶筅だが、違うのは新たに茶筅置きを考案したことである。弘法茶を使うという点では、蛭谷よりもその近くの集落である入善町などのバタバタ茶と共通するが、蛭谷に範を求めたのは賢明だった。

糸魚川と蛭谷のバタバタ茶に共通するのは北陸木地師とのかかわりである。木地師というのは盆や椀の木地を作るのを生業とした山人で、近江（滋賀県）湖東の鈴鹿山地に位置する六ヶ畑（永源寺町内の六集落）を故地とするというのが通説である。実はこの六集落の中にも蛭谷を名乗る集落があり、富山県の蛭谷には「先祖は近江から来た」という言い伝えがあるというから、木地の材料を求めて渡り歩いた後に定住したものであろう。鈴鹿山地から北陸山地に向かった木地師の足跡は富山の蛭谷だけでなく新潟の糸魚川にも及んでいたし、奥羽山地にも及んでいた。蛭谷は飛驒山地の延長である朝日山地の中にあり、糸魚川はその外れに位置する格好である。それは「山人」の辿った足跡の一部だが、山人の文化という見方からすると、六ヶ畑を木地師の故地とすることにも疑念が残らないではない。しかし

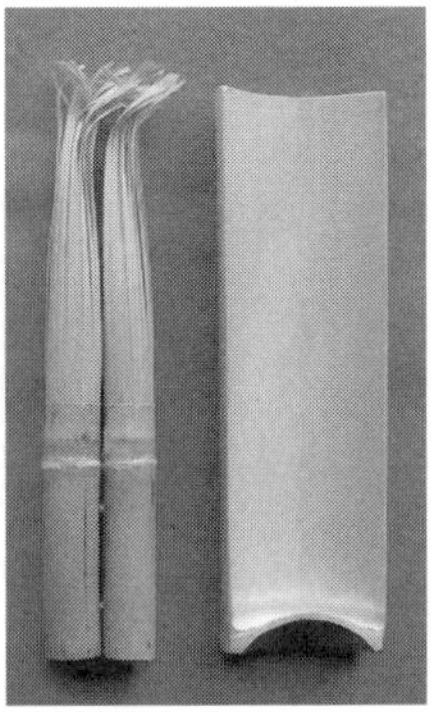

糸魚川のバタバタ茶の茶碗と茶筅（左）。右は茶筅と茶筅置き。

ここで深入りするのはやめよう。

柳田國男によると、本居宣長の蒐集したうちに「ここで採む茶が秋田に下る、秋田女郎衆に振らりょかよ」という歌謡が右の六ヶ畑の集落の一つである政所《まんどころ》にあるという。富山・新潟だけでなく、六ヶ畑・政所を起源とする振り茶はさらに北方の秋田にまで及んでいたことを覗わせるが、蛭谷も糸魚川もこのラインで結ばれていたわけだ。ちなみにこのラインは南に下って、駿河・遠江（静岡県）にも及んでいるのである。

復活とは言え、糸魚川のバタバタ茶には茶筅置きなどの新しい工夫が少なくない。それは伝統の復活というよりも、糸魚川という町に新しい特徴を作り出したいという意図にもとづいている。相馬御風や土地の民俗、それにフォッサマグナやヒスイに関連した文化施設などの全体が相互に支えあっている形がここにはある。

＊尻ふり茶

茶筅を使う振り茶ではないが、四国・徳島に「尻ふり茶」、あるいは「投げ込み茶」と呼ばれる喫茶法があった。岐阜・大垣生まれの禅僧だった燕説の左の句はこの茶を詠んだものとしておもしろい。

五月雨を船にはらさん尻ふり茶　　燕説（西国曲）

「尻ふり茶」というのは茶碗の尻を振るようにして飲むことからの名だというが、そうしないと飲めないのはこの茶も茶碗の中に少量の飯を入れるからである。徳島県の『木頭村誌』には次のようにある。

適度に茶碗に飯を盛れば、茶湯を入れ、二・三度碗尻を動かし勢副《いきおいそな》はるを見計い、口に投込むなり。

適度にとあるが、この飯はごく少量であろう。別に「投げ込み」茶とも言うのは「箸を用いずに口の中に投入する如くする」からだが、この食法、あるいは飲法は「礼式の一部の如し」とされ、南廣子氏は「客のあった時のごちそうであったらしい」とも報告している。「右の手の甲にモロミ、味噌などをのせ、これをなめながら箸を用いずに飯を喉にふり込む」「いかに要領よく上品に食べるかによって、その人のたしなみ加減がわかると言われる」（南廣子）。

「礼式の一部の如し」とあるこの茶が茶碗に飯を入れているところを見ると、沖縄のブクブク茶や山陰のボテボテ茶がごく少量の赤飯や漬物などを入れることを連想させてくれる。当今のブクブク茶は中に入れるのを赤飯と決めているようだが、赤飯を入れるのは祝いごとなどの場合だけだったのではあるまいか。それはもともとは日常の茶で、ハレの場でだけは赤飯を使うというのがマナーだったとすると、『木頭村誌』が「礼式の一部の如し」としている意味も分かってくるように思う。

かつての時代に茶や飯が持っていた生活的な価値の大きさは、現代の飽食の生活にさえ満足していない人々には到底考えられないことかも知れない。しかし「日常茶飯」とされる飯も茶も、生命にかかわる貴重な生活物資であった。日常的なもてなしにはまず茶をあてるが、茶が「もてなし」であり得たのは、それが貴重なものだった時代の名残りだったからではないかと考えてみたい。飯についてはなおさらのことである。貴重でもないものを用いて何のもてなしだろう。

「日常茶飯」ということを、ありふれたことの意味とするのは、ある種の贅の果てのことかも知れない。そう思って見直すと、奈良や和歌山などで今も行なわれている茶粥なども別な意味を持ってくるように思う。

＊大服茶のこと

関西の人なら知っていることだが、主に正月に行なわれる縁起の茶に大服茶と呼ばれる茶がある。王服茶、皇服茶とも書くが、梅干や昆布を入れて飲むお茶で、それぞれの一年の無事息災を祈願して元日の朝に口にするのが古くからの習慣だが、これももともとは振り茶だった。

大服茶を詠み込んだ句のいくつかを上げてみる。

大服や一碗は我が常ながら　玄武坊（玄武庵発句集）
大ふくの茶物かたりや老の春　俊治（玉海集）
大ぶくの茶のあつさにやむめぼうし　愚道（犬子集）

いずれもつつがなく越年した安堵感を示す句である。句意も一読すれば自明だろう。「むめぼうし」は梅干である。

梅干や昆布を入れて正月に飲むのが大服茶だが、裏千家の当主千宗室氏の書いたものには「大服を練る」という言い方もされているから、茶の湯の世界には正月に内々でする濃茶を大服と言う慣習があるのかも知れない。しかしそれも最近になって始まったことではないようだ。川上不白にも、

大ぶくやかはらぬ色を初むかし　（不白翁句集）

という一句があり、高級抹茶だった「初むかし」を大服茶に使っていたことが分かる。

ところで大服茶を皇服茶とも書くのには、「市の聖」などと呼ばれた六波羅蜜寺の空也（九〇三〜九七二）にまつわる伝承があるからだが、概略を説明すると、それはおよそ次のようなものだった。

天暦五年（九五一）春、烈しい下痢を伴う疫病が京都で蔓延して死者が続出したとき、時の村上天皇は空也を呼んで悪疫退散の祈禱を命じたが効果がなかった。そこで空也は十一面観音像を安置した台車に茶を積んで京の町を引き廻し、辻々で祈禱するとともに、茶に梅干を入れて道行く人に振舞ったところ、悪疫は次第に下火に向かった。この功徳にあやかって村上天皇は毎年元旦にお茶を服するようになったことから皇服茶、王服茶と呼ばれたのだというのである。

少しだけ補足すると、そのことは『山州名跡志』（山州は山城国＝京都府）にも『都名所図会』にも

『日次記事《ひなみきじ》』にも記されているが、いずれも同工異曲である。ただ『日次記事』が梅を用いる理由を「高年の人の顔に皺多きになずらえる」のだと当て推量しているのがおもしろいくらいのものだ。

大服茶も、振り茶の形式による茶だった。そのことは『空也上人絵詞伝《えことば》』が「空也が十一面観音を車にのせて引廻し、念仏をとなえ、茶を煎じ茶筅をふりたてて観音に供し、病者にのましめた」と書いているのを読めば分かる。そして「宗派の者茶筅を作り、これを市に売ることを業」としたと言うのである。

＊振り茶と茶筅

振り茶に欠かせないのは茶筅である。一口に茶筅とは言っても、ここにかかげた写真に見るようにその形や大きさはさまざまだが、共通するのは竹を素材とすること、大きさが使う器の大小に見合っていること、先端が細かく分かれ、ささら状になっていること、などであろうか。

麥の穂を茶筌に古茶のいろり哉　乙由（麥林集）
初霜に雲のあはたつ茶筅松　西鶴（虎渓の橋）
古庭に茶筌花さく椿かな　蕪村（句集）
ふりたてゝ鳴や茶筅のほとゝぎす　季吟（年中日〻の発句）

麦の穂の茶せんに音や鳴蛙《なくかわず》　麦水（葛箒）

乙由の句はいかにも「麥の穂」を茶筅代わりにして茶を飲んでいるように仕立ててはいるものの、形からの見立てに過ぎまい。徳之島のフイ茶が使う茶筅はクマザサの枝をそのまま使ったものだが、これだと機能の上で十分に茶筅の用を足す。しかし麥の穂も松の小枝も椿の花も、振り立てるほととぎすの尾っぽも、見立てはともかく、実際には茶筅の用をなさない。

うぐひすの寝所見し歟《か》茶筌賣　遅月（犬古今）
行としのめざまし草や茶筌賣　蕪村（不詳）
茶せん迄買ふて帰るやとしの市　水如（ちくは集）

茶筅はどの家にもある消耗品だったから、向こうから売りに来たのを買うのが普通だった。もちろん、これは季節にはかかわりないことである。しかし句の上では、茶筅売りは年末と決まっている。そのことは後で見る通りで、蕪村が「行としのめざまし草」と言っているのもそのことである。水如の「としの市」の句がおもしろい。いくら年の瀬の買い物に

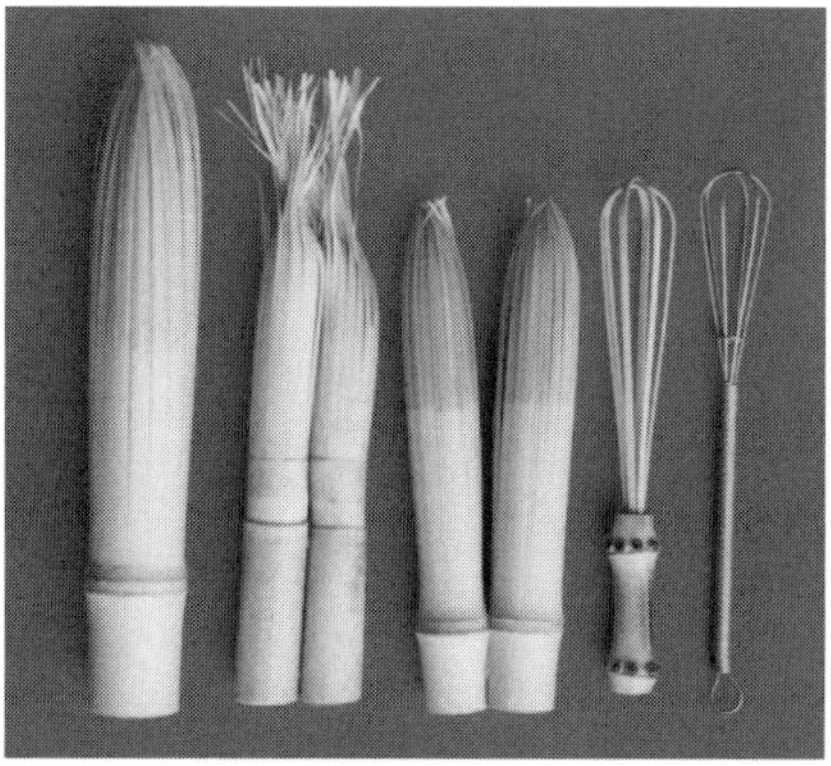

いろいろな茶筅。左から、ボテボテ茶、バタバタ茶、塩茶、竹製とステンレス製のマドラー。

出たからといって茶筅まで買って帰ったというのは、それはそれであわただしさの表現には違いないが、水如がいかにも呆れ顔で句に詠んだ理由も茶筅は売りに来るのを買うのが普通だったことにあった。秀逸の句だと言ってよいかも知れない。

賣《うり》ぶりの色に淋しき茶せん《筅》哉　一茶（文化句帳）
ちや《茶》つせん《筅》や宗左が門もうり過る　大江丸（俳懺悔）

乞食《こじき》に馴《なれ》て安き世を知《しる》　蚊足
町ぐたり二聲賣らぬ茶筌賣　其角（續虚栗）

茶筅を売る商売があった。どんな売り声で売ったものだろうか。一茶が「淋しき」とするのを見れば、夏の金魚売りや朝顔売りのような華やかさはむろんなかったことだろう。そこも「うり過る」と大江丸の詠んだ「宗左が門」は表千家のこと。大伴大江丸（一七二二〜一八〇五）は大坂で大和屋を名乗る飛脚問屋を営んで繁盛した人で旅することも多く、多趣味で交友も広かったというから「宗左が門も」と詠むことにも違和感はなかったろう。大江丸の句もそうだが、其角の付合の句を見ても、茶筅は町々を売り歩いたものだったことが読み取れる。其角は前句の意を「貧」に見て茶筅売りを詠んでいるのである。暑さのせいか、町はぐったりとして、茶筅売りも呼び声は一回だけ。「安き世」に「ぐたり」とつけているのを見ると、茶筅は高いものではなかったのであろう。

鉢扣《はちたたき》くみからしたる茶なれ共《ども》　流志（北の山）
憩ふなら茶も報謝せん鉢たたき　轡化（世事の凍解）
長嘯《ちょうしょう》の墓もめぐるかはち敲《たたき》　芭蕉（いつを昔）

「鉢扣」は時宗に属する空也念仏集団のことだが有髪だった。空也の遺風と称して鉄鉢を叩きながら勧進したが、その際茶筅も売ったから、句の世界で茶筅売りは「鉢扣」とほとんど同義である。これが冬の季語であるのは、「十一月十三日の空也忌より大晦日までの四八日間、空也堂の僧が、京都市の内外を巡り歩いて竹の杖で瓢簞を鳴らしながら念仏和讃を唱え」（山本健吉）たからだが、もちろん茶筅売りはとくにこの時期だけのものではなかった。空也堂は空也寺とも言い、京都・蛸薬師にある極楽院光勝寺（天台宗）の別称である。

「鉢扣」は、一方では賤民視された民だった。流志の句に「くみからしたる茶なれ共」とあり、轡化が「茶も報謝せん」としたのはもちろん賤民視されていた人々への慰めの気持ちを示したかったからだろう。

芭蕉の句の「長嘯」は木下長嘯子（一五六九～一六四九）のこと。関が原の合戦以後は京都に隠棲した人だったが、異風の歌才を示した。ほとんど同時代人と言ってもよい長嘯子を芭蕉が深く敬愛していたことは知られているが、そのことは同時代人の名を句に詠み込むという異例の句作をしていることにもよく示されている。しかもその長嘯子の名と同じ句の中に、「長嘯の墓」を仲立ちにしているとは言え、「鉢扣」を並べておいているのを見ると、芭蕉の鉢扣への思いもまたおのずと明らかだろう。

空也寺や茶筌の竹に初しぐれ　　几董（晋明集）

鉢扣はほかに「本業」を持っていたから、茶筅を売るのは、今風に言えばサイド・ビジネスの一つだったと言ってよいが、しかしこの本業とサイド・ビジネスは密接に絡んでいた。そしてなぜ茶筅を鉢扣が売ったかには少しばかり説明が必要になる。

このことへの言及も多い柳田國男まで引いて説明すると煩瑣になるから簡単にするが、要は鉢扣がチャセン、ササラなどと呼ばれて差別されていた人々とも密接な関係を持っていたことがある。まだ分かっていないことも多いが、古いものでは平安時代初期の『延喜式』に隼人のしごととして竹細工のことが上げられ、その中に茶籠なども記されていることは参考になる。

同じ『延喜式』に作手隼人《さくてのはやと》や白丁隼人《はくていのはやと》などの記述があるところからすると、そこに言う隼人は阿多・大隅（鹿児島県）に根拠を置いていた隼人族だけを指すというよりは、九州一帯に住んだ諸部族の総称だったと考える方がよいかも知れない。隼人は畿内へと強制移住させられて近畿地方に広く分散して住まわされたが、移住させられたのは隼人族にだけ限られなかったのではあるまいか。白丁隼人とあるのが朝鮮半島に住んだ被差別民のペクチョン（白丁）との関連を思わされることもその理由の一つである。白丁《ペクチョン》については、谷川健一氏のように、「漂白民」サンカとの関連を指摘する人もいるから、九州あたりへも渡ってきていたのであろう。いずれにせよ、茶と竹と茶筅の関係には、古くから歴史的な被差別がからんでいたとだけ言っておけばとりあえず足りるだろうか。

山峰や成美が詠んだ左の句は、こうした関係へのコミットかも知れない。

はちたゝきある夜茶筌のもの語《がたり》　山峰（春のおとづれ）
おほぶくや泡とみし世の人のうへ　成美（谷風草）

いずれも沈潜した、趣きのある句である。山峰はある一夜、鉢扣のしんみりと茶筅を語るのを聞いたのであろうか。成美の句にも、一年の初めを祝って大服茶を飲む人らしく浮き立つものはなく、どこか諦念に満ちているではないか。

茶筅そのものの由来はよく分からない。一説には、中国宋代のものとされる茶書『大観茶論』に「筅」の記述があるから、それ以後のいつの時代かに渡来したものであろうとされるが、はたしてそうであろうか。前の写真の各種の茶筅をこまかく見ていくと、茶筅を「渡来のもの」とすることにはいささか疑問が残らざるを得ないように思う。

平安中期の女流歌人だった赤染衛門の「栄華物語」にある次の一節も、ささらの歴史を考える上で参考になる。

田楽といひて、怪しきやうなる鼓腰に結いつけて笛吹き、ささらといふ物突き、さまざまの舞して、あやしの男ども歌うたひ心地よげに誇りて十人ばかりゆく。

赤染衛門は生没年未詳の女性だが、十一世紀前半の人。藤原道長一代の栄華を描いたこの物語の成立は長元年間（一〇二八～一〇三七）と推定されるが、ここには腰鼓、笛、ささらをバックにしてさまざまの舞を見せながら「あやしの男ども」が歌う光景が描かれている。ここに言う「ささら」は言うまでもなく図に示した簓と簓子である。

深入りするのは控えるが、チャセン、ササラなどと呼ばれて歴史的な差別をこうむってきた集団があったことなどをも念頭に入れると、茶筅の起源は、むしろ「ササラ舞」などの民俗芸能で使われるササラと見る方が当を得ているのではあるまいか。何でもかでも中国渡来とすればよいわけではない。ササラやササラ念仏の図を掲げたのも、その意図からであることを付言しておこう。

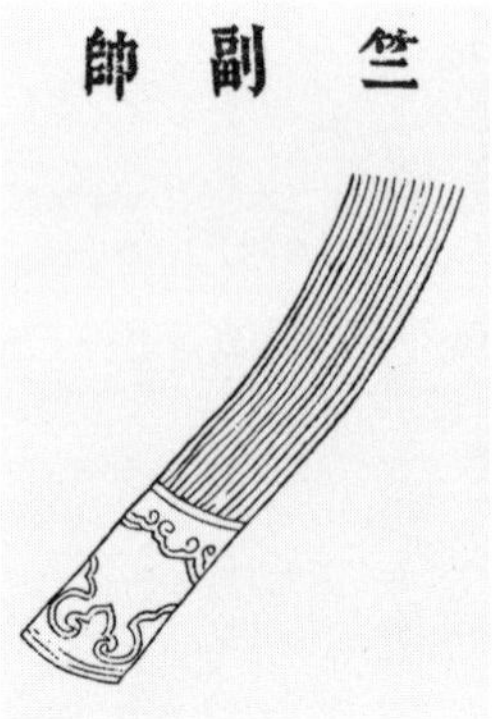

左：右手に簓《ささら》、左手に簓子を持ち、すり合わせて音をたてて拍子をとる「ササラ念仏図」（『融通念仏絵巻』より）。中：『茶具図賛』にみえる筅。右：家庭用のささら。

三　接待と茶振舞い　――接待にただ行く人をとどめけり

＊寺の茶接待

茶の季語の一つに「接待」がある。これは陰暦の七月、山門を入ったあたりや本堂の脇などに寺が接待所を設けて、寺参りをする人たちに湯茶を供することを言ったものだ。江戸時代の慣習だったが、接待は秋の季語である。接待茶、あるいは門茶《かどちゃ》などとも言い、寺の境内だけでなく、門前を往来する人に湯茶を施す寺もあったというから、懇切なもてなしでもあったことになる。

接待や菩提樹陰の片庇《びさし》　蕪村（蕪村遺稿）
接待の名ぬしは石のほとけ哉　一茶（花實発句集）
雷《いかづち》や門《かど》の茶による物がたり　伽香（有磯海）

菩提樹はシナノキ科の落葉高木で中国原産である。寺院の庭などに植栽されることが多いのは、釋迦が菩提樹の下で悟りを開いたという故事にちなみ、菩提樹が禅宗で悟りのことを言う場合があるからだが、蕪村の句はそうしたことを背景にしている。余談だが、禅宗である臨済宗の日本最初の寺だという博多の聖福寺には鎌倉前期の禅僧栄西が持ち帰ったと伝える菩提樹がある。聖福寺は栄西の創建と伝える寺である。

一茶の句は、路傍の石仏の脇かどこかで接待の茶が出されているのを詠んだのだろう。これもまた一茶ぶりだが、伽香は突然の雷に驚きでもしたか、立ち寄った門茶の仮小屋で話し込んでいるさまを詠む。いずれも片々たるエピソードだが、接待の茶のさまはいろいろだったのであろう。

接待茶、あるいは門茶という慣習が消えてしまったのにはいろいろな理由があろう。それは、かつて必ずしも個人やその縁族だけの催しではなかった仏事が、近代以来のさまざまな環境や思想の影響のもとで変容してきたことを物語っているといってよいかも知れない。

しかし、江戸時代の寺々が催した接待の茶振舞いが何とも多様な人々へのそれだったらしいことは句の中からも察せられる。

接待にたゞ行人《ゆくひと》をとゞめけり　俊似（曠野集）
接待へよらで過ぎ行く狂女哉　蕪村（蕪村遺稿）
せつたいや古郷へ帰るすまひ取り　几董（井華集）
接待の茶碗ぬす人泪《なみだ》かな　來山（續いま宮草）

俊似の「接待に」の句は表題に借りたものだが、「たゞ行人」はいわば「縁なき衆生《しゅじょう》」である。それでも引き止めて接待の茶を振舞う。それは寺の行事だからだが、接待とはそういうものであった。蕪村の「狂女」はもっとも縁なき衆生であろう。接待の茶には目もくれていない。几董の古郷へ帰る相撲取りも、來山のぬす人も同じく縁なき衆生である。しかし「狂女」は別として、いずれも接待の茶の振舞いを受けるのである。相撲取りが故郷へ帰るのは、負けが込んで土俵に生きるのを諦めたからでもあろうか。盗人《ぬすびと》は生まれて初めて飲むようなうまい茶を出されたわけでもないのに、接待の茶振舞いに涙まで流している。どんな人間を登場させても不思議はないというほどの賑わいが接待の場にはあったのである。

接待や茶碗につかる数珠の房　　蝶夢（草根句集）
接待の我もやすらふ人の中　　和榮（春秋稿）

そんなわけだったから、接待する側も忙しかったに違いない。うっかりして数珠が茶碗に入ってしまっているのに気づかない坊さんもいた。中には和榮が詠むように、人ごみの中に入って一息つく接待側の坊さんさえもいたのだろう。しかし、人の中にいてこそ「我もやすらふ」というのは、もてなしということの真骨頂ででもあろうか。

＊茶振舞いあれこれ

茶の接待も茶振舞いも、一茶が詠んだ朝茶とはまた別な意味での茶のもてなしだった。しかし寺の接待が不特定の人々を相手にしていたのとは違って、茶振舞いはかなり相手が限定されたもてなしだったと言ってよいかも知れない。

卯の花の暮も見がてら茶振舞　乙二（をのゝえ草稿）
春の日やゆふ月ごろの茶振舞　長翠（浅草はうご）
初うりやまづ畑ぬしの茶振舞　暁臺（暁臺句集）
茶を入れて門の涼みや水いらず　秋策（俳諧奈都美津起）
艸《くさ》の戸に茶ひとつ乞狩《こえり》の君　召波（春泥發句集）

乙二《おつに》の句は「卯の花見物」に誘われでもしたのであろうか。たそがれ時に咲いている卯の花は、見に行くだけの価値のある景色ではある。茶を振舞われる側の句であろう。長翠の句は誰やらを春の月見に誘って茶を振舞う趣向である。時期はずれな春の月見も、また悪くない。暁臺の「畑ぬしの茶振舞い」は野菜の初売りを祝うイベントだろうか。江戸では上野・谷中の生姜が有名だが、京では大原女も野菜を頭にいただいて町に現れた。今日から思えば、いずれにせよ、のんびりとした商売ぶりである。秋策の「門の涼み」は、もちろん門茶ではない。水入らずとあるから、ごく親しい人々の茶であろう。「涼み」は夏の季語である。召波の「艸の戸に」の句は、清澄閑雅な境地を得意とした世界がよく示されている。奈良県十津川村の南の入口近くに「十津川や耕す人の山刀」という召波の句碑があるのを見たことがあるが、それもこれもどこかに山人の世界を匂わせるもののある句である。「艸の戸」はあるいは山人の住む茅屋のそれであろうか。

人形に茶を運ばせて門涼み　　一茶（おらが春）
水風呂に茶をはこばせて春の雨　　曲翠（有磯海）

一茶の発想は自由闊達である。茶碗を載せると歩き出して運んでみせるからくり人形は有名だが、茶を運んでみせる人形は一茶の時代にもあったろうし、一茶はそれを見て「門涼み」の茶を連想したのだろう。曲翠の「水風呂」は、すいふろ、と読む。据風呂などと書くものもあるが、しかし冷たいままの水を張った風呂のことではない。水風呂は江戸時代の初期まではむしろ主流だった蒸し風呂や塩風呂・薬湯などに対する言い方で、桶に湯を張った風呂のこと。地方によっては昭和前期ころまでこう呼ばれていたが、かなりの年配でもないと知らないことかも知れない。曲翠の句。そこへ茶を運ばせてみたい願望を詠んだのだろうが、曲翠にも最高の贅沢への思いがあったのだろう。

煤掃《すすはき》や隣へ行《いく》と茶一服　　等芳（伊達衣）
小僧等は茶を運ぶ也煤掃《すすはらい》　　泥足（其便）

等芳は自分の家の、泥足は寺の煤払いを詠む。等芳の茶も泥足のそれも、ともにしごとの合間の一服の茶である。煤掃は個人の家でも寺院などでも、全員でするしごとだったから、しごとの合間の一服とは言ってもコミュニケーションと団欒を兼ねていて、単なる休憩を越えたもてなしだった。

＊喫茶は「もてなし」の文化

昔も今も、喫茶の文化は「もてなし」の文化だとされる。たしかにそうであるには違いないが、ではなぜ茶を振舞うことが「もてなし」になり得たのだろうか。

もともと「もてなし」（持成）という言葉にはいくつもの意味があった。①とりなし、とりつくろい、②仕向け、③振舞い、挙動、態度、④あしらい、待遇、⑤饗應・ご馳走、などで、必ずしもよい意味だけではなかった（国語辞典類による）。

しかし、ここでの「もてなし」を⑤の「饗應・ご馳走」の意味でだけ考えるのは如何なものであろうか。むろんそれは茶の振舞いに限ったことではなく、食事を振舞うことでも酒を振舞うことでもそうなのだが、「もてなし」ということを具体的なモノに結びつけて言い過ぎるのは当を得たことではあるまい。⑤の意味をどれだけかは加味して考えなければなるまいとしても、むしろそこにはもてなす側ともてなされる側の双方からするヒューマンな心の働き、右の③に言う「振舞い、挙動、態度」があるからこそ「もてなし」になり得る。マナーというものの成り立ちはこのことと関連するが、それを今日的な意味として考えたい。

新茶ぞと笈《おい》の掛子《かけご》に一袋　　滄波（別座舗）
山吹や宇治の焙炉《ほいろ》の匂ふ時　　芭蕉（猿蓑）
宇治に似て山なつかしき新茶かな　　支考（鼻日記）

滄波の句の「掛子」は櫃や箱などのふちから中に掛け込む少し小振りな箱のこと。それが邪魔になって箱の中が見えなくなることから転じて本心を打ち明けないこと、いつわりの心を言ったりもするが、滄波は頓着せず、新茶一袋を献じるのだ。

芭蕉の句も支考の句も、いずれも名茶の産地だった宇治への挨拶の句である。しかしそれぞれに、俳人たちのもてなしについての心のありようが伺えるではないか。

四　茶粥と奈良茶

——大和路はみな奈良茶なり花ざかり

＊塩の入る茶粥

奈良県や和歌山県などでは今もほとんど常食のようにして茶粥を食う。茶で粥を炊くという習俗はごく古いものだが、「茶汁で炊いた粥」という名前の意味以上に、食文化の上でもいくつかの意味があるように思える。よく言われる「米の食い延ばし」という単純な理解は、昔は稗や粟を米の代りにしたという証言があったとしても、おそらく当たってはいまい。そのことを考える手がかりは炊くのが米かどうかではなく、茶を使った粥という点にあると思えるからである。江戸時代から行なわれてきた習俗であることはむろんだが、その起源はそれ以前にまでさかのぼるものであろう。

もっともその茶粥が今見ることの出来る形だったかどうかは推測の範囲を出ない。しかし現在の形が手がかりになることは間違いないから、簡単に説明してみよう。まず木綿の茶袋に番茶を入れ釜で煮出したあと、米を入れて炊きあげると、淡い茶色を呈する汁粥が出来上がる。ここでは水の量に対する比率が問題になるが、普通の粥よりも水をやや多い目にする程度と思えばよい。

しかし茶粥そのものを詠み込んだ句が見当たらないのはなぜだろうか。茶粥は連句の付合の方に多いのである。

博奕《ばくち》して廿日《はつか》の月も更《ふけ》ぬらん　毛條
茶粥に塩を入《いれ》過す秋　几董（続一夜松後集）

賽の目の出方の方が気になって、つい茶粥に塩を入れすぎたという傑作な付合だが、ここでの目玉はあくまでも茶粥に塩を入れる習慣が詠みこまれているということである。

奈良の茶粥は、民俗的な食習俗として生き続けてきた一方では、現代でも奈良市あたりではかなり値段のついたメニューの一つとして観光客に供されている。しかし、奈良茶粥が有料で供されるのは最近になってのことではない。後でも述べるが、奈良の茶粥は「奈良茶」などとも呼ばれて、江戸時代からそれなりの「商品」だったのである。

他方、紀州の茶粥は、最近のことは別として、値段のある食事として客に供されることは古くからなかったらしい。そうであったのには紀伊半島南部という地理的な

東大寺近くの奈良茶粥の店

要素も関係していると思えるが、ここでは主に民俗的な食習俗として今日にまでいたっているのである。

紀伊半島南部という地理的特性をめぐって簡単に紹介しておこう。熊野古道が世界遺産に指定されてようやく注目されることになった熊野地方は今日の三重県と和歌山県にまたがって、明治までは一括して牟婁《むろ》郡とされてきたところだが、とりあえずは地理的な言い方として口熊野《くちくまの》・熊野という分け方がある。口は入口という意味である。二つの地域の分岐線は果無《はてなし》山脈だが、茶粥と塩の関係に戻って言うと、茶粥に塩を入れるのは果無山脈の東側、つまり紀伊半島東岸である熊野地方の習俗だという。近代になって以後は、熊野も口熊野も相互に人口の流動性がかつてよりも高まってきているから、田辺市などを中心とする口熊野でも茶粥に塩を入れるところもあるが、もともと塩は入れなかった。この違いには民俗的な意味があるが、それはおこう。

しかし茶粥に塩を入れるのは、単なる味つけのためではない。一つには煎じ出す茶汁をきりっとしたものにする意味があり、実際にもその方が舌ざわりもすっきりとするものだが、この原型は茶自体が元来は塩を入れて飲むのが普通だったことにある。

中国・唐代の文人陸羽の『茶経』の一節に次のように書かれているのは、茶と塩の関係が古くからのものであることを示している。

湯の沸きぐあいは、魚の目のようで微かに声《おと》がするのを一沸《ふつ》とする。……一沸のときに、水を茶の量に合わせて、塩で味を調える。（布目潮渢訳による）

塩の役割は、ここでは「水の味を調える」ことにあるように読めるが、煮た水をきりっとさせることの他に、茶の量に合わせるという記述を見ていると、あるいは茶の味を引き出すことにあるかも知れない。このこととの関係で思い出してよいのは、今では砂糖をふんだんに使って伊勢名物とされる赤福餅が、当初は塩を使っていたことである。塩は小豆などの甘味を引き出すためだった。

それはおくとしても、茶に塩を入れる習俗は『養生訓』で貝原益軒（一六三〇〜一七一四）が止めさせようとしたほど、江戸時代には広く行なわれていた習慣だったのである。ちょっと長いけれど、江戸時代の喫茶模様を知るために、益軒の文章を引用してみよう。

今の世、朝より夕まで、日々茶を飲む人多し。のみ習へばやぶれなきにや。冷物なれば、一時に多くのむべからず。抹茶は、用《もちい》る時にのぞんでは、炒らず煮ず、故につよし。煎茶《せんじちゃ》は、用る時に炒て煮る故、やはらかなり。故につねには煎茶を服すべし。飯後に熱茶少し飲んで、食を消し、渇《かわき》をやむべし。塩を入れてのむべからず、腎をやぶる。空腹に茶を飲むべからず、脾胃を損ず。濃茶は多く呑《のむ》べからず、発生の気を損ず。唐茶は性つよし、製する時、煮ざればなり。虚人・病人は、当年の新茶、のむべからず。眼病、上気、下血、泄瀉などの患《うれい》あり。正月よりのむべし。

（傍点は引用者、岩波文庫による）

ここで益軒は茶を見る基準の一つに、煮て飲むか煮ないで飲むかをおいている。煮て飲めば「やはらか」だし、煮ない茶は「性が強い」から「飲むべから」ざることが多いとしている。
福岡藩の人だった儒学者の貝原益軒は「窮理の道」を説いた人として知られている。茶についても「一時に多くのむべからず」とするように、一般的には「足らざるをよし」とした人だが、健康と茶の関係を出来る限り細密に述べようとしていたことが分かる。こと塩についても、腎臓を悪くするから塩を入れて飲んではいけないとしたのは、益軒の周りでも塩を入れて茶を飲む習慣が多かったからだろう。

＊茶粥と「奈良茶」

振袖火事として知られる明暦の大火（一六五七）の後で、茶粥が江戸でも売られていたことは知られている。そのことはほかに書くが、ここではつぎの付合を紹介することにしよう。

鴬のうしろに有明の月　几董
秋寒み客は茶粥をねだられて　泰里（続一夜松前集）

これは月に秋というだけの単純な付合に過ぎないが、「ねだられて」というのは何だろうか。ねだられているのが「客」であることははっきりしている。それがたとえ別な筋の客だったとしても、茶粥は注文すれば食える態のものだったのである。茶屋で月見としゃれ込んで、冷え込んできましたから茶粥でもいかが、と勧められているととるのがもっとも変哲のない解釈だが、しかしそれはどっちでもよい。この際肝心なことは売り物としての茶粥があったということであろう。後に引く奈良茶は江戸にまで進出して評判を取ったというから、

青によし奈らの木辻の小夜時雨　　希杖
粥一なべを鹿にふるまふ　　一茶（蕉門中興俳諧）

という付合も成立したはずである。もちろん「奈ら」（奈良）と鹿の付合だが、西国へも六年の旅をした一茶だからこそ、こういうおかしさも真に迫れる。鹿に振る舞った茶粥も買ったものであろう。

大和路はみな奈良茶也花ざかり　　菊阿（正風彦根躰）
流レ去ル夜やなら茶舟時鳥《ほととぎす》　　言水（初心もと柏）
侘テすめ月侘斎がなら茶歌　　芭蕉（武蔵曲）
春雨の奈良茶は古き趣向かな　　蘆陰（蘆陰句選）

菊阿の句は表題に借りたものだが、ここでは大和路を行けば奈良茶が大いに盛んだとしている。花ざかりはむろん桜のさかりのことだが、大和路では奈良茶も花ざかりだとするのである。奈良に生まれ京

都に定住した言水（一六五〇～一七二二）の句は味わいのあるものだが、夏の夜の奈良茶舟が詠まれる。奈良茶舟は奈良茶を売り歩く舟。ほととぎすは夏の季語である。また芭蕉も奈良茶粥を好んだのであろう。「月侘斎」は、「月をわび身をわび、拙きをわびて、わぶとこたへんとすれど問人《とう》もなし。なをわびくて」と前書にもあるように、芭蕉自身を指す。余談だが、振り茶の章に上げた成美の「かくれかねて數寄者世に住む」の句と対比するのもおもしろい。蘆陰は春雨を聞きながら奈良茶を食うのは昔からの趣向だと言っているのである。

＊奈良茶というもの

奈良茶あるいは奈良茶粥とは何だろうか。古語辞典で見ると、奈良茶は奈良茶飯の略とする一方で二つの意味をあげている。一つは「ダイズ・アズキ・クリなどをたき込んだ茶飯で茶づけにしてたべる。奈良の東大寺・興福寺などでたき始めたという＝奈良茶粥」、もう一つは「茶飯に豆腐じる、煮しめ豆などを添えたもの。江戸では、明暦の大火（一六五七）後、浅草・待乳《まっち》山門前の茶店で売り出したのが最初という。＝奈良茶」である（『コンサイス古語辞典』）。

待乳山門前の茶店で売り出したのが最初だというのは『西鶴置土産』（一六九三＝元禄六年）に「茶飯、豆腐汁、煮染豆等をとゝのへて奈良茶と名付て出せしを江戸中はしはしよりも是をくひにゆかんとて」とあるし、『喜遊笑覧』も「おもふに他の奈良茶は今の如く一ぜんめしにて一椀づつの定なるべし」と書いていることだ。
しかし疑問なのは、先に引用した古語辞典や『喜遊笑覧』の記述を読むと、江戸に現れた奈良茶も奈良茶粥もともに粥ではなく、飯のイメージしか浮かんで来ないことだ。これはどういうことだろうか。奈良でも和歌山でも、茶粥は明らかに汁の多い粥なのである。

謡《うたい》ずき引取《ひきとる》息の下までも
箸はすたらぬなら茶なるらん　未詳

誰の付合かは分からないが「引き取る息」に「なら茶」がつくのは、「なら茶」なら箸はだめにならないという駄洒落だが、箸がだめにならないのは、これが汁の多い粥だからである。しかし古語辞典類の説明だと、奈良茶飯＝奈良茶粥、つまり形態は茶で炊いた飯であるということになる。

河崎の奈良茶飯『江戸名所図会』

思うに奈良茶粥は江戸で売り出すに当たって、江戸の人々の好みにしたがって「飯」の形に変えられたのではあるまいか。そこには江戸の人々の好みということもあっただろうが、それとは別に、この背景には飯《いい》と飯《めし》の違いが、そのことを通して食の文化における関東と関西の違いが横たわっていたことも考えられよう。飯《いい》と飯《めし》の違いは、飯《いい》が蒸して作るものだったのに対して、飯《めし》は汁粥《しるかゆ》に対する堅粥《かたかゆ》として生まれたことである。つまり奈良茶粥は、江戸で売り出すに当たって、汁粥である茶粥から堅粥である飯《めし》へと変えられたのではあるまいか。そのことを明かす資料はないが、そう考えるのでないと、古語辞典や『喜遊笑覧』の記述は理解不能になる。

豆時をなら茶にしたる米の飯　乙由（麦林集）
　もより聞出《ききだ》す寺社の短尺《たんざく》　我常
各別な角豆《ささげ》奈良茶を草の庵　我常（末若葉）

乙由の句に詠まれた「なら茶」も我常の独吟付合のそれも、ともに「ダイズ・アズキ・クリなどをたき込んだ茶飯」の方の奈良茶であろう。乙由の句でも、折角の豆の季節だからと「なら茶」にしたのは米の飯である。生米から炊きはじめるのが粥、出来上がっている飯から炊けばこれは「おじや」であって「なら茶」ではない。乙由は何を言っているのだろう。伊勢に生まれて材木商を営んだ後に伊勢神宮の御師となった人だったが、顔だけは江戸の方を向いていたということか。我常は前句の「寺社の」につけて奈良の奈良茶をつけたわけだが、これが茶粥だったのか茶飯だったのかは、句の限りでは分からない。

ふとんの裾に物のつかゆる　　　風叩
今晩も奈良茶と見へて蓋茶碗　　先放（渡鳥集）

ふとんの裾がつかえるのは邪魔なものだという前句に、蓋が邪魔になるだけの奈良茶碗を連想したのだが、たしかに何杯もお替りをして食う茶粥の碗になぜ蓋が必要なのか。それにはそれで理由があったのであろうが、それ以上は話がそれるからやめよう。しかし奈良で茶粥を食うのには蓋のついた茶碗を使うのである。

これを要するに、奈良では汁粥だった奈良茶粥は、江戸へ進出して堅粥としての飯に変わってしまったのだろうと思う他はないが、江戸時代の一七文字はそのことには触れていない。

奈良茶粥専用の茶碗。蓋のあるのが特徴。

五　炉のある暮らし　――炉開きになき人来ませ影ぼうし

＊炉と生活

国語辞典の類によると、囲炉裏と書くのは当て字だそうである。「囲んだ内側（裏）に置かれた炉」かと考えていたが、言われてみればこの理解はかなり強引だと言わざるを得ない。しかしその語源ははっきりせず、「居る《イル》（スワル）居《イ》（座席）」つまり「いるい」の変化したものとする説があると『国語大辞典』（小学館）にはある。写真は以前福島県で見た「土座《どざ》」と呼ばれるものだが、これもりっぱな「いるい」であろう。土座は地炉とも言い、いずれも火をおこして、煮炊きや暖房に用いる設備であった。いろりも地炉も炉も冬の季語で茶と関係がある。

ところで昔、とくに農家では、いろりは煮炊きや暖房に用いるだけでなく、家族の生活の中心であった。家族の団欒《だんらん》の場としてだけでなく、食事もいろりの周辺でするのが普通だった。いろりは季節に関わりなく必要な設備だったのである。

焼付《たき》てまづ茶をわかす生いろり　万乎（笈日記）

家々では、朝起きると、まずいろりに火を起こした。主婦の最初のしごとは茶を沸かすこと。煎じ茶を作るのである。そして家族はまずその茶を飲み、そして一日が始まった。万乎の句は古い記憶の中の、今も昔も変わらない風景を思い起こさせてくれる。

馬に寝て残夢月遠し茶のけぶり　芭蕉（甲子吟行）

芭蕉が遠江（静岡県）小夜の中山のあたりで馬の鞍の上から見たこの「茶のけぶり」も、家々で朝々の茶を煎じる煙の、軒から屋根へゆっくりと這い上がっていくさまだった。「馬に寝て」というきびしい旅の日々と、夢の名残と夜明の月と、立ち上る家々の茶の煙と――一幅の墨絵のような風景ではある。今は大茶園になっている牧之原台地（静岡県）は明治になってからの開拓として知られるが、その金谷側のはずれにこの句碑が建てられているのを見た人もいるかも知れない。

芭蕉句碑（静岡県金谷町）

福島県で見た土座

五つ六つ茶の子に並ぶ囲炉裏かな　　芭蕉（茶のさうし）

これも芭蕉の句だが、「茶のさうし」は雪丸・桃先の編で、路通が序を書いた。書名はこの句にちなんで路通がつけたものという。路通は「乞食路通」などと呼ばれた特異な人物だったが、「木曾の秋に痩《やせ》ほそり、芭蕉庵に籠り居賜ひし冬」という前書きがある。記述の様子からみて、もちろん芭蕉自身のものではなく、編者のものである。芭蕉庵のいろりの脇では、久し振りの出会いを楽しんで集まった何人かの知己門人が茶を飲んでいたのだろう。「五つ六つ」は茶の子（茶請け）の数ではない。そこにいる人の頭の数である。

佗《わび》に絶《たえ》て一爐の散茶気味深し　　農夫（田舎の句合）
爐に寄ればよらるゝ夜也杜宇《ほととぎす》　　抱一（屠龍之技）

佗に耐えてという詠み出しのせいか、農夫の句はどこかそくそくとして胸に迫るようなところがあるものの「一爐の散茶気味深し」といくらか詠嘆に流れて軽くなっているのがむしろ気になる。「散茶」にはいくつもの意味があるが、挽いて粉にした茶の意味にではなく、煮端《にばな》の茶、出端《でばな》の茶ととるべきであろう。煎じ出したばかりの茶のことであれば、気味深しとするのもよく分かる。

ずっと以前、富山県の蛭谷へバタバタ茶を訪ねた時、煎じた黒茶を茶筅で泡立てずに飲むこともあり、それを散茶というのだと聞いたことがあるが、これは手抜きした茶の意味であろう。農夫の句の散茶はそれではあるまい。

抱一の句の杜宇は夏の季語である。「爐に寄ればよらるゝ」とあるのを見れば、薄ら寒いような夏の夜なのであろう。不要なものを言うのに「夏炉冬扇」という言葉があるが、それは別の世界のことで、いろりは夏も必要であった。煮炊きの必要は季節を問わないからである。

＊炉開きと炉塞ぎ

冬に入って炉を開き、春になって炉を塞ぐという慣習は、一年中いろりに火を焚いている暮らしとは違っている。季節のリズムを感じさせるこの習慣は、町場の暮らしのものと言ってもよいが、農家ではむしろ客間のような言わばハレの場に近いところでの習慣だったのではあるまいか。遠い記憶をつま繰ってみると、ダイドコと呼ばれた家族の居間のいろりは一年中火を焚いていたが、オーエーと呼んだ客間のいろりは間違いなく炉開き

炉開き『江戸府内 絵本風俗往来』

と炉塞ぎを繰り返していた。遠く江戸時代には及ばない記憶だけれど、考える手がかりにはなる。

炉開《ろびらき》や左官老行《おいゆく》鬢の霜　芭蕉（韻塞）
爐びらきや泥鏝《こて》のひかりも八日月　大江丸（俳懺悔）
炉開や數代《すだい》得意の疊さし　葎亭（葎亭句集）
爐びらきや雪中庵の霰酒　蕪村（句集）
炉開きになき人来ませ罔兩《かげぼうし》　枳風（俳諧寂栞）

芭蕉や大江丸が詠むように、炉開きの日には左官を入れて、一夏使わずにあった炉壁の傷みを修理したのは当然のことだろうが、炉開きは、その日から炉が使えるようになる、ということだけではなかったに違いない。葎亭の句のように、代々付き合いのある畳職にも来てもらって表替えをする。それは毎年のことながらあらたまった思いのする行事だったのだと考えてよいのではあるまいか。冬籠りの思いを定めることともかかわっていようが、蕪村の「霰酒」もその日をもって心ひそかに画した酒なのであろう。霰酒は奈良の名産だった混成酒だが、味醂《みりん》に糯米《もちごめ》麹やあられ餅を入れ密封して作る。枳風の「なき人」は、あるいは父と母のことででもあろうか。その人を迎えたい思いを詠んでいるのだが、いずれにせよ、炉開きの日は、誰にとってもあらたまった思いで迎える日だったのである。

炉開やあつらへ通り夜の雨　一茶（不詳）
炉びらきやけふも灯下に老の日記《にき》　召波（春泥発句集）
爐びらきや紅裏《もみうら》見ゆる老のさび　几董（井華集）

一茶には、炉開きの日にかける思いがあった。それはせめてこの日くらいは何ごとにも煩わされず、静かに過ごしたいという思いでもあったろうか。雨の降る夜はとりわけ万物の静まる時間だからである。知友をたよって転々と流寓生活を続けるという生活だったから、この思いは一茶において格別に強かったに違いない。召波の詠んだ老人は、炉開きの夜だからこそ、思いを込めてその日のことを記そうとしているのだろう。炉開きに寄せる浮き立つような思いと日記をつけるという変わらぬ日常とが合わせ捉えられた召波の世界である。几董の「紅裏」はむろん裏地に紅色を配した着物の意味。そのあやしいあでやかさと「老のさび」の対比は、召波とはまた違った炉開きへの思いである。

爐ふさいで二日もどらぬあるじ哉　寥太（寥太句集）
爐ふさぎや旅に一人は老の友　召波（春泥發句集）
爐塞いで立出る旅のいそぎかな　蕪村（蕪村遺稿）
けふもまた爐はふさがれず春の雨　芦舟（氷餅集）

一方、炉塞ぎは冬籠りの終わり、活動的な季節の始まりを示す行事でもある。長い冬籠りの間じゅう、寥太も召波も蕪村も、この日を待ちかねていたのだろう。召波は老いに鞭打って旅に出、蕪村もまた急いで旅に出ようとしている。どこへ行く心積もりをしていたのだろうか。芦舟の句。春の雨は冷たい雨である。炉塞ぎの日がなかなか来ないいらだたしさを述べて同じ思いを詠むのである。

宿《しゅく》はづれ霜消《きえ》る間は朝茶めせ　　如泥（続虚栗）

「宿はずれ」の朝。どこでも宿はずれは二つの顔を持っている。宿場への入り口、宿場からの出口。行く人来る人にさまざまな思いを抱かせずにはいない。如泥にもその覚えはあったろう。しかし、朝の茶を飲んで待てばいずれ霜も消えよう。寥太も召波も蕪村も、朝の茶を飲んで出かけたのだろうから。

＊炉と炭

いろりでは薪を燃やすが、炉は炭のイメージである。五徳を置き鉄瓶をかけて茶を煎じる。炭には二種類ある。酸素を充分に補給して焼く白炭とその逆に酸素を絶って焼き上げる黒炭とである。茶の湯で使う炭には今は各流派ごとに異なる細かい決まりがあるようだが、千利休のころには特別な決まりはなかったと、ある『茶道辞典』にはある。その決まりが出来るのは古田織部（一五四四〜一六一五）や小堀遠州（一五七九〜一六四七）のころからだというから、江戸時代の初期にはもう出来始めていたことになる。織部も遠州もよく知られた武家茶人である。

爐びらきや炭の香守る人の皃《かお》　霞夫（續明烏）
秋くれて寂しき炭の匂ひ哉　昌碧（曠野後集）
池田から炭くれし春の寒さ哉　蕪村（遺稿）

しかし普通の炉では炭の良し悪しはあっても、そんな決まりなどはもちろんなかった。霞夫の「炭の香守る人」というのはおもしろい言い方である。昌碧はその炭に「寂しき匂ひ」を嗅ぎ取っている。渇いた炭のあの独特な匂いを「寂しき」匂いとするのは言い得て妙であろう。蕪村の句は炉塞ぎも近いころの句である。池田炭は今の兵庫県川西市一庫《ひとくら》付近で作られた炭のこと。クヌギを使った黒炭だが、大阪の池田に出荷されたことからこの名があり、とりわけ良質の炭として知られていた。寒い春のおかげで、蕪村は炉塞ぎを日延べにしたのかも知れない。

炉びらきやどちらに寐ても壁の際　桐之（草苅笛）

炉開きは炉開きとして、川柳めかしてこの句に詠んだのは、言うまでもなく、三畳やら二畳やらの小間の茶室であろう。まさか茶室で寝る人もあるまいに、何とも困った人である。茶室の炉は、今では一尺四寸角と決まっているそうだが、茶の湯開山などとも呼ばれたりする室町後期の人村田珠光のころから次第に整えられてきたというから、寸法も大小さまざまだったし、茶室の中での位置もいろいろだった。しかし茶室そのものが狭いのだから、確かに「どちらに寝ても」壁につっかえて寝られなかったろう。桐之には茶室の狭さをうとんじるおもいがあったのかも知れない。

胴炭《どうずみ》も置心よし除夜の鐘　　不白（不白翁句集）
はばかりの一間や雪に廻り炭　　不白（不白翁句集）

茶人不白の二句。胴炭は茶の湯で炉や風炉に使う切り炭。最初に横ざまに入れて火の芯にする炭のことである。太い炭だから胴と呼んだのであろう。廻り炭は「七事式」と呼ばれる作法の一つに決められた炭の置き方で、炉の季節にだけ行なわれるもの。七事式は如心齊宗左・一燈宗室が京都・大徳寺の無学和尚の教えを得て考えられたものという。「はばかりの一間」はさる人を招いてはばかる思いの茶室の意味だが、雪の白さと炭の黒さの対比があざやかであろう。

六　茶壺の口切　――菊の香や茶に押し合うもこの日より

＊口切《くちきり》ということ

茶にかかわる冬の季語の一つに「口切」がある。口切とは茶壺の口を切ること。この日からその春に作った茶を飲むことになる。茶壺は、濃茶に使う良質の葉茶（碾茶《てんちゃ》）を入れた紙の袋をまん中におき、周りを薄茶用の碾茶で囲んで詰めた上、壺の口には蓋をして目張りをする。こうして涼しいところで夏を過ごさせ、涼気が充ちるころになって封を切るのである。この間に、茶には微妙な変化が生まれるとされる。

炉開きが一種のエポックだったのにも増して、口切はいっそう大切なものだった。それは口切の茶事と呼ばれる特別なセレモニーを伴なうほどだったのである。江戸千家の祖となった川上不白の句を見ると、茶事自体にもかなりな緊張を思わせるし、まして口切にはいっそうの緊張感が見て取れるから、人柄ということは別としても、このセレモニーが特別なものだったことはよく分かる。口切の茶事は茶の湯者にとってはいわば一年の初めを意味するような行事だから、緊張するのも当然だったろう。

菊の香や茶に押合ふも此日より　千代（千代尼句集）
口切に境《堺》の庭ぞなつかしき　芭蕉（深川集）
口切や五山衆《ござんしゅ》なんどほのめきて　蕪村（句集）
口切の沙汰に及ぶや色付柚　不白（不白翁句集）

千代女の句は表題に借りたもの。口切がすめば「茶に押合ふ」日々が始まるのだと、ある期待を込めて詠んでいる。素園などとも名乗った千代女は加賀（石川県）松任の人で、一七歳のころに訪ねてくれた支考から「あたまからふしぎの名人」と称えられたという。芭蕉もまた口切を思い、千利休が生まれ住んだ堺のことを思いやっている。堺は利休流茶の湯発祥の地である。堺の臨江寺にはこの句の碑があるが、あまりよく読めない。しかし堺市博物館館長の角山榮氏によると、芭蕉は大阪の住吉神社までは来ているが、堺には足を踏み入れていないそうだ。それでも「なつかしき」と詠むのには相応の思い入れがあったからに違いない。蕪村の句。五山という言い方はいくつもの事例があるが、蕪村がここで言う五山は京都五山のこと。五山文学という言い方もあって、虎関師錬（一二七八～一三四六）や義堂周信（一三二六～一三八九）など、数多い作家を輩出しているが、口切の儀に列席する名僧たちも気取って見えるというのである。不白の句は千利休の教えを思い浮かべながら詠んだ句だが、「色付柚」という自然感のおかげか、口切を詠んだ中でも吟者の心の自由さが比較的感じられる句と言ってよいであろうか。それまで深い緑色だったはずの柚は、冬に入って次第にあの独特な黄色を呈するのである。

口切の客こそみよりたかのつめ　秀朝（玉海集）
口切や三とせなからの初むかし　句龍（さし柳）
初雪もつれて口切《くちきり》白茶かな　貞徳（犬子集）

秀朝の「たかのつめ」（鷹の爪）は碾茶の銘。寛永（一六二四〜一六四四）のころに宇治（京都）や伊勢（三重）で作られ、極上という銘を持った超高級の茶である。蒸したまま乾燥させて仕上げられる碾茶は抹茶の材料となる茶で、飲む時には石臼で挽き、粉末状にして飲む。句龍の「初むかし」も同じ碾茶の銘で、江戸時代の初期に将軍が好んだ宇治の葉茶にこの銘をつけたことにはじまるとされる。利休以前には碾茶は一般に白みを帯びていたというが、貞徳が初雪の白さと合わせて「白茶かな」と称えて詠んだのがこの茶である。白茶が全盛だったことは望一の付合の句にも「白茶ばかりをこのむ当世」がある通りだが、その後、武家茶人の古田織部のころには青みの強い茶が好まれるようになり、白と青の両方が将軍家へ納められるようになったという。

織部というのは天文十三（一五四四）に生まれ、江戸時代初めの元和一（一六一五）年に没した人だから、もしそうだとすると、江戸時代には初めから白みがかったのと青みがかったのの両方がすでにあったことになる。そこへ茶道遠州流の祖小堀遠州が登場する。遠州の名は遠江守《とおとうみのかみ》を名乗ったことからの名だが、近江国（滋賀県）小堀村の生まれ、茶の湯の縁で大名になった人だ。

その遠州は天正七（一五七九）年に生まれて正保四（一六四七）に世を去ったから、織部とは二六年間ほど同じ時代を生きたことになるが、もとからあった白みの茶を「初昔」と名づけ、織部が好んだという青みのあるのを「初昔」より後に好まれるようになったという意味で「後昔」と名づけたのはこの人だと、『上林家前代記録』などにある。上林《かんばやし》家というのは京都・宇治の茶匠で、今日まで続いている名家である。

口切やけふ三の間の花に逢《あう》　渓々（俳諧十六日）
口切の菴《いお》や寝て見るすみだ河　几董（井華集）
よい雨や茶壷の口を切る日とて　一茶（七番日記）

渓々は、口切の日に抹茶をご馳走になったと詠んでいる。「三の間の花」とあるのは、昔、宇治橋の三つ目の欄干のところだけ橋板を広くして作られた水汲み場から汲んだ水のこと。豊臣秀吉もここで汲んだ水で茶を点てたとも言い、また今でも宇治の茶祭りではここの水を使うのが慣例だともいう。渓々もこの水に憧れを抱いていたらしいことは、それを「花」と詠んでいることに見て取れるが、この花は季語ではない。几董の句は何だろうか。どこかで口切を茶化しているのか、それとも満ち足りた状態を詠んでいるのか。前者と見るのは僻目で、本当は後者なのかも知れないが、この「菴」は数寄屋というよりはただの陋屋らしいから、やはり後者と取る方が当を得ているということだろう。念のために言うと数寄屋というのはもっぱら茶の湯のためにだけ作られた建物のこと。当然座敷も含んでいる。東京・

有楽町にある数寄屋橋という地名が茶人織田有楽斎の数寄屋があったことに由来していることは知る人ぞ知る類のことである。それにしても一茶はよほど雨が好きだったようだ。炉開きの句にも「炉開やあつらへ通り夜の雨」という句があったが、いわゆる景色として詠み込んだにしては「まいど、まいど」と言ってよいかも知れない。

＊手向けとしての茶

死者、あるいは仏とのかかわりで詠んだ句も少なくない。口切の季語を持つ句の中からそれを拾ってみよう。

茶の口を切て枯野の手向《たむけ》哉　子彬子（さし柳）
口切《きつ》た茶も手向とはなりけるか　岩仙（誘ふ杜宇）
口切を茶頭《ちゃどう》にせめて手むけ哉　陸船（はなしあいて）
口切やほとけを客の初むかし　茶雷（はなしあいて）
口切やおもひ出ればかげぼうし　成美（一陽集）

子彬子や岩仙の句、陸船や茶雷の句はもちろんだが、成美の句も手向けの茶ととってよいのではないか。子彬子と岩仙、陸船や茶雷がどういう人だったかははっきりしないが、成美は江戸も浅草蔵前の人だったから、茶を仏事とかかわらせて考えることにも抵抗はなかったろう。朝ごとに仏壇へ茶と水を供える習慣は今も家々にあるが、四つの句がともに言う手向けとは、直接にはそういう習慣とかかわっている。岩仙の句を深読みすれば、手向けには煎じ茶を使うのが普通だったということになろうか。抹茶でも「手向とはなりけるか」と読めないでもないからである。陸船の「茶頭」はもともとは江戸時代に将軍家や諸大名に茶の湯をもって仕えた者のこと。剃髪して法体《ほったい》をしていたが、ここでは単に茶の師匠という程度の意味だろう。僧形をしていることにかこつけて「手むけ」と詠んでいるのである。

茶と仏事とのかかわりには、歴史的にも深刻な経緯があったが、それは江戸以前に発することだからここでは触れまい。

口切の句ではないが、この際、その仏事とのかかわりで茶を詠み込んだ秀句をあげておこう。

あなたうと茶もだぶだぶと十夜《じゅうや》哉　蕪村（五疊敷）
茶を申《もうす》をうなの声や寒念仏《かんねぶつ》　召波（春泥発句集）

蕪村の「十夜」は十夜念仏会とも言い、浄土宗の念仏法要のことである。永享年間（一四二九〜一四四一）に平貞国が京都の真如堂に参籠して夢想を蒙ったのに始まるとされる十夜念仏は、陰暦十月六日から十五日までの一〇昼夜を修する行事だが、蕪村はそれを尊いとし、「茶もだぶだぶと」と詠んだのである。召波の句の寒念仏は寒中三〇日のあいだ山野に出て声高に念仏を唱える行事だったものが、後には寒夜に鉦《かね》を打ち叩いて仏寺や墓地に詣でたり、有縁の家や付近を巡行したりすることに変わっていったもの。主役はいわゆる鉦打ち、つまり鉢扣《はちたたき》だが、いずれも念仏宗で、かつて柳田國男が日本喫茶史との関係では『喫茶養生記』の栄西よりも重い位置を占めるとした空也の流れに属している。その寒念仏の声と茶を売る老婆の声とが重なって聞こえると召波は詠んでいるのである。

しかし、仏教、と言うよりは仏事とより深く結びついていた江戸時代の茶は、一方では嫁とり・婿とりの祝いごとと結びついていた九州地方の茶習俗といちじるしい対照を見せていたと言ってよい。そこには先に「深刻な経緯」と言ったこととはまた別な要因があったらしく思えるが、そのことと多少の匂いでついている句を三句ほどあげておこう。

口切や亭主娘に客若衆　玉蛾（靱随筆）
口切や聟《むこ》取當て置《おく》頭巾　桃隣（古太白堂句選）
口きりやこゝろひそかに聟撰《えらみ》　太祇（太祇句選）

念のためだが、玉蛾の句に「亭主娘に客若衆」とあるのは、亭主と客で構成される茶席の亭主役に娘を、客には若衆を配しただけのこと。これではおかし味を狙いすぎて、川柳に流れてしまったと言う他ないが、桃隣や太祇が戯画してみせた口切のイメージも似たり寄ったりと言うべきか。しかし口切にかける期待には大きなものがあったのであろう。

＊口切と日常

口切がどれほど大切なセレモニーだったとしても、日常の俗な生活と切り離すわけにいかなかったのは当然である。その両方が必要な緊張関係で捉えられることで初めて句の世界も成り立つが、しかしそれはもっともらしく口にしなければならないほど大層なことではない。

口切と隣あはせや根深汁《ねぶかじる》　吟水（北国曲）
口切の時に使《つかい》や一しぐれ　殊正（誹諧當世男）
口切のとまり客あり峯の坊　太祇（太祇句選後集）
口切や弾正《だんじょう》といふ人のさま　召波（春泥発句集）

吟水は口切と日常のありさまを句ざまよろしく重ね合わせてみせている。それも「根深汁」とあるところがいい。口切をしている家の隣りでは根深汁を作って飯を食おうとしているのである。根深は根が地中深くにあったことを示す白い部分の長いネギのことだが、口切と同様に、根深汁も冬の季語である。そう言えば口切と根深汁とは季語としても「隣あはせ」だが、殊正が出迎えることになった使いは、折からの時雨のおかげで口を切ったばかりの茶のご馳走にもあずかれたことだろう。

炭《たん》太祇（一七〇九～一七七一）は江戸の人ともいう。四〇歳を過ぎて京都に上り、大徳寺真珠庵にはいったが、やがて島原の遊廓内に不夜庵を結んだという、いわば聖俗「隣あはせ」となった人であった。真珠庵は連歌の宗祇などともゆかりのあったところだが、句は寺の口切に招かれた客の中には泊まり客もあるとする。寺であればなおさらだが、そういう口切もあったのであろう。召波の句は結構のよさにもかかわらず、正体不明の句と言うべきかも知れない。「弾正といふ人」はそもそも何者なのであろう。名前から察するに武家ではあろうが、「さま」がキイ・ワードらしく、どうやら居住い正しからざる野武士のような人でもあったか。そうでないと、口切というセレモニーと対にして吟じても、今度は句の方がさまにならないことになる。逆に茶人たる亭主にもまさるみごとな居住まいの武士だったとすると、かえって召波の世界に似つかわしくなるようにも思える。召波には思うところがあったのであろうが、「弾正といふ人」の正体が分からない以上、句も不明でしかない。召波こと黒柳召波（一七二七～一七七一）は漢詩を学んだ服部南郭の門で蕪村を知り俳諧の道に入ったという。召波は清澄閑雅な境地を開いた人として知られるが、蕪村の信頼はことのほか厚かったという。

＊冬が待ちきれない

冬が来るのを待ちかねるようにして茶壺の口を切り、臼で挽いてその年の茶を味わう。それが口切だが、気が短いのか、新茶が何より好きなのか、冬を待ちきれない人もいた。まだ夏だというのに壺の口を切ってしまう。夏切りである。もっとも、去年の茶は飲んでしまって飲む茶がないから、という事情の人もあったかも知れないけれど、夏切りであることに変わりはない。

三ぶくの夏切あやし大茶壺　當信（鷹筑波）
夏切に茶入やひらくなすび汁　徳元（未詳）

當信は大きすぎる茶壺の口を切った。あるいはこの茶壺は當信のものではなかったのかも知れないが、「三ぶく」分だけいただいたよ、と誰かがことわりを言ったとしたら、夏切りをしたにしては少なすぎる、「あやし」というわけであろうか。いやこの「あやし」は「怪しい」の意味ではなく、「卑しい」の音の転化した「あやし」であろう。いやしく見苦しいの意味である。折角の夏切りなのに「三ぶく」だけとは「大茶壺」の手前も「見苦しい」ではないかと、當信は恥じたのかも知れない。
徳元（一五五九～一六四七）は斎藤氏。美濃国（岐阜県）加茂郡加治田の城主斎藤利宣を父親に持つ。織田信秀に仕えて二千石だったが、関ヶ原の合戦では石田三成方（西軍）についたために敗れて若狭（福井県）にのがれ、さらに江戸で暮らし、晩年には丹後（京都府北部）か若狭のあたりに住んだらしい。「なすび汁」は根深汁が冬の季語であるのに対して、もちろん夏の季語である。「夏切」の茶を味わった上に「なすび汁」とは、さぞ満ち足りた思いがしたことだろう。

＊＊＊＊＊

ところで一つだけ、わたしに疑問がある。茶壺につめ、冬になってからその口を切って味わうのは碾茶（抹茶）だけだったのだろうか。というのは、徳島県の山間部のさる旧家で、明治の初期に作られた茶が碾茶と同じやり方で壺に保存されているのを見たことがあるからである。それは釜炒りの煎茶で、明治の初期のころに行なわれた「製茶共進会」の入賞茶だったから、保存するに当たって碾茶の方法を真似たものだったのか、あるいは煎茶も江戸時代から茶壺に保存するのが当たり前だったのか。煎茶も茶壺を使って保存していたというのならおもしろいのだが。

茶壺として珍重された呂宋壺（個人蔵）

七　茶摘みと茶摘み唄　――山門を出れば日本ぞ茶摘み唄

＊茶の季節

歳時記の上では茶摘みを春の季語とし、新茶を夏の季語とする。いずれも陰暦で、春は一、二、三月、夏は四、五、六月。年によって多少ずつ異なるが、今日の暦とはおおよそ一月半ほどずれる勘定になる。だから茶摘みの時季は、

柳から見込《こめ》ば庫裏《くり》の茶時哉　　朱滴（稲筏）

ということになるわけだ。柳は春の季語である。柳の様子から見れば茶時と分かるというのである。庫裏は寺の台所の意味から転じて寺の住職や家族の居間を指す言葉だが、寺でも茶を作る準備をしただけではなく、町場の家ならいざ知らず、里山ではどこの家でも自家用の茶を作っていたから、茶摘みの準備はそれなりに忙しかったろう。

残雪や茶山守《ちゃやまも》る家の煤障子　五明（塵壺）

花にいざ茶つみ用意も仕て置《おき》ぬ　野坡（野坡吟艸）

五明の句。茶山は茶畑のことである。煤障子がいかにも春未だしの感をあたえるが、野坡のように、花見のころには早手回しに茶摘みの準備もしておくことになる。俳人たちは各地でさまざまな茶摘み風景を句に詠んだ。

木《こ》がくれて茶摘も聞くやほととぎす　芭蕉（炭俵）

芭蕉はほととぎすの側から茶摘みを詠んだが、茶摘みを視野に入れながら一句の世界を出来るだけ広げようとしているのはこの句の特徴だろう。茶を詠み込もうとしたその他の俳人たちのいくつもの句の中でも抜きん出ている。俳人たちが茶摘みを句材として詠んだのをいくつかあげてみよう。

鳥の巣の跡揚《あげ》て行《いく》茶摘かな　一松（誹諧京羽二重）

蓑虫の巣はつみ残す茶の木哉　閑斎（西歌仙）

茶摘みは、ところによっては竹箆《べら》を使ったり鎌を使ったりしたが、基本は手の指で摘むこと。現代の茶産地の茶畑ではちょっと想像出来ないかも知れないが、一松の句や閑斎の句のように、茶の木に鳥や蓑虫が巣掛けしていたりするのは自然なことだったろう。江戸時代の茶の木について、作者は知られていないものの、十七世紀の末葉に遠江（静岡県）で書かれた『百姓伝記』に次のようにある。

茶は、上下万民の用いるものなり。畠の境あるいは山畑などの、あしくて作毛の出来かぬる処、屋敷のうちなど、明地の処に植えるべし。（岩波文庫）

これは文字通り自家用の茶だが、これらの句に詠まれた茶畑はもう少し広く、畑と呼ぶにふさわしいものではあったろう。もちろん茶の木は現代で言う株仕立てだったが、わざわざ株仕立てと呼んだのは茶摘みを機械化したために、作業がしやすいよう茶の木を畝状に仕立てるようになってからのことだ。

折々は腰たたきつつ摘む茶かな　　一茶（一茶発句集）

左が株仕立て、右は畝仕立ての茶畑。

のこる木のつもり仕て見る茶摘かな　水甫（皮籠摺）
物うりを畑でよぶや茶摘時　三谷（浪化発句集）
籠の目に噺《はなし》も溜る茶摘哉　雨川（月次発句）

茶の株は普通では人間の腰の高さ程度だから、茶を摘む作業は少し屈み腰になってすることになる。一茶の「折々は腰たたきつつ」というのはその観察である。水甫の句。腰を伸ばして、まだ摘んでいない茶の木を「さてどう摘んだものか」とその「つもり」をしてみるというのもやはり観察である。「物うりを畑でよぶ」のも、あまり現実性はないが、そんな時のことだろうか。家族作業ならいざ知らず、大きな茶農家では「茶摘み女」を一日いくらで雇ったから、雇われた方にすれば「のこる木のつもり仕て見る」のも「物うりを畑でよぶ」のもあり得ることで、俳人たちの恣意的な空想だったろうとだけも言い切れまい。

去年雇われて茶摘みをしに来た女性たちは特別な理由でもない限り、今年も来年も来るのが通例だったから女同士で積もる話もあった。「籠の目に噺も溜る」というのも、それはそれで無理もないことと言うべきだったろう。慣れてくれば眼と手先は茶を摘むために必要だったが、口は空いているからである。唄をうたうかおしゃべりをするかということになるのも止むを得まい。

＊茶を摘む女たち

茶摘みは間違いなく女性のしごとだった。手先を使う繊細な作業という理由のほかに、男は茶揉みという重労働を担わなければならなかったからである。茶作りは、今も昔も一家あげてのしごとだった。

一とせの茶も摘みにけり父と母　蕪村（新五子稿）
茶摘とてしら髪《が》をなげく老女房　成美（あかつき）
春雨や茶に延《のば》しをく妹《いも》がつめ　野坡（野坡吟艸）

蕪村は父と母が二人だけで一年分の茶を摘んだと詠んでいる。自家用の茶である。しかし茶を摘む女性は若く美しくあってほしいという思いは俳人たちに共通してあっただけでなく、女性たち自身にも当然あっただろう。成美は、老いた妻が「しら髪をなげく」のは若い女性たち、見目のよい女性たちも混じる茶摘みだからだと詠んでいる。野坡の「妹」は茶摘みに備えて爪を切らず延びるままにしている。自分の摘む茶への思いを抱いている心やさしい妹である。

出女も只の顔にて茶摘かな　越闌（正風彦根躰）
其中に眼鏡懸たる茶摘哉　三徑（庭竈集）

萱笠を着て鏡見る茶摘みかな　　支考（東華集）
手拭に素顔めでたき茶つみ哉　　葎亭（葎亭句集）

茶を摘む女性もいろいろだった。出女《でおんな》と呼ばれたのは宿駅の飯盛女のことで、夜は売色もしたが、茶摘に雇われた時は普通の顔をしているというわけだった。本当かどうか、眼鏡をかける女性もいた。その中で菅笠をかぶったまま鏡を見ている女性や「素顔めでたき」女性など、ともかくいろいろな女性がいた。茶を摘む女性を句材にしたその他の句を紹介しよう。

茶乙女と世に言《いわ》ぬこそ恨《うらみ》なれ　　葎亭（葎亭句集）
田植程笠はさはがぬ茶摘哉　　也有（蟻つか）
藤の花さすや茶摘のになひ籠　　許六（五老井発句集）
頬紅の雉子も交りて茶摘哉　　川紅（稲筏）

葎亭の句。「茶乙女」は、むろん田植をする女性を「早乙女」と呼ぶことになぞらえた造語であろう。そう呼んでほしいけれど実際にはない言葉なのが「恨なれ」なのである。しかし「恨なれ」にはもう一つ米へのあこがれがあるのかどうか。也有の詠んだ「笠はさはがぬ」の句。近代になってからの茶摘み唄に「茜だすきに菅の笠」とうたわれる茶摘みの衣装はすでにこのころから定番だったのかどうか、菅の笠は出てきても茜だすきは出てこない。ここでもどこかに米作りと茶作りの対比がうかがえるように思うがどうだろうか。許六の「藤の花」の句。「になひ籠」は腰につける小籠にいっぱいになった茶の葉をまとめて茶揉み場へと運ぶ大きな籠である。それを背負って歩いている人は女性なのだろう。何気なく挿してある藤の花がそう思わせてくれる。川紅の「頬紅の雉子」はまだ子どもの茶摘みである。

古笠へざくり〱とこぎ茶かな　一茶（七番日記）
ごろり寐や先は扱《こき》茶も一筵　一茶（七番日記）
菜刀に菅笠すげる茶抓《つみ》かな　木導（正風彦根躰）

面白いのは「こき摘み」と呼ばれる摘み方が詠みこまれていることである。「こく」は扱《しご》くことだが、こき摘みは親指と人差し指とで茶の芽をはさみ、扱くようにして摘む摘み方で、「一芯二葉」とか「一芯三葉」とか呼んで茶の芽の柔らかな部分だけ折り取っていく「折り摘み」よりもラフな摘み方である。現代の技術では粗放だとされる摘み方だが、そんなことにはお構いなく、一茶が「ざくり〱と」と詠みとばしているのは、入れ物も籠ではなく「古笠」にしてあることも合わせて、いかにも闊達な描写で

茶を摘む女たち『日本山海名物図会』

ある。「ごろり寐や」の句。ごろ寝をしているのは茶を採んで疲れたからということか。ひどくのんびりした情景だが、実際の作業の進行は見るほどにはのんびりしたものではなかった。茶を採む男、つまり茶師のしごとは例えようもない重労働だったからである。

木導の「菜刀」はもちろんこき摘みに使う用具である。手に持った菜刀と親指とで茶の芽をはさみ込んで扱き摘みした茶は茶採み場まで運んで屋内で筵に広げておき、熱を持ちすぎないように気を使いながら、採まれる順番を待つのである。

＊茶摘み唄の句

茶摘み唄は、茶摘みだけでなく、茶作りをしながらうたう労働歌の総称である。労働歌は「しごと唄」と言い替えてもよい。

茶摘み女たちも、茶を摘むというしごとをしながらうたった。茶摘み唄を句材にした句も少なくないが、しかし気になるのは俳人たちがどこかよそよそしく見えることである。

午時《ひるどき》の覚束《おぼつか》なしや茶摘唄　　蚊足（春のおとづれ）
器量程聲は薫らぬ茶つみ哉　　素丸（素丸発句集）
しれ者よ編笠着たる茶摘唄　　蘇月（新虚栗）

れき〳〵の小町のはてや茶つみ哥　菊阿（正風彦根躰）
草臥《くたぶれ》て平たくなりぬ茶摘歌　寥太（七柏集）
唄ふのは雇ひもふけの茶摘かな　籬風（世事の凍解）
唄ふので等閑《とうかん》になる茶つみ哉　鳳朗（鳳朗發句集）
蜂か《が》出て備《そなえ》崩る丶茶つみ哉　干凉（稲筏）

蚊足は覚束なさを言い、素丸は茶摘み女の器量はほめても唄はほめない。蘇月は「しれ者」と悪態をつき、菊阿は「小町のはて」と冷やかしている。寥太でさえ「草臥て平たくなりぬ」と批評し、籬風にいたっては茶摘み唄は茶摘み人足を雇った側の儲けだと言う。鳳朗は「唄ふので等閑になる」とまるで雇用者のような口ぶりだし、干凉は「蜂が出て備崩るる」と取りつく島もない。

もちろんここには俳諧そのものの発展段階の制約があると言うべきだが、そこにだけ原因を求めていてはいささか他人行儀に過ぎるだろう。やはり句材にとらわれすぎていることを上げなければなるまい。とかく対象にとらわれ過ぎると、かえって対象へのアプローチが浅いものにならざるを得ないのは俳諧だけのことではないからである。

しかし茶摘み唄を句材にしたもののすべてがそうだというわけではない。中でも完成度の高い句としてよく知られているのは、

山門を出れば日本ぞ茶摘うた　　菊舎（手折菊）

の一句だろうか。表題に借りた句だが、宇治万福寺の山門脇に立つ句碑で知られる。管見では、茶摘みと茶摘み唄を詠んだ数十の句の中でこの句を越えるものはないように思う。「山門」はもちろん宇治万福寺の山門、「出れば日本ぞ」と強調されるのは、中国明代の渡来僧で日本黄檗《おうばく》宗の祖となった禅僧の隠元隆琦に始まるこの寺がかつては「支那《しな》寺」と呼ばれたからだけでなく、隠元自身が隠元茶と呼ばれる喫茶法をもたらした人だったからである。

田上菊舎（一七五三〜一八二六）は本名を道と言い、長門（山口県）長府藩士の娘だった。一六歳で村田氏に嫁したが、二四歳で夫に死別し、二八歳のとき剃髪、旅に出て美濃派の俳人傘狂に入門、北陸・奥羽を経て江戸に長期滞留し、その後もさらに旅を続けて、上洛も九州行きもともに数回に及んだ。詩・書・画のほか茶道・琴曲にも長じ、当時の女性としては珍しく多彩な一生を送った人である。句は男性的で線が太いとされるが、この句は結構と言い視野の広さと言い、菊舎の中でも秀逸と言うべきだろう。

茶摘み唄を詠み込んだ秀句には、他にも左のようなものがある。

木曾山やしごき奔《はし》るも茶つみ唄　　一茶（七番日記）
鶯のだまつて聞《きく》や茶つみ唄　　一茶（化五六句記）

山吹の花さへゆかし茶摘唄　　　　五明（塵壺）
春の日や茶の木の中の小室節　　　　正秀（續猿蓑）

一茶の「木曾山」は長野県木曾郡から岐阜県恵那郡にかけての一帯のこと。「鶯の」の句も、ホーホケキョのウグイスでも黙って聞くというおかしさのある一茶の世界である。一茶も五明も、前の蚊足らの聞いた茶摘み唄より数等みごとなのを聞いたのであろう。正秀の句の「小室節」は江戸初期に流行した民謡で、もともとは馬子唄の一種だったようだが、起源は分かっていない。信州（長野県）の小諸とする説やら常陸（茨城）の小室とする説やらいろいろだが、むしろ正秀は流行の唄を詠み込むのに、茶摘み唄を匂わせながら「茶の木の中」を借りようと思っただけのことかも知れない。

＊茶摘み唄のいろいろ

茶摘み唄はもともと茶を摘みながら唄った「しごと唄」だが、中国やインドなどにもあるのではあるまいか。

しかし日本では茶摘み唄がいつから唄われ始めたかははっきりとはしないようだ。若原英弌氏によると、『田植草紙』に茶摘み唄に擬せられる歌詞が記されているので中世からだろうというから江戸より前ということになる。茶摘みの時のを「茶摘唄」、焙炉《ほいろ》の上で茶を揉む時に焙炉師が唄うのを「焙炉師唄」と区分して呼ぶこともあり、それぞれの作業によって節回しが異なるが、歌詞は共用されることが多い。

同じ若原氏によると、焙炉師唄は十八世紀中期以後、宇治製法（宇治で開発された製茶法）による手揉み煎茶の登場によって派生したものと思われるというから、これは江戸中期以後ということになる。近世以後、宇治では「投げ節」「味木屋節」と呼ばれる二種類の曲が伝えられきているが、悠長な節回しの「投げ節」は「しごと唄」とは考えられないから、茶壺道中にかかわりを持つ祝儀唄であろうといわれ、「味木屋節」の方は戦国・安土桃山時代の宇治茶師味木氏にかかわる名称というが、いずれも由緒を明らかにしないと若原氏は言う（『角川茶道大辞典』）。

茶摘み唄と呼ばれる唄は「茶業史」の類にいくつも掲載されているが、どれが江戸時代からうたわれていた唄なのかは分からない。そこで氏が右に述べている「味木屋節」の歌詞だけを紹介しておこう。

〽ハー宇治はよいとこ（ソリャエト）
　北西晴れて　東山風そよそよと
アー宇治の橋には（ソリャエサ）
　名所がござる　お茶の水汲む　これ名所
ハー御代もおさまる（ソリャエト）
　御物も積もる　なおも上さまご繁昌

八　新茶と古茶　——新茶古茶夢一とせを語る日ぞ

＊新茶と古茶の句

茶摘みは春の季語だが、新茶と古茶は夏の季語とされる。昔も今も茶摘みと茶揉み（製茶）は一連の、しかも平行した作業だから、当然平行して新茶も出来る。であれば同じ季でもよさそうなものだが、厳然と分けられるのにはいくつかの理由があった。

一つには春夏秋冬の区分が今日とは違っていたことがある。またそれとは別に、茶が抹茶（碾茶）を基準として考えられていたこと、および旬《しゅん》についての意識が重ね合わされてはいたものの、新茶は夏になってから飲むものとされたことがある。それにつれて去年作られた茶は古茶とされて同じ夏の季語に取り入れられた。

旬という意識は、当今の煎茶などでは初物の意味で「走り」とか「大走り」ということばが使われることに示されるようにますます著しいが、抹茶はむしろ後熟という考え方をとる。一定の期間を寝かせておいて、熟したものをこそよしとするのである。しかし一方には夏切という季語もあるから、これが新茶にあたるのかも知れない。
古茶は陳茶《ひねちゃ》などとも言い、古くなった茶を言うことが多いが、それは現代の話。江戸時代の俳諧では去年の茶に限定した意味で詠まれている。

新茶古茶夢一とせをかたる日ぞ　　暁臺（暁臺句集）

表題に借りた句だが、どこか心を引き込むような、なかなかの句である。新茶を口にする日とは、去年の新茶から今年の新茶までの間の、夢のような一年のことを語り合う日だと、暁台は言うのである。暁台こと加藤暁台（一七三二〜一七九二）は名古屋に生まれ、尾張徳川家に仕えたが、職を辞して俳諧に専念した人だった。「冬の日」の時期の芭蕉を慕って蕪村などと交わり優雅な作風を示したという。暁台にとって、それはどんな「夢一とせ」だったのであろうか。これは茶を詠んだ句ではないが、

命二つの中に生《いき》たる櫻哉　　芭蕉（甲子吟行）

を思い出させられるところもある。芭蕉はこの句に「二十年を経て故人に逢ふ」という前書をつけていて、ここには久闊《きゅうかつ》を叙する切ない思いがあふれる。その切なさが桜に託されているのだが、果たして茶はそれに敵し得るだろうか。

ちりの世をすゝく新茶の匂ひ哉　祇明（祇明発句帳）
見る事の新茶にすゝぐまよひ哉　青女（其袋）
泡と消《きえ》し昔を思ふ新茶哉　由歌（俳諧小相撲）

祇明にも青女にも由歌にも、新茶に託すそれぞれの思いがあったろう。暁台は「夢一とせ」を語る日と詠んだが、祇明は「ちりの世をすゝく」思いを新茶に寄せ、青女は「まよひ」をすすぐとする。また由歌は「泡と消えし昔」を偲んで新茶を飲んでいる。

祇明の言う「ちりの世」がどんな苦渋に満ちたものだったか、青女がどんな「まよひ」を抱いていたのだったか、「泡と消えし昔」に由歌がどんな生きざしをしていたのだったかは、今となっては分からない。しかし新茶を口にすることに、いずれも特別な思いを寄せていたことだけはしみじみと分かる。

藪入やあしき茶の香もなつかしみ　成美（推敲日記）

藪入は奉公人が正月と盆の一六日前後に主家から休みをもらって親元に帰る行事だが、この句の藪入は夏の方であろう。夏であれば「あしき茶」とは言っても、新茶と考えなければなるまい。「あしき」とは「粗末な」の意味である。久し振りに親の家に帰った子にとっては、「あしき茶」であれ何であれ、まずかろうはずもあるまい。物故した先代三遊亭金馬師匠の名演「藪入」を思い出させられるが、成美は浅草蔵前の富裕な札差だったから、奉公人のそんな話を聞いていたのかも知れない。

＊古茶の句のこと

好んでではなかったにしても、去年の茶も飲まれた。当今の茶の商売は値の出る今年の新茶を売る方がよけいに利が出るから古茶は売りたがらないが、自家用の茶をまとめて作るのが圧倒的だった江戸の時代には、「夢一とせをかたる」思いにはもだしがたいものもあったろう。

わびしらや春盡れども古茶啜《すする》　五明（塵壺）
おもしろし今年は古茶に時鳥《ほととぎす》　暮柳（暮柳発句集）
いざ古茶の名殘惜まん五月雨《さつき》　露川（北国曲）

古茶は、好んで飲んだわけではないからこそ、先の祇明や青女や由歌が新茶に託したような思いはなお鮮烈なものになる。しかしそれをストレートに言ってしまえば、句の世界はバランスを欠くことにならざるを得ない。

秋田の裕福な商人だった五明は、茶については贅沢な人だったらしい。春が過ぎても古茶を飲んでいるのを「わびしらや」と述懐するのである。この「わびしらや」も同じ思いだろう。そこへいくと暮柳は達観していたと言うべきか。ほととぎすが鳴き新茶も出来ている夏なのに古茶を飲んでいるのを「おもしろし」と言っているのである。一種の韜晦であるには違いないが、それで思い出すのは、出雲の藩主で大名茶人だった松平不昧がボテボテ茶を見て「この茶、おもしろし」と言ったという話である。ボテボテ茶は陰干し茶を煎じ茶筅を使って泡立てて飲む山陰に特有な茶である。不昧の侘びを物語る話のように語られることが多いが、それは少し見当違いかも知れない。不昧も暮柳も、自分にふさわしい茶ではないと言っていたのだと考えるべきなのではあるまいか。言外の意である。露川は「いざ名残惜まん」などと大仰に構えている。本当は新茶が飲みたく古茶は飲みたくなかったのではあるまいか。

ともあれ江戸の時代、古茶はもちろん飲まれた。現代のように一〇〇グラムずつ袋に入れて茶を売っている時代ではないから、江戸や大坂のような消費都市は別として、自家用茶を作って一年分の飲み代をまかなうところは多かったのである。

当今では、茶は流通ルートに乗ることで初めて茶と認められるらしく見える。裏返して言えば、茶の出来る土地と言われるのは、流通ルートに乗る茶を作っている土地という意味に過ぎない。それは現代の商業主義の悪弊だが、流通のルートに乗せない茶にこそ満たされている生活も現代にはあるのである。「茶が出来ない県」とされる和歌山県などでは今もそうで、梅干作りの季節が終わると茶作りの季節になる。梅干は市場に出すが、茶は出さない。自家用にするためである。ここに限らず、江戸時代には自家用の茶作りはもっと盛んだったろう。

＊名どころの新茶

江戸の時代でも「茶は上下万民の用いるもの」（『百姓伝記』）だったから、実際にはいわゆる茶産地だけに注目しているわけにはいかないが、しかし流通のシステムが整っていくにつれて、茶にも良し悪しが問われるようになっていったし、産地にも良し悪しが生まれていった。中でも江戸以前からの著名な茶産地だった山城国（京都）の宇治は代表的な名どころだったから、宇治の新茶を詠んだ句は多い。

山吹や宇治の焙炉《ほいろ》の匂ふ時　　芭蕉（猿蓑）

新茶の宇治を詠んだ秀句である。「山吹」は春の季語だが、芭蕉は「焙炉の匂ふ時」ということばで新茶作りを暗示している。だれでもが口にする新茶ということばを使っていないだけに、独特なその香りとともに新茶がイメージされる。焙炉には葉茶（碾茶）をそのまま乾燥させるためのものと揉みながら乾燥させるものがあるが、後者の方が

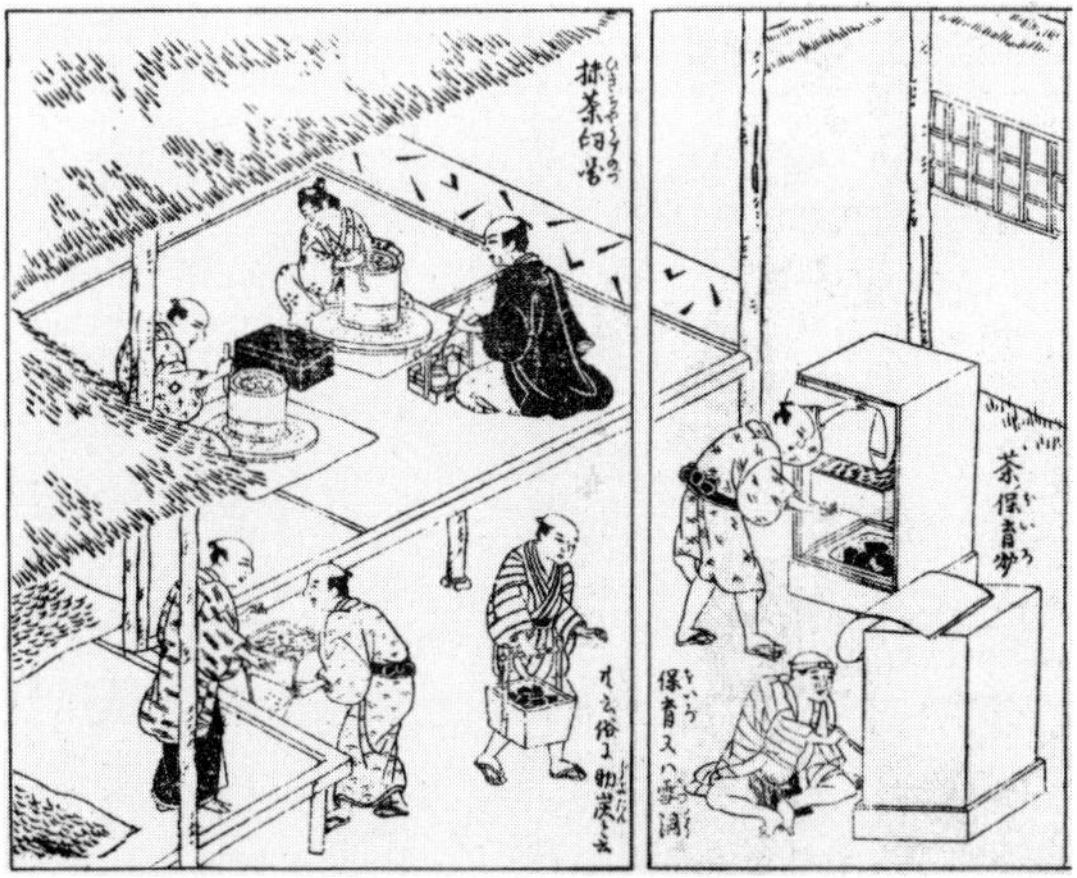

焙炉『日本山海名物図会』

新しいから、芭蕉は前者を指して詠んだのだろう。

知る限りで言うと、芭蕉の句作には新茶という言い方はほとんど見当たらない。手垢にまみれたことばのように思えたのでもあろうか。駿河国（静岡県）の新茶を詠んだつぎの句でも同様である。

駿河路や花橘も茶の匂ひ　　芭蕉（炭俵）

橘は秋の季語だが、花橘、つまり橘の花は夏の季語。この句で詠まれた茶は、新茶である。橘の花まで茶の匂いがするというのはいささかオーバーに過ぎる表現と言うしかないが、駿河に入っての挨拶の句だから、多少の世辞も許されてよかろうか。元禄七（一六九四）年に詠まれたこの句には「島田よりの便に」という前書があるから、芭蕉を崇敬していた島田宿の俳人塚本如舟のところで書いた手紙だろう。もっとも『芭蕉書簡集』（岩波文庫）にそれらしい手紙はない。如舟は名を孫兵衛と言い、酒造業と製茶業をかねていた人である。

香に匂ふ浅茅が宿の新茶哉　　規風（新華摘）
關守も寝させぬ須磨の新茶哉　　支考（蓮二吟集）

芭蕉とは違って、規風も支考も判で押したように「新茶」と詠んでいる。規風の「浅茅が宿」は雑草の生い茂った宿というだけで、とくにどこかを指しているわけではないが、その荒れたさまとの対比で新茶の鮮やかさを際立たせようという趣向なのであろう。新茶はやはり香りで捉えられているが、芭蕉の「宇治の焙炉」の句とは違って、こちらは茶碗に注がれた新茶の香りである。支考の「關守」は月の名所ともされた神戸の須磨に古く関が置かれていたことを念頭においたものだが、「寝させぬ」は、新茶にかけただけのこと。黒船の来航に右往左往する幕府の役人を揶揄した狂歌の「泰平の眠りを醒ます上喜撰《じょうきせん》　たった四杯で夜も寝られず」を思い出させるが、ペリーの蒸気船（黒船）に引っ掛けた上喜撰は、宇治の喜撰山で出来る上等の茶だった。喜撰山については、

宇治山のきせん群集《くんじゅ》は茶摘哉　　重頼（犬子集）

という句もある。松江重頼（一六〇二〜一六八〇）は出雲国（島根県）松江の生まれと伝えられるが、早くから京都に住んだ富裕な商人だったらしい。何の商売だったかは分からないが、宇治あたりへも頻繁に足を延ばしていたのだろう。

かうばしき骨や新茶の雲の色　　巴人（類柑子）
螢見や勢多の茶時の天道干《てんとぼし》　　之道（己が光）

巴人の句はよく分からない句である。無理に言えば「かうばしき骨」は新茶にまじった香ばしい茎のことかとも思えるが、「新茶の雲の色」となると何のことか分からない。茎を閉じ込めている茶を雲に見立ててのことかも知れないが、そう言い切る自信はない。之道の句の茶は晩茶である。「螢見」は夏の季語、「勢多」は滋賀県大津の名どころ瀬田のことだが、茶の「天道干」を見たのであろう。天道干は太陽熱を利用した茶の乾燥法で、茶の葉を蒸す代わりに釜で煮てから筵に広げ、日に干して乾燥させた。そうして作った茶を現代では日干《にっかん》茶などとも言っているが、古くから行なわれてきた製茶法である。これもまた新茶であった。

あえて晩茶と書いたのには理由がある。晩茶は中国・唐代の人だった陸羽の『茶経』の注に、「早く取るのを茶といい、晩《おそ》く取るのを茗といい」とあるのによるが、古くは番茶とするより晩茶とする方が普通であった。番茶の番は番傘、番菜《ばんざい》などの用例があるように、「粗末な」「日常的な」の意味である。晩茶とはおのずと異なるものであった。

天道干『日本山海名物図会』

九　茶を売った人々　――せかせかと茶売りも来るや山桜

＊茶の売り買い

寄席の高座にはあまりかけられたことのない演目だが、「茶栗柿」という古典落語がある。お定まりの馬鹿息子が物売りに出かけて呼び声で失敗する話だが、あらすじを言うと、親に言いつけられて茶と栗と柿とを売りに行き、「ちゃっくりかき！」と叫び叫びして歩いたが、聞く方は何のことやらわからず、結局少しも売れなかった。しかたなく家に帰ってきたら、別々に売るんだと親が叱るので、今度は「茶は茶で別々、栗は栗で別々、柿は柿で別々！」と叫んで歩いてみたが、やっぱり売れなかった、という話である。

しかし、江戸や大坂、京都など、江戸時代の大消費地での実際の茶売りはどうだったのだろうか。先代の金馬師匠は江戸の物売りの呼び声にくわしい一人だったが、その高座でも茶売りの呼び声の話は聞いたことがない。

信楽《しがらき》の茶うりがさげし干鱈かな　暁臺（暁臺句集）
せか〳〵と茶賣も來るや山櫻　仙之（以左奈宇太）
昆布《こぶ》めせにつれてなつかし新茶賣　成美（いかに〳〵）

いずれも葉茶を小売りする商売を詠んだ句である。暁臺の句。名茶の産地の一つだった信楽の茶売りは、もう片方では干鱈も売っていたらしいが、ピントはむしろ干鱈の方に合わされている。仙之の句は表題に借りたものだが、「せかせかと」というのは新茶を早く飲みたい、いや飲ませたい思いもどこかに匂わせていておもしろい。成美の昆布は暁臺の言う干鱈と似ているが、こちらは新茶にピントが合っている。茶を干鱈や昆布などと合わせて売り歩いたらしいことは、現代でも茶を売る店先には海苔や椎茸などの干物類が並べて売られていることと思い合わせるとおもしろい。これも昔からのことだろう。

江戸では宇治や信楽だけでなく、駿河（静岡県）や政所《まんどころ》（滋賀県）などの茶も売られていたが、その流通ルートはかなり乱暴なもので、文化・文政（一八〇四〜一八三〇）のころになると、茶の流通は以前にもましてはげしい収奪の機構に変わっていた。文政六（一八二三）年に起きた茶の訴訟事件である「文政茶一件」の記録（勝山家文書）を分析された若林淳之氏のしごとを借りて、それをみてみよう。

「文政茶一件」は駿河・遠江（静岡県）の「一一二か村、三六九二軒に及ぶ茶農民」が同地の茶商人七四人を「恐れながら」と江戸町奉行所に訴え出たことに始まったが、そもそものことの起こりは、文化十年ころに生産者→茶仲間（在地荷主）→江戸十組問屋という正規の流通ルートが始まったことによって、茶の代金が「旧来から考えれば半減といってよいほど暴落した」ことにあった。

つまりこの訴訟事件は茶農民と特権商人の対立にもとづいていたが、対立の根底にあったのは流通ルートそのものというよりは、江戸の茶問屋と在地の茶仲間による「茶荷物の量目の引落し（二五パーセント）、仕切値段横領配分、冥加金の茶代金よりの引落し並びに残金の横領」という、いわば「やらずぶったくり」的なやり方だったのである。

今風に言えばこれは談合と業務上横領の合わさったものと言ってもよいことだったが、訴えに及んだ中でも「榛原郡志太郡両川根」の村々は余裕を持って茶を作っていたわけではなかった。年貢や村の入用金、それに日常生活の入用までも茶商人から借り入れ、新茶が出来るとすぐ借入先へ渡した茶荷物の代金で借金を返済するという風だった。つまり来年の収入を担保にして借金する自転車操業を繰り返していたわけだから、この訴訟事件が一方では松明をかざしてピケット・ラインを張るという一揆の側面を持ったのも無理からぬことだったと言うべきかも知れない。しかもこの訴訟事件は訴えた側が処分されるという理不尽な結末だった。

江戸時代に都市消費地で売られた茶は、多かれ少なかれ、こうした生産地事情に支えられていたのである。

＊煎じ茶を売る

それはそれとして、荷茶屋《になない》は元日に勧修寺大納言家の取次ぎで紫宸殿の階《きざはし》の下で茶を点てる習慣があったことから新年の季語となったが、中世から江戸末期まで行われた飲茶の行商形態だったから、とくに新年に限って行商をしていたわけではない。

床脇は梅さくかたか荷茶屋　　丈艸（丈艸発句集）
菜の花の爰《ここ》へも荷へ茶屋一つ　　魚道（月次発句）

正月の荷茶屋と春の荷茶屋の句である。荷茶屋の売る茶は、季語の成り立ちから察すれば本来は点て茶だったのだろうが、それに限らず、煎じ茶の道具をかついで売り歩く茶屋もあった。荷茶屋の季語は正月以外の時季の句には使えなかったが、丈草の句は間違いなくオーソライズされた点茶の「荷茶屋」だったろう。しかし魚道の句の「菜の花」は晩春の季語だから、この荷茶屋は丈草の句のそれとは違っている。煎じ茶売りだの茶売りだの一服一銭だのという句材がしばしば登場するのは、茶を売る商売に季節はなかったからである。

一銭の茶にうつりけり八重霞　　可都里（物見塚記）

夕蔭や煎じ茶賣の日傘《からかさ》　一茶（新集）
ゆく春や花によごれし荷ひ茶や屋　也有（蘿葉集）

「一服一銭」というのはもともとは一服の点て茶を銭一文で売ったことにちなむ言い方だが、これにはおもしろい記録がある。それは応永十（一四〇三）年に奈良・東大寺南大門あたりの茶売りと東大寺が交わした誓約書だが、その中に、①石段の下に移り住まないこと、②茶道具（具足）を寺の中の下僕《げぼく》部屋に預けておいたりしないこと、などとある。

この内容から察すると、中世の茶売りはなかば不定住の生活を強いられた下層民の職業だったことが想像されるが、江戸時代になっても、住居の形はどうあれ、常民よりは身分の低いとされる人々のしごとだった。「茶栗柿」を売りに出たのが与太郎まがいの馬鹿息子だったのも、往時の扱いとしては当を得たものと考えられていたのかも知れない。笑われてもしかたのない存在、かならず笑いがとれる存在として設定されているのである。

しかし一茶の句の茶売りはせめて大傘などをさして、見かけだけは優雅である。よく見かけるあの朱塗りの大傘かどうかまでは分からないが、「夕蔭や」と詠み出されているのを見れば、直射日光を避けるためばかりのものではないことが分かる。しかし也有の句を見ると、花に浮かれた季節が過ぎても、荷茶屋は生きてゆかねばならぬ苦労を心によどませていることが察せられる。それらしいことは何一つ言っていないけれど、この句ざまを見ていると、そう合点がいくのである。

仁《じん》といはれてわたる白つゆ　　不詳
聟《むこ》入に茶賣も己が名を替《かえ》て　　杏沓（春と秋）

茶の道具を荷って移動し、客のありそうな場所に据えておいて茶を売る一服一銭の商売の様子は、古くは「七十一番歌合」（職人尽絵）など、室町・桃山時代の風俗図絵で見ることができるが、茶売りを聟に取ることが前句の「仁」につけられていること、その際茶売りが名前を変えていることなどは、そのおおよその事情を物語っているととってよさそうである。入り婿の話が決まった茶売りの男は、この際自分の名前を変えて新しい世渡りを考えているのであろう。

しかし茶を売る商売は「一服一銭」だけではなかった。小舟を使った茶売りを詠み込んだ句もあるから、考えられるいろいろな方法で茶は売られたと考えてよい。

川舟やよい茶よい酒よい月夜　　芭蕉（もとの水）
さみだれや茶うりながるゝ大井川　　冶天（正風彦根躰）
山崎に茶舟はなふて行《ゆく》ゝ《ゆく》子　　麥水（葛箒）

芭蕉の句に「川舟」とあるのは、文字通り小さな舟だった。『広辞苑』には「①江戸時代、主として運送に用いた十石積の川船。屋根のある屋形茶船は川遊びに用いた。②川遊びの船に飲食物を売りまわ

る小船。うろうろ船」とあり、浄瑠璃の「女護島」にも「数ならぬ海士の茶船押し出して」などと記さ

れているから、芭蕉の「川舟」も麦水の「茶舟」と似たり寄ったりだったろう。ちょっと大型化し過ぎ

ている、東京の隅田川などでも見かける屋形船などを小振りに連想してもよいかも知れな

い。

治天の「さみだれや」の句の「大井川」はどこだろうか。静岡県の金谷町と島田市の間を流れる川は大井川と呼ばれるが、丹波山地から京都嵐山の下へと流れる大堰《おおい》川も「大井川」と記されることがあるから、どちらとも考えられよう。

静岡の方の大井川は今でこそほとんど水無し川と言ってよい川だが、江戸時代には急流で知られた川だった。しかし「越すに越されぬ」と言われたのは、この急流のせいもあったが、もっと根本的には幕府から架橋が禁じられていたからである。

一方、大堰川の方は、亀岡盆地と京都盆地の間では保津川と呼ばれ、下流では桂川といういゆかしい名前に変わるから、「茶うり」を煎じ茶売りと見て川遊びとの関係で考えるならこっちかも知れない。しかし「茶売りながるゝ」にこだわれば、上流の川根地方の産地から川舟で茶を搬送するのが常だった大井川ともとれる。と言うのも今はＳＬで知られる大井川鉄道が敷設されるまでは、名茶の産地とされた上流の川根地方の茶は、俵に詰められ舟に積まれて大井川を下されたからである。

ところで、茶船の中では煎じ茶だけではなく、抹茶も飲ませていたのであろうか。そう思わせるのは次のような付合の句があるからである。

むかしをおもひ見る浦の景　友仙
あれかしと濃茶を願ふ船の中　安静（紅梅千句）

とんせいしたるものゝふのはて　宗鑑
安うりちや立《たて》るざたうにやとはれて　宗鑑（新撰犬筑波）

安静の仕立ては「むかしをおもひ見る」という前句からかつては高い地位にあった人を想定して「濃茶あれかし」とつけたもの。濃茶を口にするのはそれなりの生活的な背景もあったのには違いない。しかしこの舟では濃茶は売っていなかったろう。「あれかし」と願って実際にもあったのでは、おかしくも何ともないではないか。

宗鑑の句。宗鑑は俳諧の祖とされる室町後期の連歌師だが、その付合の遁世した武士は安売りの茶を点てる座頭に雇われたという仕儀で、これでは「傘貼り」浪人どころの話ではない。あからさまに揶揄する意図が透けて見えると言うべきだろう。

十　茶屋のなりわい　――散り残る茶屋はまだあり花のもと

＊茶屋と茶店

茶屋と一口に言っても、意味もその形もいろいろである。茶を売る店の意味から生まれた茶屋の名は、営業する目的によってそれぞれ水茶屋、料理茶屋、編笠茶屋、引手茶屋、芝居茶屋、出合茶屋などいろいろに呼ばれるようになったから、もともとの茶屋の意味は少しずつ薄れたり変化したりしていったかに見える。その点では当今の喫茶店の場合と似ていると言ってよいかも知れない。

文政（一八一八～一八三〇）の末に刊行された喜多村信節《のぶよ》の『嬉遊笑覧』には、水茶屋の起源は宇治の通円茶屋だとある。通円茶屋は京都・宇治橋の橋番も兼ねたという「通円が茶屋」のこと。吉川英治の『宮本武蔵』でヒロインのお通が働いていたとされたのがこの店だが、こうした街道筋の掛茶屋は京や大坂では早くから看板娘をおいて道行く人を接待していたらしい。広い意味では一種の風俗営業だが、江戸の水茶屋はその模倣だった。

その水茶屋は休み茶屋とも言い、江戸時代に路傍で湯茶などを出して人々を休息させる店だった。路傍に葭簀《よしず》などをさしかけただけの簡単なつくりの茶店は掛茶屋とか腰掛茶屋と呼ばれ、ごく簡単に移動できる店を路傍に出したのは出茶屋などと呼ばれたが、いずれにせよ茶を出して飲ませるというごく単純なもてなしを基本に成立したものだった。

しら梅や北野の茶店にすまひ取　　蕪村（佛袋）

立ち寄って茶を飲む人もいろいろで、蕪村が詠んだように相撲取りがいても不思議はなかった。豊臣秀吉が大茶会を開いた北野で、その大きな手には小さ過ぎて見える茶碗で相撲取りが茶を飲んでいる風景は、蕪村ならずとも、稀有で貴重な句材と思ったのに違いない。いわゆる勧進相撲は江戸だけでなく京都や大坂でも盛んに行なわれていたから、この相撲取りは、京都で開かれた勧進相撲の力士だったのだろう。

短夜や淀の御茶屋の朝日影　　雄山（続明烏）
花火せよ淀の御茶屋の夕月夜　　蕪村（句集）
川蓼や糺《ただす》の茶屋か一夜鮓　　石田（松のそなた）

水茶屋は各地にあった。雄山の「短夜や」の句や蕪村の「花火せよ」の句にある淀は今の京都市伏見区の「淀の津」と呼ばれたところで、岩波文庫の『蕪村俳句集』に付けられた尾形仂氏の注には「淀川に臨んだ淀城内の茶室」とある。淀城は豊臣秀吉の側室だった淀君の呼び名のもととなった城である。石田の「川蓼や」の句の「糺」は京都下鴨神社の森のこと。ほととぎすと納涼で有名なところで、茶屋もあった。一夜鮓は鮎などを使った一夜仕立てのなれずしである。

前だれや紅葉の嵐茶屋の客　似水（東日記）
歸らん事をわするゝは小娘涼し木陰茶屋　六水（庵櫻）
初はなの手引や恋のいろは茶屋　鶴道（江戸近在所名集）

江戸の水茶屋の全盛期は宝暦から寛政にかけてで、茶汲み女と呼ぶ「看板娘」がいたことは美人画などで知られているが、これは京や大坂での流行をまねたものだった。茶汲み女は前垂を掛けたが、着物を汚さない用心の前垂も、そこはそれ商売柄で、縮緬や桟留《さんとめ》、夏には麻とか縮《ちじみ》などと次第に贅を凝らすようになった。しかも看板娘は美人揃いで、茶を売るよりも容姿を売り物にしたから、入れあげる常連たちも急激に増えていったらしい。

似水の句も六水の句も、それに鶴道の句も、そんな水茶屋の客のざわめくような心を詠んでいる。いろは茶屋は江戸・谷中の感応寺前にあった水茶屋で、四八軒あったことからの名だという。

宝暦から寛政にかけて、江戸の盛り場だった両国・浅草・上野山下などに雨後の筍のごとく簇生した茶屋の中でも、春信の錦絵に描かれて評判を取った上野谷中の笠森稲荷神社そばの水茶屋のお仙や浅草二十軒茶屋の蔦屋およし、堺屋おそで、歌麿の描いた錦絵で人気となった浅草随身門の難波屋おきた、両国広小路の高島おひさなどの別嬪がいたと伝えられている。『俳風末摘花』につけられた挿絵を見ると、土瓶や茶菓子などを載せた盆を手にした女性が描かれ、二人の男とともに駕籠などもイラストされているから、どこか遠くからやってくる男たちもいたのだろう。

水茶屋『俳風末摘花』

＊発展した茶屋のイメージ

茶を出して茶銭を受け取るという茶屋のイメージは、来客へのもてなしという考え方を下敷にすればさまざまに展開が可能だった。その一つが芝居茶屋である。

芝居茶屋は劇場の近くにあって、客席の予約や見物人の案内から、幕間の休息には茶菓や酒の肴、食事の接待などをした。『守貞漫稿』によると、幕の内と名づけた弁当は芝居茶屋ではじまったものだという。小振りに丸めた握り飯一〇個ほどをちょっと火で焼き、卵焼きや蒲鉾、こんにゃく、焼豆腐、干瓢とともに重箱に入れて、お茶やお銚子などとともに、注文の人数に応じて客席まで運び込んだのである。芝居茶屋からは「役者評判記」「顔見世番付」「鸚鵡石《おうむせき》」（役者の声色本）などが常連客に配られもした（佐藤要人氏による）。

淡雪に茶店は出たり初芝居　　麦水（葛箒）

つゝら笠塩なれ衣下女ひとり　　鵬一
茶屋の書出し藻屑《もくず》もてくる　　高政（中庸姿）

はたけにかはる芝居淋しき　　信徳
此《この》翁茶屋をする事七度迄　　芭蕉（江戸三吟）

麦水の句は初芝居よりも茶店の方に興味がありそうな気配だが、淡雪はころあいの景色なのだろう。高政の付句にある書き出しは芝居茶屋から常連の客にあらかじめ配られる役者の「顔見世番付」などのこと。「もくず」は前句に「塩なれ衣」とあるのに付けたものだが、書き出しを持って来たのは茶屋の小女である。信徳と芭蕉の付合を見ると、

夏見の里の茶店『伊勢参宮名所図会』

畑に掛小屋をして興行する芝居などにも、そのたびごとに茶屋がしつらえられたりしたことが分かる。「茶屋をする事七度」ということになれば、こうした芝居も恒例だったのだろう。

出合茶屋というのもあった。出合茶屋とは今日で言うラブホテルのことである。江戸ではとくに上野の不忍池畔あたりに密集していたため、「池の茶屋」といえばこの出合茶屋を指すほど有名だったという。出合茶屋についてはあまり資料もなく、数多くの雑俳や川柳などからおおよそのことを推測するしかないとされるが、俳諧にもそれらしいものがないわけではない。

存の外俗な茶屋有《あり》萩の花　一茶（発句集）
七夕や明星が茶屋かり枕　幸順（誹枕）
暁の夏陰茶屋の遅きかな　昌圭（春の日）

此たくみ公儀へ知るゝ陥穽《おとしあな》　西鶴

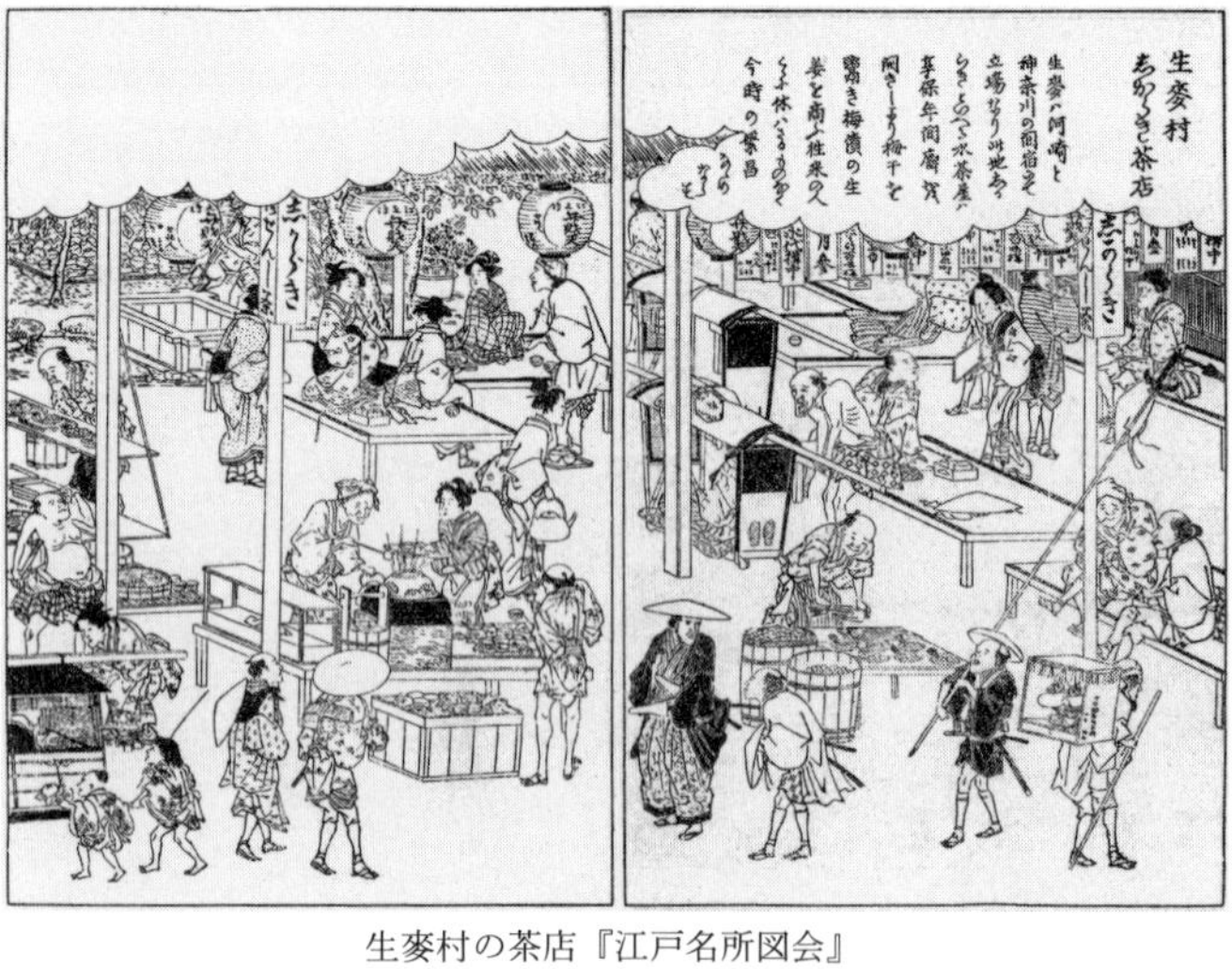

生麦村の茶店『江戸名所図会』

八坂の茶屋の戀は影の間　西鶴（大矢數）

一茶は「存の外俗な茶屋」に多少辟易しているのだろうか。幸順の「かり枕」は一夜だけの仮の枕。昌圭の句は、こうした茶屋は朝が遅いと言っているのだろう。西鶴の詠んだ八坂の茶屋はむろん京都八坂神社あたりの茶屋だが、陰間茶屋だろうと言っている。陰間茶屋は男色を主とした茶屋のことである。川柳などを見ると、出合茶屋の多くは数寄屋造りで池に突き出た座敷があり、二階建てだったらしいこと、便所は二階になく階下のみであること、出入口が少なくとも二カ所以上はあったらしいこと、料理処などの看板を出してカムフラージュをしていたことが想像できる。江戸時代は女性の「不倫」が厳しく非難された時代だったから、人目につかないこうした密会場所がしきりに利用されたのもやむをえまい。

＊発展した料理

『嬉遊笑覧』を見ると、料理を出して種々の会合に利用される料理茶屋が寛文のころからあったことが分かる。寛文（一六六一〜一六七三）は江戸の前期あるいは初期である。現代で言えば料亭だが、元禄のころには江戸では金龍山、品川、目黒、堺町、浅草駒形にあったことが『西鶴置土産』などで分かる。そこで出される料理はすべて奈良茶飯だったというのもおもしろい。

奈良茶飯は、「振り袖火事」として知られる明暦の大火の後、金龍山待乳《まっち》山門前の茶屋で出したのが最初で、一人前の代金は銀五分だったとある。銀五分は米一升五合ほどの値段だったというが、米は現代よりは高かったから、今から思えば安くはなかったことにもなる。それでも「江戸中はしぐより も是をくひにゆかんと殊の外めづらしき事に興じたり」と『事跡合考』にはある。

なら茶屋も招く庭あり花八ッ手　吾山（あみ陀笠）

奈良茶屋は実用一点張りだったわけではなかった。ちゃんと庭もあったし、八ッ手なども植えられていて、しっかりと花も咲いている。人を招くにも、それなりに役に立ったらしい。だから、

ちか付を茶屋から名のる花見哉　松童（俳諧骨書）

というようなこともあった。松童の句は川柳風だが、「いつぞや、どこそこの茶店でお見かけしましたナ」などと自己紹介している花見の情景である。

現代の料亭にあたる料理茶屋が現れたのは寛延四年（一七五一）の八代将軍吉宗の死以後、江戸文化の開花期のことだった。風来山人の『根南志具佐《ねなしぐさ》』（一七六二）には、盛り場として有名だった両国橋の東詰には二階造りで淡雪豆腐の料理を看板とした日野屋・明石屋の他、かんばやし、若盛などがあって、

「好み次第の馳走ぶり」だったとある。

三條の橋より西は時雨けり　涼葉

茶屋の二階は酒の楼閣　芭蕉（鄙懐紙）

こうした料理茶屋は年を追って増えていったらしいが、やがては料理だけでなく座敷や庭の造作までを売り物に、美人の仲居や女中を抱えて、夏ともなれば大名づれが借り切って納涼したという。大名茶人で知られる松平不昧の先代藩主に当たる出雲松江藩の松平南海（宗衍）は洲崎の升屋が贔屓だったと、ある本にはある。ともあれ時代が下るにつれて江戸市中に料理屋が増加したことは確かだった（神保五彌氏による）。

＊俳人たちの関心

茶屋のこうした展開はもともとは湯茶の接待をすることに発していた。すでに室町時代から「一服一銭」と呼ばれる売茶の風のあったことは知られているが、しかし俳人たちの関心は、茶屋を詠み込んだ句の数の多さ（一五〇あまり）にもかかわらず、いささか素っ気なかったように見える。茶屋が発句よりも付合にこそ多く見出されるのは、俳人たちがこれを「浮世」のことと見て発句の句材にはしにくいと考えていたからかも知れない。

すぢかひに木綿袷の龍田川　野坡
御茶屋のみゆる宿の取つき　利牛（炭俵）

利牛が野坡の「木綿袷」から連想してお茶屋とつけたのは、茶汲女には木綿の着物以外は許されていなかったからだが、実際にはこれは守られず、「茶汲女多く絹を着し、或は黒繻子の帯などにて、其美麗大そふ也」（『我衣』）という風だった。

名月や夜は人住まぬ峰の茶屋　蕪村（句集）
峯の茶屋に壮士餉《かれい》す若葉哉　蕪村（遺稿）

先に見た北野の相撲取りにしろ、峯の茶屋で飯を食っているこの若者にしろ、また人気のない夜の峠の茶屋にしろ、蕪村の関心の主なありかを物語っているように思える。それを人間への関心だと言ったら大袈裟に過ぎるだろうか。

俳人たちのもう一つの大きな関心は、茶に抱き合わされた花だった。むしろ秀句はこの中にあると言ってよいが、そのいくつかを例示してみよう。

花吹ためて雪を煮る也木陰茶や《屋》　才丸（東日記）
ちり残る茶屋はまだあり花のもと　也有（うづら衣）
つる高き松の木陰や花見茶屋　抱一（屠龍之技）

才丸は大和国（奈良）宇陀郡の人だが、後に才麿と改める。句は木陰の茶屋が散った桜の花びらをかき集めて煎じ茶の湯を沸かしているという趣向だが、何だか理が勝ちすぎていて真実味が感じられない。表題に句を借りた横井也有（一七〇二〜一七八三）は、代々尾張徳川家に仕えて自身も大番頭、寺社奉行などを兼ねた人で俳文集『鶉衣』を残しているが、才丸とくらべてもこの句は景色として美しい。もう桜はほとんど散ったのに、まだ散り残っている茶屋を見つけて花見をする。「茶屋も」でないところに、茶屋にも吟者にも意地汚なさを感じさせない快さがある。酒井抱一《ほういつ》（一七六一〜一八二八）は姫路城主酒井忠以《ただざね》の弟で、江戸別邸の恵まれた環境のなかで諸芸をよくし、とくに光琳風の絵で知られる人だが、この句にも一幅の絵の構図を思わせるようなところがある。「つる高き松の」と、木陰を立体的に捉えて示されると、変哲もない花見茶屋でも生きてイメージされるから不思議である。

十一　江戸名茶伝　――蛍見や瀬田の茶時の天道干し

＊お茶というもの

お茶という言葉は、実際にはじつにさまざまな使われ方をされる言葉である。「お茶でもいかが？」などと誘われて実際はビールになったりするのがそうだし、折々の近況を知らせる葉書などに「同窓会の後、みんなでお茶して帰りました」などと書いてきたりするのは喫茶店でコーヒーを飲んで帰ったということだろう。それは江戸時代からお茶が「休憩」と結びついていたことによる。「一服する」という言葉が休憩するという意味で使われるのはこのためである。

茶一ぷく鶉《うずら》なく也朝の原　　調實（白根嶽）

なんと言うこともない句だが、鶉の鳴くのを聞きながら、しごとにかかる前の茶を飲んでいるというしつらえである。一服するというのは煙草を吸うときにも使う言葉だが、最近の禁煙ムードはこういう便利な言葉まで死語にしてしまうのだろうか。せめてお茶については残ってほしい言葉ではある。

この茶は学名をカメリア・シネンシス（*Camellia sinensis*）とするツバキ科の植物であるチャの葉を材料にして作られる。葉を摘んで蒸した後に揉み、乾燥させて仕上げたのである。蒸すのは植物の葉の酸化酵素の作用を止めるためだが、こうしておけば茶は急激な変化を起こさない。

十年ほど前のことだが、ある民放のラジオ番組でさる著名な芸能評論家が、紅茶の成り立ちについて説明し、「緑茶を蒸し風呂のような船で中国からイギリスまで運ぶ途中に熱帯を通ったものだから紅茶になっちゃった」と話しているのを聞いたことがあるが、これは勘違いというもの。

その理由は簡単で、緑茶は、茶の葉を摘んだ後、すぐに加熱して酸化酵素を破壊し、ほとんど発酵させないで作るのに対して、紅茶は十分に発酵作用を進めた後に加熱して茶にするという製造工程の根本的な違いがあり、しかもいったん破壊された酸化酵素はその後ふたたび作用するということはない。家庭でもオーブンか何かを使って緑茶を紅茶に出来たらこんなに便利なことはないのだが、残念なことにそれは不可能なのである。

ところで昨今の茶は「高級な茶」にする工夫の一つとして、摘み取ってから蒸すまでの時間をどれだけ短くするかに苦心するようだが、江戸時代の茶はそうではなかった。江戸時代だけでなく、ずっと後、昭和初期までもそうだったが、それは実際の作業の手順として、摘んですぐに加熱処理するのが時間的に難しかったからである。

その結果、ごく浅い程度に酸化発酵した茶が出来るのが普通だった。その香りや味は台湾などで「包種茶」と呼ばれる茶に近いもので、昭和二十年代の初めころまで（あるいはもう少し後まで）は、日本の緑茶も多かれ少なかれそういう茶だった。包種茶というのはウーロン系の茶の一種で、茶の葉を三〇パーセント程度まで酸化発酵させて作られる茶だが、独特な香りと味で日本でも好まれている茶である。

＊茶筵の上で

江戸時代の茶作りは、当然ながらすべて手作業で行なわれた。茶の枝を刈り取るとそのままドライフラワーのように軒下につるして乾燥させる茶（山陰の陰干し茶）などは別として、大半の茶は大きな釜の中で煮るのが最初の基本的な作業だったが、そこから先は土地によっても季節によってもさまざまに違った。そのまま乾燥させるものもあれば、筵の上で揉んでから乾燥させるものもあり、また室《むろ》に詰め込んで細菌発酵させてから乾燥させるものもある、という風だったのである。

螢見や勢多の茶時の天道干《てんとぼし》　之道（己が光）
茶筵や坊主あたまを振まはし　千船（一幅半）
山寺の茶をもむ場《にわ》や夏木立　葎亭（葎亭句集）

勢多は群馬県沼田市の近くだが、之道（大神氏、一六五九〜一七〇八）は大坂の人で美濃・尾張から東へは行っていないから、これは瀬田の文字違いだろう。とすると琵琶湖の南の瀬田（滋賀県）だから、ここは茶産地で知られる宇治にも信楽にも近い交通の要地。之道は通りがかりにそこで天道干しを見たのかも知れない。第二、第三の句は寺の茶作り風景。第二の句は川柳めいてはいるけれど、坊主頭を振りまわして寺の和尚が茶を揉んでいるというのが笑いを誘う。

天道干しは、一般には日光にさらして干すことで、大道商（露店）や大道商人のことをも言うが、ここでは日光で茶を干すことをそう呼んだ。「天道《てんとう》」は天を主宰する神とされるが、天道《てんどう》とも読み、太陽のこと。筵の上に広げた茶を太陽の熱で自然乾燥させるのである。茶は、筵揉み、つまり釜で煮た茶の葉を筵にあけ、その筵を折り返して茶を包むようにした上から手や足で揉み、広げてから太陽熱で乾燥させた。

このやり方は紀伊半島などでは自家用茶の作り方として今も残っている方法だが、もちろん江戸時代から続いているものだ。紀州徳川家の家臣だった堀田信が書いた『南紀徳川史』によると、幕末のころも茶作りは大いに盛んだったというが、この茶のほとんどは天道干しだった。それは一つの例だが、江戸時代にはどこにどんな茶があったか、分かっているものを表にして次にあげてみよう。

茶筵。煮た葉をこの上で揉む。

〔表〕各地にあった伝統的な茶

＊蒸製番茶（大蔵永常『広益国産考』が伝える茶）
＊黒 蒸 茶（新潟県村上市）
＊黒　　茶（室《ムロ》で細菌発酵させた茶／琵琶湖周辺の滋賀・福井県）
＊駿河青茶（床揉み・焙炉乾燥した茶／静岡県）
＊いびり茶（湯通しした後床揉みし焙炉で乾かした茶／静岡県）
＊引こき茶（蒸て日干し釜で煎る茶、阿部正信『駿国雑誌』が伝える茶／静岡県）
＊柴　　茶（蒸して日干した茶／静岡・愛知・長野県）
＊焼 き 茶（枝を火にかざしてあぶる／熊本・宮崎・高知・三重・和歌山・静岡県）
＊足助寒茶（ヤマチャの芽を寒中に刈取り茹でて日干した茶／愛知県）
＊宮崎番茶（煮て日干する茶／愛知県）
＊郡上番茶（ヤマチャを釜で煮て筵で揉んだ茶／岐阜県）
＊京 番 茶（整枝のため刈りおろした葉や茎を蒸し乾かしてから焙じた茶／京都府）
＊高仙寺番茶（茶を蒸して揉んだ後細菌発酵させた茶／兵庫県）
＊川柳茶＝手繰茶（蒸した葉を揉んであぶった茶／大阪府）
＊紀州晩茶（古葉や新芽を鉄鍋で炒り莚揉みして日干した茶／和歌山県北部）
＊陰干晩茶（茶を枝ごと刈り取り束ねて軒先で乾燥させた茶／鳥取・島根・山口・岡山県）
＊美作番茶（土用の頃刈り取り鍋で煮、莚で天日乾燥した茶／岡山県東北部）
＊木沢寒茶（寒季にヤマチャをしごき摘みし釜で煮て手揉みし日干した茶／徳島県）
＊阿波番茶（ヤマチャの全葉をこき取り2～4日寝かせた後、釜で煮て桶に7～10日間漬け込む／徳島県）
＊かたまり茶（釜で煮て臼で搗いて団子になったものをほぐしながら莚にひろげて日干する茶／香川県）
＊讃岐番茶（桶に詰めて細菌発酵させた茶／香川県）
＊上山《かみやま》番茶（枝ごと桶に詰め熱湯を注ぎ、蓋をして2日間放置した後で莚に広げて日干した茶／徳島県）
＊碁 石 茶＝平口茶（蒸した葉を桶に詰めて細菌発酵させて堆積し頃合いを見て取り出小さい角に切って乾燥させた茶／高知・愛媛県）
＊土佐番茶（ヤマチャを摘み釜で炒った茶／高知・徳島・愛媛県）
＊嬉 野 製（中国風の釜炒茶の日干／佐賀県）
＊も く だ（菅江真澄『遊覧記』が伝える植物性飲料／青森県）
＊ク コ 茶（植物性飲料／愛媛県松山）

表には今日分かっている二七種類だけをあげたが、どれも江戸時代の茶の名残だと言ってよい。もっとも江戸時代にあった茶の数はこんなものではなかった。今では茶が出来ないとされている青森県のようなところでも、弘前藩では藩主の命令で茶を作っていたし、岩手県や宮城県でも茶作りは盛んだった。各地の藩では殖産政策もあって、藩主は茶作りを命じたり奨励したりしていたのである。それは左に示した明治初期のデータにも反映している。

江戸時代の農産物についての全国的な統計はもちろんなく、近代についてもずっと後にならないとないから、大石氏のように種々の資料から試算するしかないが、それでもこれを見ると、茫漠としてはいても、江戸時代末期の茶作りの様子はうかがえる。今日の状況とくらべてその大きな特徴は、茶の産地が西、あるいは南に偏してはいないということだ。各藩主が殖産策のひとつとして茶を奨励してきたからだが、意外なことに寒冷地の宮城・岩手が国別では全国五位の量の茶を作っていたことも、この資料の驚きの特徴である。

明治10年全国農産表に見る茶の生産量（単位トン）

駿河	（静岡）	783
山城	（京都）	656
伊勢	（三重）	632
遠江	（静岡）	581
陸前	（宮城・岩手）	575
美濃	（岐阜）	542
近江	（滋賀）	438
土佐	（高知）	430
武蔵	（東京・神奈川・埼玉）	418
丹波	（京都・兵庫）	366
肥後	（熊本）	317
越後	（新潟）	256
豊前	（福岡・大分）	252
肥前	（佐賀・長崎）	247
大和	（奈良）	233
下総	（千葉・茨城）	218
安芸	（広島）	201
日向	（宮崎）	182
紀伊	（和歌山）	181
薩摩	（鹿児島）	168
常陸	（茨城）	161
筑後	（福岡）	156
伊予	（愛媛）	145
三河	（愛知）	132
大隅	（鹿児島）	121
豊後	（大分）	114
長門	（山口）	113
但馬	（兵庫）	87
加賀	（石川）	77
周防	（山口）	63
上総	（千葉）	58
播磨	（兵庫）	52
美作	（岡山）	45
阿波	（徳島）	40
筑前	（福岡）	38
尾張	（愛知）	34
磐城	（福島）	34
陸中	（岩手・秋田）	34
河内	（大阪）	30
伊豆	（静岡）	30
下野	（栃木）	30
相模	（神奈川）	28
備後	（広島）	27
摂津	（大阪・兵庫）	23
越前	（福井）	17
因幡	（鳥取）	17
石見	（島根）	17
越中	（富山）	16
飛驒	（岐阜）	15
上野	（群馬）	15
備中	（岡山）	14
羽前	（山形）	12
和泉	（大阪）	12
丹後	（京都）	11
若狭	（福井）	10
合計		9506

（「日本農業発達史」から試算。日向、大隅、薩摩は明治11年／大石貞男による）

陰干《かげぼし》の茶薗のひまや青簾《すだれ》　　黄吻（おくれ雙六）

黄吻が詠んだのは陰干しの茶だった。これがどこの陰干し茶だったかは分からない。陰干し茶は現在では鳥取県でだけ作られ、松江を中心とした出雲一帯のボテボテ茶と呼ばれる振茶に使われるが、青簾は夏の季語だから、これはもともとは冬になってから作られた山陰の陰干し茶ではない。ついでに言うと、この茶は茶の木を刈り取って軒下に吊るして干し、茶の花を加えて煎じ出し、茶筅で泡立ててから飲む。茶碗には少しだけ飯や刻んだ漬物を入れるが、山陰地方の人々にとっては手放せない味の茶だったろう。

ところがおもしろいことにこうした茶は産地ごとに味も薫りもそれぞれ違っていた。出来た茶は土地の人々によって飲まれたが、実はその茶を飲む人々の味覚もまた土地によって違っていたから、喫茶をめぐるローカリズムはたいへん複雑な様相を呈していたのだと言わなければならない。

＊関東・関西・九州の茶

昭和の初めころ、そのことについて書かれたある研究者のエッセイがある。それは「嗜好から見た全国の番茶」という文章で、書いたのは静岡県金谷町の国立茶業試験場にいた桑原次郎右衛門だった。桑原はこうした茶が地元の人々にどんなに好まれたかを述べていたのである（『茶業界』誌）。

たとえば九州一帯の釜で炒って作る茶を、中国や京都や名古屋を中心にした地方の人は「味が濃厚で野武士の風」だと言うとか、関東地方の人に言わせると「一寸《ちょっと》の感じは良いが嫌味が口に残る」と言うとか、しかし九州の人にはそこがよいところで、京の茶は力がなく関東風の茶は力ばかりで腹がないと言うとか、である。

桑原は茶を食べ物との関係でも見ていた。東京と大阪とでは食べ物の好みも違って、それが茶の好みと抱き合わせになっていると言う。たとえばすし一つをとっても、「大阪の鮨と云へば大粒の米を軟らか目に炊き、海苔巻なども殆んど生海苔を使うのに、東京鮨は小粒で切り肌の整った光りのあるものを粘りなく炊いて、浅草海苔は小強く青味の出る迄焙り、鉄砲巻にし口に入れてパリッと音のする位ののが喜ばれる」。つまり、茶の味や香りの好みはこうした食品の好みと一対だったというのである。桑原の生きた昭和初期の観察でもそうだったのだから、江戸時代には茶の味や香り、それに形も、桑原の観察をもっと増幅した形で、地方によって大いに違っていたと考えなければなるまい。桑原のエッセイは、これはこれで卓見だったが、しかし茶と食の関係を、桑原のように見て詠んだ句はない。

＊名茶「鷹の爪」

ところで寛永（一六二四～一六四四）のころ、すでに京都の宇治や伊勢（三重県）では俗に「鷹の爪」と呼ばれ「極上」という銘を持つ超高級の茶が出来た。寛永と言えば江戸も初期のころのことだが、これは極上の碾茶《てんちゃ》だった。碾茶とは抹茶の原料となる茶のことである。

鷹の爪は一般にはウコギ科の落葉小高木やベンケイソウ科の多年草を指す名だが、何か共通性を見つけて茶銘としたのだろう。茶の方は「引ちやの品……宇治の吉水《きっすい》、極上といふは俗に鷹の爪といふ。此茶を最上として銘もたゞ極上とうち、拾匁《もんめ》袋にして御壺、二つ詰三つつめ《詰》などとていれ、それを極そゝり、中そゝりなどいふ、同し引ちやのわづかなるにてつめる事なり」という説明が三宅也來の『万金産業袋』にある。それだけではなく『遊学往来』にも「伊勢に於ては、小山寺之雲映、雀舌、鷹爪」とあり、また『隔蓂記』にも「茶者《ハ》、河村彦左衛門上鷹爪三月六日摘む」などとあるから、四月の中頃には摘んで作った。

鷹の爪と白茶を詠んだ句をあげてみる。

手につみてみよりの葉茶や鷹の爪　　安永（玉海集）
鷹の爪もとる日をえらふ茶摘哉　　玄茂（玉海集）
手も鷹の爪に名のたつ茶つみ哉　　素丸（素丸発句集）
摘ぬ葉も名残の霜に白茶《しろちゃ》哉　　知元（鷹筑波）
手にすへてえり茶や一羽鷹の爪　　正朝（鷹筑波）

安永、玄茂、素丸の句は、鷹の爪と呼ばれた茶が実に細かい心遣いをしながら作られた茶だったことを伝えている。知元の句は霜を置いた茶の葉を白茶になぞらえただけだが、実際の白茶はもっとも早い時期にこうした極上品の碾茶を使って作った抹茶だった。また別に白茶というのは、緑茶・青茶・黄茶・黒茶・紅茶などとともに、現代の中国茶の分類に使われる名だが、中国ではもともと団茶の色の白いのが天子の飲用茶として尊ばれたことに始まるという。そして日本では江戸時代の初期に考案されたとされるが、「葉を蒸して乾燥させる」と、鎌倉時代から説かれてきた茶である。正朝が句に詠んだ「えり茶」は出来のよい茶とそうでない茶をより分ける女性の作業で、これもまたこまやかな神経の必要なしごとだった。「手にすへて」とか「一羽」などの言葉を織り込むことで、鷹匠のようなイメージを思い浮かべてもいたのかも知れない。

えり茶。箸を使って茶を選り分けている。『日本山海名物図会』

十二　赤穂城の茶室　――梅で飲む茶屋もあるべし死出の山

＊言問橋の付合

元禄十五（一七〇二）年十二月十三日（陰暦）の夕方、江戸は言問《こととい》橋の上で二人の俳人が行き合った。一人は芭蕉の高弟の一人榎本其角、もう一人は大高子葉。都会趣味で豪放な作風の其角は、すれ違いながら発句を詠んで子葉に投げかけ、子葉はすぐ脇句を詠んで返した。

年の瀬や水の流れと人の世は　　其角
明日待たるゝその宝船　　子葉

其角は子葉への歳暮の挨拶に、連句でいう「三つ物」を考えていたのかも知れない。三つ物とは、武具の鎧の胴と袖と兜、騎射の流鏑馬と笠懸と犬追物のように、三つで一組になったもののことで、連句では発句と脇句と第三のことである。しかしさすがの其角にも子葉の脇句の付け合いと意味が理解できず、第三を返すことが出来なかったのだろう。首をかしげながら別れた。

其角がそれをやっと理解出来たのは翌朝になってからのことだった。高家吉良義央《よしなか》の首級を白布で包んで鎗の穂先にかけ、芝高輪の泉岳寺を目指す赤穂四七士の隊列の中に、まぎれもなくあの子葉がいたからである。子葉こと大高源吾が脇句に託したのはこのことだったのだ。

――と、ここまではいつぞや聞いた講談のさわりである。それが実話だったかどうかは知らない。講談「忠臣蔵」の話のまくらか何かだったのだろう。

其角は榎下《えのもと》（榎本とも）氏、後に宝井を姓とした芭蕉の高弟（一六六一～一七〇七）で江戸の生まれ。医術の心得もあり一四、五歳のころ芭蕉に入門した。芭蕉が深川に移り住む少し前のことである。嵐雪とともに蕉門の最古参だったが、作風は師と異なり、去来も「華かなること其角に及ばず」（旅寝論）と評した人だった。

子葉は大高氏（一六七二～一七〇三）。通称は源吾。もちろん赤穂義士四七名の一人として知られ、俳諧は沾徳《せんとく》に学んだが、其角らともまじわった。武勇にすぐれた侍であったが、風雅を解し酒を愛し、また親孝行だったことでも有名である。

禄高二〇石五人扶持で中小姓、膳番元方・金奉行・腰物方を勤めた大高源吾は、赤穂藩主だった主君浅野長矩切腹後は脇屋新兵衛と変名して吉良邸の内情を探ることに専念したといい、この言問橋の上でのエピソードの他にも「徳利の別れ」と呼ばれる話も講談にはある。

その子葉に、一句だけだが、茶屋を詠み込んだ辞世の句が残っている。「子葉末期」という前書のある次の句である。

梅でのむ茶屋も有るべし死出の山　(類柑子)

表題に借りたこの句は、とりたてて言うほどのこともない句ではあるが、これからたどる「死出の山」にも梅の花を肴にして酒を飲む茶屋くらいはあってほしいものよ、という意味である。季語は梅。吉良邸討ち入り後、子葉こと大高源吾は伊予松山城主松平隠岐守邸預かりとなり、翌元禄十六（一七〇三）年二月、一味同心の他の浪士とともに切腹して果てた。切腹直前の辞世である。

＊収城使の茶弁当

大高源吾が辞世の句を詠んだ時、かつて大石内蔵助が城代家老を勤めた赤穂城はすでに幕府に接収されていた。接収は江戸城で刃傷事件があった直後の三月十五日、隣接する竜野《たつの》藩主の脇坂淡路守および足守《あもり》藩主木下肥後守という二人の収城使によって行なわれていたのである。

内蔵助を祀った大石神社の宮司飯尾精氏編の『播州赤穂城請取文書』(新人物往来社）によると、この収城使の行列は総勢四五四五人に及んだとあるから、加賀前田家の参勤交代にも匹敵する行列だったことになる。練り歩いた行列の長さは少なくとも六、七キロ、あるいはもっとにも及んでいただろう。城明け渡しについては城代家老だった大石内蔵助以下も恭順を表明していたから、何とも大仰なこの供揃えはいわばデモンストレーションだったと言ってよい。以下、飯尾氏編のこの本に収められているいくつかの文書から、行列の様子と赤穂城について、茶に関係する部分だけを抜いて見てみよう。

まず、脇坂淡路守の行列には大勢の茶頭《ちゃどう》がいたことがある。中村与齋、助円、遠跡、畏入、長齋、宗茂、八齋、忠齋、右齋の九人である。赤穂城側との接触の場で働かせるつもりだったのであろうか。それともこれも、同様にデモンストレーションだったか。しかも「御供役人騎馬並武器人數之覚」という文書には、この茶頭について「借人九人、内二人ハ与齋借人」とあるから、九人とも陪臣扱いではなく臨時雇いだったのである。

また脇坂淡路守と木下肥後守が家僕にあたえていた種々の役目の中に「茶弁当」を持つ役目があったことがある。「行列衣装之書」という文書に「茶弁当　壱人　単物《ひとえ》木綿紺　羽織紺　脚絆《きゃはん》柿　引はた栗色」と記されているのがそれで、家僕の一人に、紺染めの木綿の単物と同じ色の羽織を着せ、茶弁当を持たせていたのである。柿色だったという脚絆は足ごしらえ、「引はた」は蟇肌《ひきはだ》で蟇蛙の肌に似た皺をつけた皮のこと。刀の鞘袋などの武具に使われるのが普通だったから、この家僕は脇差《わきざし》に使っていたのであろう。衣装については次の章でふれるが、茶弁当だけではなく「弁当一荷《いっか》　覆木綿紺　紋輪違《わちがい》　弐人手代り共　着類同断」というのもあった。手代りとは交代要員のこと、同断は右に同じの意味である。

茶弁当は「外出の際、茶道具一式を携帯するための用具」（『広辞苑』）だから、むろん食事を主体としたものではない。食事は「弁当一荷」の方が主役である。茶弁当は道中でのどが渇いて茶がほしくなった時の用意だったのであろう。しかし茶弁当を持つ家僕を従えていたのは藩主の脇坂だけではなかった。それを少し拾ってみよう。

・茶弁当　壱人　単物木綿紺　脚絆黒　引はた黒革（番頭　布施庄左衛門の項）
・茶弁当　壱人　単物茶絹　羽織絹　希んがう小紋　脚絆柿　引はた木綿鼠いろ（番頭　脇坂文右衛門の項）
・茶弁当　壱人　単物紺　脚絆黒引はた黄染（武者奉行　脇坂治太夫の項）
・茶弁当　壱人　単物紺　脚絆黒白筋　引はた栗色（番頭　池田郷右衛門の項）
・茶弁当一荷　壱人　単物紺　脚絆紺　引はたくりいろ《栗色》（武者奉行　脇坂源兵衛の項）
・茶弁当　弐人手代り共　単物木綿紺　脚絆柿引はたくりい路《栗色》（徒《かち》目付　真鍋五右衛門の項）

どうやら茶弁当は相応の身分の武士だけで下士の項目には見当たらず、しかもどの武士もというわけではないから、これには身分だけではなく趣味も関わっていたのだろう。茶が好きだったのかも知れない。

ところで時代が百年あまり下った文化年間（一八〇四〜一七）になって、オランダ人ヘンドリック・ズーフが『江戸参府紀行』に茶弁当のことを書いている。

将軍に拝謁に行くとき、二人の従僕が茶弁当、すなわち茶道具を入れた櫃をもって従い、その中にはいつも沸いた湯がある。朝、甚だ粗悪な茶を一握り大鉄鍋に入れ、終日煮るために、清涼飲料というよりむしろ薬用に近く、飲むにたえない。

ズーフは、茶弁当は諸侯以外の一般人には携行が許されなかったとも言っているが、先の引例に出てくる武士は低い身分ではないながら「諸侯」でもない。それが元禄という時代だった。ズーフのこの記録は一一代家斉による寛政の改革が行なわれ、奢侈贅沢《しゃしぜいたく》が戒められた直後のものだから、「茶弁当」を持てる身分も制限されたのだろう。元禄は、底辺の貧民層を除けば、みごとなほど奢侈贅沢に流れた時代だったのである。茶弁当は収城使に従ったお茶好きな武士たちのパフォーマンスでもあったろうか。「茶弁当」は、現代で言えば、自動販売機の缶ドリンク茶とスナック菓子のようなものと言ってよいかも知れない。ズーフが見たら何と言うであろうか。もちろん、その味は「茶弁当」の茶よりいささかよくなっているだろうにしても、である。

＊赤穂城の茶室

『播州赤穂城請取文書』には、それだけではなく、城と武家屋敷にあった茶部屋、茶之間、茶立所、数寄屋、坊主部屋の類を含めた施設・設備のいっさいがこと細かに記されている。城の明け渡しは本丸・二の丸のすべての部屋・物置、侍屋敷のそれにいたるまで、畳、戸・障子、窓、什器などのすべてについて数を紙に書き出し、要所要所に貼り出して行なわれたが、それが書き写され「本丸座敷并二丸所々張紙写帳」「侍屋敷張紙写帳」として残されていたのである。それを上げてみよう。

本丸は城の中心部分だが、ここの茶に関連する部屋や設備は次のようであった。

茶 之 間＝畳四畳半・炉一・唐紙障子二・腰障子二・窓障子二
茶 之 間＝畳十五畳半・腰障子二・板戸五・中障子四・台所間仕切板戸二・畳一・湯殿一・戸一
茶 部 屋＝畳十一畳半・腰障子四・板戸三
坊主部屋＝畳十二畳・板戸三・腰障子一・畳三

茶の間と茶部屋がどう違うのかは、この記述だけからではよく分からない。四畳半の茶の間にだけは炉があるから、これは茶室と考えてよさそうである。しかし一五畳半のもう一つの茶の間には炉はないが湯殿があり、台所に続いているから、藩主のプライベート・スペースか、でなければ接待の機能を備えた部屋だったと考えてよいかも知れない。茶部屋は茶の準備をするための部屋でもあったろうか。「坊主部屋」とあるのは茶頭専用の控室である。

また、二ノ丸西明屋敷の場合は次のようであった。

茶屋台所＝上段畳六畳・棚有二重・刀掛有襖弐枚・下段畳六畳・棚四ッ・窓障子四枚・掛戸弐枚・置《お》くど壱ッ

茶屋落間＝畳七畳・障子七枚・雨戸四枚・寸櫃壱ッ

茶屋上之間＝腰障子六枚・雨戸七枚・中連子障子四枚・同雨戸四枚・畳十六畳内弐畳　床・額壱枚・襖障子弐枚・紙子張襖障子弐枚

茶屋勝手＝畳七畳半・障子壱枚・雨戸弐枚・襖障子壱枚・押込襖四枚板棚有

ここにあるのは茶の間や茶部屋ではなく、茶屋だけである。台所には刀掛もあるから、茶屋は今日で言う茶室かと思えるが、台所、落間、上之間、勝手はその一連の設備であろう。「置くど」は竈《へっつい》である。

この資料には官給の侍屋敷についての記述もあるが、細部まであげるとわずらわしくなるから、以下、家臣名と茶関係の部屋を畳数とともにあげておく。名前の下につけた（＊）は例の仇討ちに参加した四七士の内である。

藤井又右衛門屋敷＝茶之間（十二畳半）

大石内蔵助（＊）屋敷＝茶立所（三畳半）、茶之間（十畳半）、茶屋（七畳板床）

近藤源八屋敷＝数奇屋口（一畳）、数奇屋勝手（三畳）、数奇屋（四畳半）、茶立所（四畳半）、茶之間（十五畳半）

奥野将監屋敷＝茶之間（五畳）、茶之間（畳八畳）、茶立所（三畳）
坂田有休屋敷＝茶立所（二畳）、茶立所取次（一畳）、茶之間（十一畳）
岡林杢之助屋敷＝茶立口之間（二畳半）、茶之間（八畳）
片岡源五右衛門（＊）屋敷＝茶之間（十一畳半）
田中清兵衛屋敷＝茶之間（拾畳）
小山源五左衛門屋敷＝茶之間（五畳）
大石孫四郎屋敷＝茶立所（弐畳）、茶之間（拾畳）
鈴田重八屋敷＝茶之間（広さ不詳）
田中貞四郎屋敷＝茶之間（拾壱畳半）
間瀬久太夫（＊）屋敷＝茶之間（広さ不詳）
大野九郎兵衛屋敷＝茶之間（七畳）、茶之間（四畳）、茶之間次（四畳）
寺井玄渓屋敷＝茶之間（八畳）
佐々木平作屋敷＝茶之間（広さ不詳）
糟谷勘左衛門屋敷＝茶之間（広さ不詳）
大木弥市右衛門屋敷＝茶立所（四畳但半）茶之間（十一畳）
外村源左衛門屋敷＝茶立所（弐畳）、茶之間（七畳）
小松又右衛門屋敷＝茶之間（広さ不詳）

塩屋口屋敷＝茶立所（二畳）、茶之間（広さ不詳）

残念なことに比較できる他の藩や城の資料がないから、赤穂城とその周辺の茶の施設がどの程度のレベルのものだったかは分からない。また武家茶道が行われていたことは当然として、それが誰の流れに属するものだったかも分からない。言わば分からないことばかりだが、記しておけば、いずれ何かの役には立つかと思う。

十三　茶色の世界　――いつか花に小車と見ん茶の羽織

＊色名の中の茶

色名は、多くの場合、動物や植物、鉱物の自然の色から名づけられている。ざっと上げただけでも、動物では鴇《とき》色、鶸《ひわ》色その他、鉱物では赤銅色、黄金《こがね》色、瑠璃《るり》色その他、植物では若草色、萌黄《もえぎ》色、栗色、桧皮《ひわだ》色、茶色その他と数多い。鴇は朱鷺とも書き、東アジア特産で日本の国鳥ともされる鳥だが、その羽の色すなわち淡紅色を鴇色という。鶸はまた金翅雀とも書き、スズメ目の鳥。その羽の黄緑色が鶸色である。瑠璃色は紫色を帯びた紺色、または浅葱色の異称だが、鉱物の赤銅色、黄金色、植物の若草色、萌黄色、栗色は説明するまでもあるまい。桧皮色は蘇芳色の黒味がかった色を言うが、いずれも独特な草木染めの技法による染色である。

この章の主題である茶色は、現代では「赤と黄の間の暗い色でブラウン系の色の総称」とされ、同系色はおよそ一〇〇を数えるが、もともとは葉茶を使ってする草木染めの色である。イメージの元は煮て作る茶や煎じ茶の呈する色だったと考えられようか。古語辞典などには「茶を煮出したような色調。また茶の汁で染め出した色」のこととあり、もともとの色の成り立ちを思わせるだけでなく、茶の色名の由来が茶染めの成立にかかわっていることを納得させてくれる。

いつか花に小車《こぐるま》と見ん茶の羽織　素堂（素堂句集）
むら〳〵は茶色にかすむ小春哉　葛鼠（不詳）
茶の羽織着てもみよかしひとがすみ　成美（続成美家集）

茶色を詠み込んだ句だが、素堂の句は表題に借りたもの。「花」はもちろん桜、小車は文字通り小さな車のことだが、古語辞典の類によると、輦車《れんしゃ》のことを指す場合が多く、「花に小車」は素堂の美意識を言葉にしたものでもあろうか。「茶の羽織」はむろん茶色に染めあげた布で仕立てた羽織のことだが、前書に「芭蕉行脚に出て久しく帰らざりし頃」とあるから、この「茶の羽織」は言うまでもなく芭蕉のことだ。芭蕉は茶の羽織を好んで着たのであろう。親しかった芭蕉が旅から帰ってきたら茶の羽織を着た芭蕉を花見に誘いたいと待ちわびる思いを詠んだのである。それにしても分かりにくい句だが、キイ・ワードは「花に小車」。粋の気風を匂わせる句ではある。
素堂（一六四二〜一七一六）は山口氏。甲斐（山梨県）の素封家（酒造業）に生まれ二十歳のころ江戸に出て儒学を学び、和歌・書道・茶道・能などの素養のあった人で上野不忍池畔に隠棲し、芭蕉とも親交があった。

葛鼠の句。この茶色は何だろうか。はるかに眺める村々が茶色にかすんでいるというのだが、色が茶色なのは、紅葉の淡い枯れざまをでも言っているのか。「小春」は初冬の季語である。葛鼠は建部涼袋《りょうたい》（一七一九〜一七七四）の最初の号。涼袋は陸奥（青森）弘前藩の家老の次男だったが故郷を出奔、江戸に出て浅草に吸露庵を営み、多くの門弟を育てた。

成美の句。茶の羽織の賛歌である。一面にかすむ景色の中で、知り人にであろうか、茶の羽織を着せてみたい思いを詠む。成美（一七四九〜一八一六）は夏目氏。江戸浅草蔵前の札差だったが、父に感化されて俳諧を楽しんだ。円満な人格と学識によって大家と仰がれ、一茶の庇護者となった人である。元禄の時代は茶色がはやった時代だった。茶色が小ざっぱりとした粋な色だったからであろう。

僣上いふてめかけたづぬる　　之道
茶小紋にろの十徳《じっとく》《絽》のすんかり《が》と　　去来（となみ山）

月ずゑは雲のゆきゝもせはしなき　　春紫
たゞひといろに茶がはやる也　　鯉千（花見二郎）

連句の付合である。之道の前句の僣上は大口を叩くという程度の意味だが、口から出まかせを言いながら妾宅に足を運ぶ男に、それでも去來は「茶小紋に絽の十徳」まで着せてやっている。すんがり、は江戸の言葉で、男女に限らず、姿のよいこと。現代語のすんなりに当たる。鯉千が詠んだのは元禄の茶色模様である。

しかし去來が「すんかりと」と詠み、鯉千が「ひといろに茶がはやる」と詠んでも、衣類を茶に染めるのはこの時期になって初めて行なわれたことではなかった。むしろ茶色についての元禄時代の特徴は、後で表にかかげるように、茶色の数が一気に増えたことではあったが、衣服を茶に染める習慣自体はすでに平安末期から行なわれていたのである。まずはそれを紹介しよう。

＊茶染めの最初の記録

衣服を茶色に染めたことの最初の記録は、知る限りで言うと、『兵範記《ひょうはんき》』および『山槐記《さんかいき》』の二つである。『人車記』などとも呼ばれる『兵範記』は平安後期の公卿平信範の、『山槐記』は平安末期の公卿中山忠親の日記である。『兵範記』は長承一（一一三二）年から元暦一（一一八四）までの、また『山槐記』は仁平一（一一五一）年から建久五（一一九四）年までの記録を残している。

二つの日記が記しているのは茶の葉を煮出して染めた茶染めの衣服についてで、「茶染狩襖袴」（『兵範記』、一一五八年十月十九日記事）、および「茶染一斤染立烏帽子《いっこんぞめたてえぼし》」（『山槐記』、一一七九年三月三日記事）の二つがそこに登場するのである。もう少し詳しく見てみよう。

まず『兵範記』だが、保元三（一一五八）年十月十九日は後白河上皇を迎えて船遊びの会が催された日だった。この日、遊女なども交えて盃が何度も廻され、上皇以下の公卿、「小松殿」(平重盛) 以下の平家の公達《きんだち》が着飾って参会したが、宴は夜に入るころまで続いた。その中にあって右衛門権佐《ごんのすけ》貞憲が「茶染狩襖袴」を身につけていたと書いているのである。

また『山槐記』が記す治承三(一一七九)年三月三日は宇治一切経会が開かれた日だった。「殿上人諸太夫」が列席し、遅れてやってくる人などもいる中で、ここでは右衛門権佐光長が「茶染一斤染立烏帽子」を被っていたと記されているのである。茶染めによる茶色はこのように登場した。

狩襖袴も立烏帽子も当時の武士に特徴的な衣装の一つだが、一斤染はもともと『貞丈雑記』が「紅花大一斤を以て一匹の絹を染たるを云なり」と言っているように、紅花染めの技法だった。匹は布、とくに絹織物の長さを言う単位で、時代によって違った。「茶染一斤染」とあるのを見ると、茶染めの色はむしろ淡く渋い色だから、さらに紅花の染めを重ねたのかも知れない。これも茶色の一種だった。いわゆる紅花の染めは薄い紅《くれない》色で「検非違使《けびいし》に来月一日より火色を制止す可きの由仰す。但し紅花大一斤を以て絹一疋を染むるの色と為す」(『日本紀略』)といういきさつを持つ色であった。「火色」すなわち火のような色である真紅が疎まれたのであろう。

日本の茶の起源論から言うと、『兵範記』や『山槐記』が記す平家の公達の衣装の染めにどんな茶が用いられたのかは、小さからぬ意味を持つ。平安時代以来、支配層の間で行なわれてきた喫茶の風は文明の先進地だった唐渡来のこととして尊ばれたが、ここでの用途が飲用ではないことから類推すると、中国渡来の茶とは違う稗史の茶が使われたのではないかという議論が可能だが、本筋から外れる話だからそれ以上は立ち入らないことにしよう。
ところで茶の草木染だが、江戸時代に入ると原料もかえって茶の葉だけにこだわらなくなり、「桑の皮を煎じて褐色《ちゃいろ》を染むれば久しく落ちず」(『日本家居秘用』)などとあるように、楊梅などで染められた渋味のある色に茶の字をつけた色名が好まれ、色名も一挙に増えた。それは『色道大鑑』が「黒きと茶色はいくたび着しても目にたたずみかけよろし」としたような色目への関心を背景としていたと言ってよい。

茶染屋に鶯なくや此日和《このひより》　支考(草苅笛)
親仁《おやじ》の説法きけばきく程　不詳
茶小紋の羽折は墨に染ねども　芭蕉(芝肴)

染物屋はむろんあったが、茶染め専門の商売があったのかどうかは分からない。しかし支考が「茶染屋」を登場させたのには理由があったろう。支考にもまた、茶や茶色への関心があったことが想像できる。芭蕉の付句だが、前句の「親仁の説法」は息子の放蕩を気にしてのものだったに違いなく、その息子は茶の羽織などを着て遊蕩を繰り返していたととれば、茶色はやはり粋を気取る色だったのだと思える。だから芭蕉の付句も、小言は小言として聞いてはおいても、せっかくの茶小紋の羽織を墨に染めかえさせることまではしていない。誰しも茶とその色へのこだわりを捨てきれなかったのであろう。

江戸時代に入って一挙にふえたという茶色の種類を、京都市染織試験場が編集した『日本の色名』その他から抽出して別表に掲げ、眺めていただくことにしよう。（159頁〜161頁）

＊元禄茶色模様

茶色の種類が一気に増えたのは元禄の時代のことだった。粋筋の女性たちがそれまでからだの前においていた帯の結び目を背中へおくように変わったのは元禄時代のことだと聞くが、そうしたことも含めて、元禄は生活文化に大きな変化が生まれた時代だったのである。この変化はむろん上流階層の生活の中に著しかったにしても、その背景は茶色を流行させたものと共通していた。荒っぽく言うとそれは富を背景にして多様化した価値観の発生だった。茶色の一覧表を見ると、歌舞伎役者の好んだ茶色がもてはやされたことなども含めて、それが納得出来ることだろう。

月雪や夜討の義士の勢揃ひ　　虚白（虚白句集）

忠臣蔵の義士の衣装がどんなものだったかについては議論があり、今の映画やテレビで見るようなものになったのはずっと後のことだというが、しかし決して「垢抜け」ていたわけではない当時の地方武士たちでさえ茶色への関心を相応に抱いていたらしい。そのことを示すのは、前の章で紹介した赤穂収

〔茶色のいろいろ〕

威光茶	白味がかった黄緑色。威公茶ともいう。
翁　茶	老人の白髪のような色。白茶のいちばん白いもの。
黄海松《きみる》茶	黄味がかった海松茶。鈍い茶味のオリーブ色。
黄枯茶	褐色味の濃い黄橙色。黄唐茶黄雀茶も同じ。江戸前期と後期とでは染め方も色調も変化した。
伽羅茶	香木の伽羅のような色。
海松茶	海松色を褐色がからせた暗いオリーブ色。
海老茶	イセエビのような色。赤みの茶色、もしくは紫味の暗い赤色。蝦茶とも書く。葡萄茶も同じ。
柿　茶	柿渋のような茶色。
樺　茶	樺色を帯びた茶色。蒲茶、椛茶ともいう。
観世茶	上品さを意味する茶色の美称で、観世は能の観世流のこと。
岩井茶	黄味と灰味の緑色。五世岩井半四郎にゆかりの色。
紀州茶	銀煤竹のこと。煤竹色の少し淡い黄褐色。紀州侯愛用だったからの名。
極焦茶	焦げ茶がもっと暗くなった色。
金　茶	赤味がかった茶色をいうが、古くは赤味の茶色をいい、金茶染めは江戸初期から行なわれた。
栗金茶	金茶より赤味の茶色か。
栗梅茶	いかにも赤いと思われる茶の色名。
栗皮茶	栗の皮のような赤味の茶色。
桑色白茶	桑染めによる黄味の白茶色。
桑　茶	桑の根や樹皮で染めた色。赤味の黄色。
憲法茶	オリーブ味の暗い茶色。
憲法黒茶	オリーブ味の暗い茶色（憲法）の中でも暗い色をいう。兵術家で京の染物師でもあった吉岡憲法の考案による。
古　茶	くすんだ茶色。
御納戸茶	茶味を加えた暗い青緑色。
光悦茶	上品な茶色の意味。美称。光悦は本阿弥光悦。
江戸茶	江戸好みの新趣向で、濃い赤褐色。
黒　茶	黒味がかった茶色をいう。黒かと思うほどくらい赤色。極こげ茶とも。
昆布茶	昆布のような茶色。

山吹茶	山吹色を茶がからせた色。褐色味の黄色。
市《し》紅《こう》茶	黒味がかった濃い緑味の茶色。市紅は江戸歌舞伎役者の市川市仁のこと。
芝《し》翫《かん》茶	わずかに赤味のある茶色。芝翫は化政期の大坂歌舞伎の人気役者。
宗伝唐茶	唐茶を少し黒ずませた赤味の褐色。宗伝はこの色を染め出した京の染師。
渋茶	渋味の多い茶色。
小豆茶	小豆のような色をいう。
焦茶	焦げたもののように黒味の茶色。
信楽茶	信楽の焼物のような白茶をいう。
新斎茶	黒味の濃い青茶色。
雀茶	雀の頭のような赤味の茶色。
昔唐茶	唐茶に比較して黒味の多い茶色。「帯はむかしからちゃの繻子の一幅物」（西鶴織留）
千歳茶	茶色がからせた暗い緑褐色仙歳茶とも。
素《す》海松《みる》茶	海松茶本来の色のこと。
相《あい》済《すみ》茶	藍色を含んだ墨色。江戸期、根津権現の祭礼で浅草の男衆が喧嘩をしたが、和解が成立したので双方がこの色で染めた法被を着、和解のしるしとしたところからこの名があるという。藍墨茶とも。
丹柄茶	オヒルギ（紅樹）の木の皮の煎汁で染めた赤茶色。
団十郎茶	柿色。五代目団十郎が「暫」の素袍にこの色を使ったところから。
茶《ちゃ》微塵《みじん》茶	ごく細かい格子や縞の織物に使われた茶色。
丁子茶	丁子染めによる茶色だが、実際には楊梅などで染め出す方が多かった。
沈香茶	灰色の青緑色。殿茶とも。江戸前期から染められた。
唐茶	浅い赤味の色。枯茶とも書く。
桃山茶	派手な茶色。桃山は秀吉時代の派手な好みの色の意。
当世茶	江戸前期には江戸茶と呼ばれた赤茶色で、後期には当世茶と呼ばれた。
豆殻茶	豆の殻のような黄味のベージュ色。
鴇《とき》茶	赤味の白茶には鴇茶とか鴇唐茶の名があるが、色は灰色のピンクとも。
鴇唐茶	鴇色がかった唐茶。ピンクがかったベージュ色のこと。
鳶茶	鳶の羽のような茶色。
納戸茶	納戸色がかった茶色。宝暦のころ流行した。
梅幸茶	灰色がかった黄緑色。色相は黄緑系統。初代尾上菊五郎の趣向だった。

梅茶　梅の樹皮を使って染めた赤みの茶色。

煤竹茶　煤竹の色で、江戸時代に粋好みの色としてこの流行色名が使われた。

白茶　茶色のごく薄い色。ベージュ色に近い。

薄茶　茶色の薄い色。抹茶の薄い色（イエロー・グリーン）をいう場合もある。

百塩茶　赤味の焦げ茶色。チョコレートに近い色をいう。百入茶とも。

葡萄茶　山葡萄の色。

福寿茶　福寿草の苞葉のような色。わずかに緑色を含んだ茶色に見える色。

文人茶　黄味の暗い茶色で、文人趣味の洒落た感じの美称。

宝茶　金茶のこと。金は宝だから。

蜜柑茶　蜜柑色がかった茶色。

木枯茶　灰味の上品な茶色。凩茶ともいう。

柳茶　柳色に茶をかけた色、といっても鈍い黄緑色程度。

柳煤竹茶　煤竹茶が緑色になった色。

藍《あい》海松《みる》茶　暗い茶味の緑色。

藍《あい》砥《との》茶　藍色がかった砥茶色。

藍《あい》媚《こび》茶　暗い緑褐色。江戸後期、京・大坂では璃寛茶と呼ばれた。

蘭茶　黄橡のような色。黄褐色をいう。

利休茶　色あせた碾茶の色に見るような、黄味の鈍いオリーブ色。

利休白茶　利休色がかった白茶。緑味のベージュ色。

璃《り》寛《かん》茶　暗い緑褐色。藍媚茶のこと。璃寛は化政期の大坂歌舞伎の役者の嵐吉三郎。

猟虎《らっこ》茶　ラッコの毛皮のような灰味の茶色。

路考茶　黒味がかった黄茶色で、宝暦明和のころ江戸で人気のあった歌舞伎役者二世瀬川菊之丞が明和三年に「八百屋お七」の狂言でお杉の役で着た衣装の色に使ったところから。路考は瀬川家代々の俳名。

媚《こび》茶　媚びるような艶かしい茶色。濃い黄味の褐色。

猩々茶　猩々緋のくすんだ色。赤味の茶色。

礪《との》茶　礪は金物の砥ぎ初めに使われる粗砥と呼ばれる砥石。その色にちなんだ茶褐色をいう。砥茶ともいう。

鶯茶　鶯色がかった褐色のオリーブ色。

鶸《ひわ》茶　鶸の羽のような色に茶色が加わった色をいう。鶯茶より明るい。

城使の行列の記録である。『請取文書』に収められている膨大な「行列衣装之書」を見ると、その片鱗をうかがい知ることができる。

とは言っても、総勢で四五〇〇人を越える人数の衣装を平均化することなど出来る芸当ではないから、とりあえず竜野藩の行列から若干の人数の「自分衣装」の例を引いてみることにする。

この行列の先頭は一四八人の従者を従えた家老脇坂玄蕃だったが、この人の衣装は黒羽二重の袷に黒縮緬の羽織で、高価な割には見かけの派手さのない、地味なものだった。しかしその後に一五人の従者を率いて続く軍使兼大目付の渡辺久右衛門は「袷紗綾花色　羽織無袖萌黄」という衣装で、ずいぶんと人目を引いた。その後には宿割《やどわり》役人が続き、さらに祐筆《ゆうひつ》の神戸文左衛門がいた。祐筆の衣装は羽織こそ黒縮緬だったが、袷は藤色をした加賀絹で、裏は藍海松《あいみる》茶の絹地だった。茶色の衣装はまだ続き、祐筆の後ろにいた宿割下役人の小寺佐次右衛門は島絹の袷の裏に茶染めの絹を打っていたのである。茶色は裏地に使われていただけでなく、代官手代高橋佐次兵衛のように茶小紋の袴を履いた者もいたし、従者には足拵えの脚絆に茶色の木綿を使う者が多かった。

あげていくと切りがないが、たったこれだけの例からでも、茶色の流行は大消費地だけではなく、竜野藩や足守藩のような地方の藩にも及んでいたことが分かるというものだろう。この行列の中には九人の茶頭《ちゃどう》がいたが、この際だからその衣装についても拾い読みをしてみよう。

まず茶頭預かり役だった真鍋治五右衛門だが、雪笹の紋所をつけた黒絹の袷を着て、裏地に茶色の絹をつけていた。そのことを「衣装之書」は次のように記している。

自分衣類
一袷《あわせ》黒絹　紋雪笹　裏絹茶
一羽織黒純子　紋右同断　白縞子に切付縫
一脚半黒濡子
一引はた青染芝引金

真鍋は馬に乗り、具足櫃持ち一人、直鑓持ち一人、若党一人、草履取り一人など合計二七人の家来を従えていた。その中には茶の衣装はないが、交代要員も準備して茶弁当を持参している。

また茶道頭の坂本慶加も騎乗だったが、五人の供を連れ、自身は片ばみ紋をつけた紺紗織の袷の裏に茶の羽二重をつけ、黄唐茶の羽織を羽織っていた。「自分衣類」として、

一袷紺紗綾　紋かたはミ　裏茶羽二重
一羽織黄唐茶純子　紋右同断　白純子に切付縫
一立付《たつつけ》嶋茶宇

と記す通りである。以下、茶頭たちについて要点だけをあげよう。

茶道中村与斎　　袷郡内嶋　裏紅　羽織鼠純子　紋三ッ巴　白繻子に切付縫　脚半黒純子

茶道宗茂　　袷郡内嶋　裏絹黄唐茶　羽織茶純子　紋太之字　黒繻子に切付縫　脚半紋茶宇

茶道助圓　　袷郡内嶋　裏絹江戸茶　羽織加ば純子　紋丸ニ矢車白繻子に切付縫　脚半黒天鵞絨《ビロード》

茶道畏入　　袷黒絹　裏絹藍みる茶　羽織繻珍花色　紋絹之白純子に切付縫　脚半黒天鵞絨

茶道右斎　　袷花色絹　裏茶絹　羽織茶純子　紋井筒　白繻子に切付縫　脚半純子黄唐茶

茶道遠跡　　袷絹紺　裏茶絹　羽織黒縮緬　紋藤の丸の内ニ三階菱　脚半嶋繻子

茶道長斎　　袷絹青茶　裏絹浅黄　羽織黒縮緬　脚半紺地純子

茶道忠斎　　袷絹嶋　裏茶絹　羽織黒縮緬　紋二つ巴　脚半黒純子

茶は粋を尊ぶ大人の色だったのである。

十四　素顔の芭蕉　――芭蕉忌や飯をゆかりの茶に染めん

＊芭蕉の羽織

元禄の俳人芭蕉が没して三〇〇年あまりになる。研究や論評が夥しかった芭蕉のような人でさえ、すでに江戸時代からいろいろな説が入り乱れて実像が分からなくなっていたとしても無理はないというべきかも知れない。まして芭蕉のような大きな存在になると、賛仰するあまりの詮索や付会がつきまとうから、実像はいっそう霧に包まれることにもなる。この場合、すぐれた作品さえしっかりと残っていてくれればよいではないかというのは一種の逃げ口上で、出自や縁族、生涯の動静、性癖や嗜好などといったことが分かればこそ作品もよく理解できるというのが本当だろう。

阿部喜三男氏は芭蕉をめぐる紛々たる諸説をさまざまな資料を駆使して検証し、実像らしいものを想定する大きなしごと（『松尾芭蕉』、吉川弘文館）をした人だが、それによると、推定によるしかないことはいくつもあることが分かる。たとえば生まれた年も没年からの推定だし、先祖や家系についても諸説あって「どこまで正確なのかよく測定しかねる」とされている。江戸へ出たのも春だったか秋だったかには異説があり、また書簡の類に登場する女性である寿貞は妻だったのかどうかも、またどんな素性の女性だったのかも「紛々たる」諸説のうちなのである。元禄七年の芭蕉の句、

寿貞尼が身まかりけるときゝて
数ならぬ身とな思ひそ玉祭り　（有磯海）

を読めば芭蕉の寄せる思いは察せられるものの、もう少し詳しく知りたくなるのは人情というものだろう。

ところで芭蕉と茶の関係も、次の章で取り上げる句を通して知られることのほかにはあまり知られてこなかったと言ってよいかも知れない。しかし芭蕉の周辺を調べていくと、この一代の俳人が旅と茶を好んだだけでなく、日ごろから茶漬けや茶飯、茶染めの羽織にこだわりつづけた人だったらしいことが分かってくる。

それを「俗なこと」として排するのは当たるまい。芭蕉と茶の関係を見ていくと、どうやらそこには一面では求道的な色合いさえ感じさせられる芭蕉の俳諧修行を支えるものがあったように思えるからである。その一つは、前の章で紹介したことだが、芭蕉は茶の羽織を着て行脚するのが常だったらしいことである。

芭蕉行脚に出て久しく帰らざりしころ。

いつか花に小車《こぐるま》と見ん茶の羽織　　素堂（素堂句集）

友人芭蕉の帰りを待ちわびていた素堂の句をもう一度かかげてみた。素堂は芭蕉より二歳年上。洒脱で清雅な人柄だったと伝えられて芭蕉と親交があり、蕉門の客分として重きをなしたと伝えられている。「葛飾の隠士」とも呼ばれ、和歌・書道・茶道・能などの素養もあったという。今日庵・其日庵は茶道の号である。しかし俳諧ひとすじというよりは多芸に遊ぶ高踏の隠士で、孫弟子にあたる素丸が主導して葛飾蕉門と呼ばれた俳系の祖とされた。

素堂の句に言う「茶の羽織」が芭蕉を指すことは、当時の人々には周知のことだったろう。このことにはいくつかの傍証がある。

たとえば、芭蕉の野辺の送りを済ませた其角がつづった『芭蕉終焉記』がそうだ。芭蕉は元禄七（一六九四）年の冬十月（陰暦）十二日に大坂の花屋仁左衛門方ではかなくなったが、其角はそこに、

（芭蕉は）是より人の見ふれたる茶の羽織、云々

（芭蕉は）貧交人に厚く、喫茶の會盟に於ては、宗鑑が洒落も教《おしえ》のひとかたに成《なり》て、自由躰《たい》・放狂躰、世擧《こぞ》ツて口うつしせしも現力也。

と記しているのである。「人の見ふれたる」とは、茶の羽織を着ているのが芭蕉の「見ふれたる」姿だったということだ。

ほかにも傍証がある。それは門人破笠《はりゅう》の筆になる「芭蕉翁画像」（出光美術館蔵）である。笠と杖も配されて、濃い茶色の帽子に薄い茶系の道服を着した芭蕉の画像は杉風や野坡、許六などの手になる芭蕉の像と共通するところが多く、「俤をよく伝える画像として定評がある」ものだが、実際にも芭蕉は茶の羽織を好んだのであろう。

＊芭蕉忌の古則

では「喫茶の會盟」云々とは何だろうか。茶を飲む集まりがあったことが覗えるが、それは「宗鑑が洒落も教のひとかたに成て」ともあるように、門人たちの参加するものだったのであろう。「宗鑑が洒落」が具体的に何を指しているのかは分からないが、「教のひとかた」として上げられている「自由躰・放狂躰」は俳諧に関するもの、つまり連句の付合についての示唆だったのに違いない。

芭蕉と茶のかかわりを示唆するのはそれだけではない。芭蕉の遺骸を大津（滋賀県）の義仲寺に葬った後、門人たちはほぼ一月の間に亡き芭蕉を悼む数百の句を詠んでいるが、まず二一日後（三七日忌）の「伊賀連衆追悼句」の中に次の茶の句がある。

茶のからの霜や泪《なみだ》のその一ッ　濱式之
手向せん茶の木花咲《さく》袖の下　百　歳

濱式之も西嶋百歳も同時代の門人である。「泪」は濱式之自身の涙だろうが、「茶のから」は芭蕉に手向けたそれだったかも知れない。百歳が芭蕉に花咲く茶の木を手向けようと句想したのも芭蕉の好みを思い浮かべてのことであろう。

では、後代の人々はどうだろうか。歳時記は芭蕉忌を冬の季語とするが、芭蕉を慕った江戸期の俳人たちがその忌日に芭蕉忌を詠み込んだ茶の句をいくつか残している。全部で六人・七句だが、いずれもそれぞれの抱いている芭蕉のイメージだろう。六人のうちで生誕が芭蕉の没年にいちばん近いのは素堂の孫弟子にあたる素丸（一七一三〜一七九五）だが、その句には、

はせを忌の古則や茶食茶の羽織　素丸（素丸発句集）

とある。茶の羽織は、茶食つまり茶飯・茶漬けとともに「はせを忌の古則」だというのである。古則と言うのだから、芭蕉と同時代の門人たちはずっとそうしてきたということだろう。素丸はもちろん『芭蕉終焉記』を読んでいただろうし、蕉門の人たちの口伝も聞いていたと考えてよい。

素丸の誕生から五年遅れて生まれているのは寥太である。

はせを忌や飯をゆかりの茶に染《そめ》ん　　寥太（寥太句集）

大島寥太（一七一八～八七）は信濃（長野県）の人だったが、江戸で活動した。蕉門の服部嵐雪の系統に属し、江戸千家の祖となった不白の俳諧の師だった。そして寥太も茶に染めた飯、つまり茶飯をゆかりだとしているのである。

以下、寥太より四歳下だった大江丸、その七歳下だった樗良、その二歳下だった晩得、ずっと離れて四〇年あまり後の人である虚白のそれぞれの句をまとめてかかげてみる。芭蕉は茶を好み茶飯を好み茶の羽織を好んで着たというだけのことだが、そこからその先人の好みや性癖までが俳諧の世界で伝えられていった軌跡をうかがうことが出来よう。

芭蕉忌やキ《其》角が餅の冬牡丹　　大江丸（俳懺悔）
はせを忌に薄茶手向る寒さ哉　　樗良（樗良発句集）
はせを忌や茶飯ながらもみの尾張　　晩得（哲阿弥句藻）
はせを忌や醍醐の味の奈良茶飯　　虚白（虚白句集）
芭蕉忌や不易に茶飯坐禅豆　　虚白（虚白句集）

大伴大江丸（一七二二～一八〇五）は大坂の人で飛脚問屋を営んだ。のちに蓼太の門に入り蕪村にも私淑した人である。其角（一六六一〜一七〇七）は芭蕉と同時代の人だから「其角が餅の冬牡丹」も伝えられたエピソードだったのだろう。これは茶請けを詠んだ句だが、大江丸はそれを芭蕉を偲ぶよすがとしている。

三浦樗良（一七二九〜一七八〇）は、志摩（三重県）鳥羽の生まれ。北陸地方や江戸に旅して各地の有力な俳人とまじわったが、とくに京都では蕪村・几董・大魯らと親しかった。樗良は薄茶を手向けることで芭蕉を祀っている。そして晩得。「茶飯ながらも」と詠んだ晩得は芭蕉が没してから三七年ほどしてから生まれた人（一七三一〜一七九二）である。「美濃尾張」という下句の意味は分からないが、芭蕉忌と茶飯とを一句の中に合わせて詠み込んでいる。虚白（一七七三〜一八四七）は近江（滋賀県）土山の常明寺の住職になり、浮巣社を主宰した人である。後に東福寺二七六世住職になったが、芭蕉忌に茶飯を喰うことを醍醐の味と詠み、不易にと詠んでいる。芭蕉が旅と茶を好み、日ごろから茶漬けや茶飯を好み、茶染めの羽織を着て各地を行脚する人だったことは間違いないようである。

＊芭蕉の茶漬け

しかし疑問が残らないではない。それは、なぜ芭蕉はそこまで茶にこだわったのかという疑問である。芭蕉は単純なお茶マニアだったのか。しかし、茶を詠み込んだ発句を何度も読み返してみると、どうもそうとは思えないのである。

芭蕉は門人たちと茶を飲む会を持って俳諧を語り、茶漬けを食うことを門人に勧め、自信も茶飯をよく食い、好んで茶の羽織を着たらしい。それを順に上げてみよう。

誰が書き残したものかは分からないが、芭蕉関連の資料に「俳席の掟」とする次の文章がある。これは何であろうか。

一、我門の人は茶漬三石六斗喰《くわ》ざるうちは俳諧上手になるべからず（祖翁壁書）

よく分からない文章である。「俳諧上手」になるためには「茶漬三石六斗」を食わなければならないということではあろう。屁理屈を言えば、茶漬を「三石六斗」食いさえすれば「俳諧上手」になれるのか、ということにもなる。しかしそうではあるまい。米にせよ麦にせよ、三石六斗（三六〇升）の茶漬けとなればたいへんな量だが、これは茶へのこだわりではなく、質素な食事に意味を求めたということだろう。それは質素な生活を心がけよ、さもなければ優れた俳人にはなれないという門人への要求だったのだと思える。

それを示すエピソードを『俳諧世説』が記している。要約して紹介しよう。

「奥の細道」の旅の途中、金沢に滞在していた時、俳諧の席に招かれ山海の珍味をご馳走になった芭蕉は次のように言った。心遣いはかたじけないが、あたかも貴人をでももてなすようなこの贅沢な宴席に風雅の侘びはない。これからは無益な食膳を用意しないでほしい、と。

主催者は大いに恥じ、次の機会には煎じ茶しか用意しなかったが、芭蕉はやがて空腹を覚えたらしく、冷や飯があったら出してくれないかと言い、茶漬けにして一、二椀を食った。そして連衆にも勧め、「風雅はかくこそ有らまほしけれ」と言ったというのである。

芭蕉にとって、日常の茶は、いや茶飯も茶漬けも茶の羽織も、質素な暮らしをしなければならないためのものだったのだ。俳諧点者としての優雅な生活を捨てて深川・芭蕉庵に移ってからは、其角が『芭蕉翁終焉記』に「貧交人に厚く」と記すような生活だった。その実際を示す記録もいろいろあるが、ここでは省略しよう。茶飯や茶漬けを主にした芭蕉の生活は、別に茶にこだわったからではなかった。風雅の道を求めたからこそ、貧しく質素な暮らしを是としたのだろう。芭蕉にとっての茶はそのようなものだった。

では茶の羽織はどうだろうか。これはたぶんの話だが、芭蕉は茶漬けに使った茶、茶飯に使った茶で、何度もその羽織を染め返していたのではあるまいか。いわゆる「茶返し」とは、着古した衣服を染め返しては繰り返し着るのによい方法だったのである。

十五　芭蕉が詠んだ茶　——馬に寝て残夢月遠し茶のけぶり

＊芭蕉と喫茶の句

門人二〇〇〇人を擁したともいう松尾芭蕉（一六四四～九四）には、連句の付合まで含めると四七句ほどの茶の句があることになっている。それを分類して示すと、連句の付句は二五句、発句は二二句になる。その発句をさらに分類すると、岩波文庫の『芭蕉俳句集』を校訂した中村俊定氏が芭蕉作に分類するものが一四句、「誤伝」に分類するものが二句、「存疑」に分類するものが六句ということになる。

誤伝とは、芭蕉の句だと伝えられてきたが実は違うことが文献的に明らかな句という意味、存疑は芭蕉の句かどうか証明できず、しかも誰の句か分からないという意味だが、じつはこういう分類が可能なのは、芭蕉は多面的な作家研究がもっとも進んでいる一人だからだとも言える。

今言った四七句というのは、芭蕉と名がつきさえすればいかにももの欲しげに何でもひろった結果の数だから、その意味では、たしかに芭蕉研究をいささかないがしろにしていると言われてもしかたがない。何だか言い訳めくけれど、しかし江戸時代の数ある俳諧の中からかつての喫茶の様子を探ろうということ自体が初めてのことだし、材料は多い方がよいというに過ぎないからお許しいただくしかない。

そこで芭蕉の茶の句だが、茶は茶でも「茶を飲む」ことに直接つながった句は芭蕉には少ない。それは芭蕉の俳句の根本的な性格と関係するのだろうが、あえてそれを発句の中から上げると、

しばの戸に茶をこの葉かくあらし哉　（続深川集）
五つ六つ茶の子に並ぶ囲炉裏かな　（茶のさうし）
朝茶のむ僧静也菊の花　（ばせを盥）

の三つほどだろうか。これは貴重である。まず最初の句から説明しよう。この句は延宝八（一六八〇）年の句である。「柴の戸」は生活の貧しさを暗示するが、そこで茶を沸かして飲むのには嵐が吹き寄せてくれる木の葉で十分だという意味である。二つ目は元禄一（一六八八）年の句。他の章でも紹介したが、雪丸と桃先が編んだ「茶のさうし」の名のもとになった句である。この句には「木曾の秋に痩《やせ》細り、芭蕉庵に篭り居賜ひし冬」という路通の前書がある。旅から帰って来た芭蕉を囲んで、門人や知り人たちが炉を囲んでいるのであろう。茶を飲んでいると言わずに「茶の子に並ぶ」と言っているのもおもしろい。三つ目の句は元禄三（一六九〇）年の句で、この句を芭蕉は近江（滋賀県）堅田の祥瑞寺で詠んでいるが、この句も他の章で紹介したからそちらにゆずろう。

最初の句を詠んだ延宝八（一六八〇）年は芭蕉とその俳句にとって大きな事件があった年だった。こ

の年の冬、芭蕉は日本橋橋本町の住居を去り、俳諧宗匠の優雅で派手な生活を捨てて、隅田川の対岸になる深川に移っている。この転居は芭蕉にとってはある大きな画期を意味していた。翌延宝九年の正月を初めて深川の草庵で迎えた芭蕉は、

餅を夢に折結《おりゆう》歯朶の草枕　（東日記）

の句を詠んだが、その前書には「元朝心に感有」、「思ひ立つ事有る年」と記している。「野ざらし紀行」の旅に出る三年前のことだが、「思ひ立つ事」こそ風雅の道への決心に他ならなかった。風雅——芭蕉はそれを風狂などとも呼んだが、狭義には俳諧の、広義には詩歌・連歌・絵・茶など多岐にわたる芸術的志向だった。『笈の小文』の冒頭の文章がそれを示している。

つゐに無能無芸にして只此《この》一筋に繋《つなが》る。西行の和歌における、宗祇の連歌における、雪舟の絵における、利休が茶における、其《その》貫道する物は一《いつ》なり。しかも風雅におけるもの、造化にしたがひて四時《しいじ》を友とす。見る処花にあらずといふ事なし。おもふ所月にあらずといふ事なし。像《かたち》花にあらざる時は夷狄《いてき》にひとし。心花にあらざる時は鳥獣に類ス。夷狄を出、鳥獣を離れて、造化にしたがひ、造化にかへれとなり。

西行や雪舟、宗祇や利休の風雅――それぞれの芸道についてここでくわしく述べる余裕はないが、芭蕉と茶、という主題に立ち返って言えば、芭蕉は自身の風雅の道への思いを「造化にしたがひ造化にかへれ」という理念に概括し、西行や雪舟、宗祇や利休のたどった道と重ね合わせながら、茶もその中においで考えていたのである。

＊芭蕉になぞらえた句から

芭蕉には茶を飲むことを直接詠んだ句は少ないと言ったが、皮肉なことに、茶を飲む様子のあれこれを詠んだ句は、むしろ先に「誤伝」「存疑」として数だけ紹介した句の方に多い。先に上げた三つの句と比較しても、それらの句はたしかに趣きが違っていて、別人の句だと言われたら納得してもいいようなところがある。それは右に引いた『笈の小文』の文章を基準にしての感想だが、とりあえず誤伝・存疑の別なくその句を一覧して見ておこう。

雲なびく季読経《きのみどきょう》のひき茶かな　（月令博物筌）
うぐひすや茶袋かかる庵の垣　（芭蕉袖草子）
薄氷折めの烒の茶巾かな　（芭蕉句選拾遺）
茶と酒の林長閑《のどけ》し百千鳥　（晋家秘伝抄）

低ぅ来る茶店も藤の花の縁　（芭蕉翁句解参考）
川舟やよい茶よい酒よい月夜　（もとの水）
花の香も同じ祝ひの白茶かな　（芭蕉消息集）
茶の花に人里ちかき山路哉　（芭蕉翁句解参考）

最初の句も他の章で扱ったから簡単にするが、季読経は季御読経と書くのが正しく、大般若経会《え》とも言って、春秋二季に宮中に大勢の僧を集め、大般若経を唱読して奉じる行事である。「ひき茶かな」とあるのは挽いた茶、つまり抹茶だが、四日間続くこの行事の二日目に抹茶を賜るのが恒例だった。しかし江戸時代にも行なわれていたかどうかは分からない。二句目以下は説明は不要だろうから、言葉だけ説明することにしよう。茶袋は煎じ茶や茶粥を作る時に使うもので、葉茶を入れて煮出すのに使う木綿の小袋、茶巾は茶碗を拭うための布である。川舟は茶舟などと言って、茶や酒を売った。白茶は他の章で触れたが、高級な抹茶の名である。最後の「茶の花に」の句は、佐賀県脊振山の霊仙寺跡へ下る道のそばにある木柱に書かれている句だということ以外にはとくに言うこともない。

＊「難解」な茶の句

茶を詠んだ芭蕉の発句の二二句はほとんど他の章で紹介してきたから、まだ紹介していない作品を中心にあげてみよう。

馬に寝て残夢月遠し茶のけぶり　（甲子吟行）
稲雀茶の木畠や逃《にげ》どころ　（西の雲）
摘みけんや茶を凩の秋とも知らで　（東月記）

最初の「馬に寝て」の句は他の章でも紹介してはいるが、表題に借りた句だから、とりあえず説明しておこう。この句には左のような長い前書がある。

廿日餘の月かすかに見えて、山の根際いとくらきに、馬上に鞭をたれて、数里いまだ鶏鳴ならず、杜牧が早行の残夢、小夜の中山に至りて、忽《たちまち》驚く

「茶のけぶり」は朝茶を沸かす煙である。馬の上から見たのであろう。前書の中の小夜の中山は西行の歌などにもある名どころで、静岡県掛川市の東にある山。東海道五三次では金谷と日坂の間にある。平安時代から東海道の難所の一つとされたところだ。杜牧は中国晩唐の詩人である。二句目、「稲雀」の句は元禄四（一六九一）の作。三句目は深川の芭蕉庵に移って間もなくのものだが、難解とされる句である。ここではそのことを中心に考えたい。

なぜ難解とされるのかを見てみよう。上句の「摘けんや茶を」はもちろん茶摘みを詠んだ部分である。歳時記では「茶摘」は春の季語なのに、なぜ「凩」の「秋」と詠みつがれているのか。「凩」は冬、「秋」は秋の季語である。つまりこの句は三つの季語を含んでいて、季があいまいに過ぎるではないか。難解とされる理由はそこにある。

ある研究者によれば「凩の秋」については古来議論があり、凩を秋としてもよいとされてきているという。別に言えば「秋」を「とき」と読む訓じ方はあるから、「凩の秋」をあえて季語上の矛盾とすることもないが、しかし一句の中に春と秋と冬とが同時に詠まれるというのはやはり矛盾だろう。

この「難解」を解消するために行なわれている解釈の一例をあげると、『松尾芭蕉集』（堀信夫・井本農一氏注解、日本古典文学全集、小学館）の次のような解釈がある。

> 木枯が木々の葉を吹き枯らすのは秋季のこととも知らないで、なんとまあ茶摘女はこの晩春に茶の若葉を摘みとってしまったのであろうか。「摘けんや茶を」で切る。木枯は俳諧では一応冬季のものとなっているが、和歌・連歌の昔から「木枯は秋季でもよい」とする説があり、それについてうるさい議論があった。その故事を茶摘み後の木々の痛々しい様子にあしらって曲をつけた作。『東日記』は春の部に収録。季語は「茶摘」で春。（傍点は引用者）

この解釈は成り立つだろうか。確かにせっかく芽吹いた植物の芽を摘み取ってしまうのを「痛々しい」

と見る見方が成り立たないわけではない。しかし歳時記にしたがえばこれは春のことだし、新芽だけを摘み取ったからといって「痛々しい」と嘆くのはいささかオーバーではあるまいか。果たしてこれは正解だろうか。気になる解釈と言うべきだろう。

＊茶摘の季節はいつか

気になることの一つはこれを春の句としていることである。この句を収めた『東日記』は言水（一六五〇～一七二二）の編。芭蕉より二年遅く奈良に生まれ、およそ三〇年後まで生きた人である。江戸にも下った経験があるが、やがて京都に定住した。『東日記』は延宝九（一六八一）年の成立、芭蕉三七歳の折の集だが、この句はその前年に詠まれている。

『東日記』を編纂するに当たって言水がこの句を春の部に収めたのは、もちろん茶摘を春の季語と解してのことだが、矛盾の根本はそこにあると見るべきなのではないか。一方『句選拾遺』のように、言水とは違って冬の部に収めているものもある。つまりこの句を冬とする理解もあったわけだが、それは茶摘みの季節をどう思うかにかかっていたと言ってよい。

そこでその茶摘みだが、春のものとだけ考えていてよいのだろうか。事実、茶摘みは、昔から春だけのことではなかったのである。茶摘みは春夏秋冬いずれの季節にも行なわれた作業だった。茶摘み、つまり茶の木の葉の採取は、四季それぞれの土用を基準として行なわれる作業だったのである。製茶の作業はそれにしたがった。

茶摘み作業の形は、「摘む」ことだったり「刈る」ことだったり「しごく」ことだったりいろいろだったが、その作業はまた別な理由から特定の時期を選んで行なわれたのである。現代にまで残っている茶を例にとると、四国や北陸の黒茶、四国の阿波晩茶、中国の美作晩茶は夏の時期だったし、山陰の陰干し茶、中部や四国にある寒茶は冬の時期に茶が作られるのが通例だった。ここではそれ以上の考察は不要だが、一つだけあげると、この違いは土地による違いだったし、同時にその地に住み着いた人々の生活の歴史によっていたと考えてよいかも知れない。

このことから言えば、もともと茶摘み一般は季語としては成り立ち得なかったはずである。前にも書いたことだが、それでも茶摘みが春の季語であるのは、抹茶の原料茶である碾茶を茶の本流としてオーソライズし、その製造時期をすべての基準としたことによっている。碾茶は摘み取って蒸したまま揉まずに乾燥させ、臼で挽いて抹茶に仕上げる原料茶である。この茶は、希代の体制的な権威主義者だった鎌倉時代の僧栄西が、その著『喫茶養生記』の中で「二月、三月、四月の間」という陸羽の『茶経』の記述を紹介して以来、摘み取りも製造も春のものとされた。正史の茶だった抹茶の原料となる碾茶は江戸時代にも茶の主流だったのである。それを俳諧のしきたりと言うなら、大和（奈良県）に生まれた言水は、たぶん迷うことなくそのしきたりの中に生きたわけだ。一方『句選拾遺』の編者は芭蕉が詠んだ茶を実際に知っていたのだろう。

とすると、気になることの二つ目は、では芭蕉が句に詠んだこの茶はどんな茶だったのかということとになる。芭蕉がこの句を詠んだ延宝八（一六八〇）年は、江戸に出てから一度は伊賀上野に帰って墓参を済ませたことはあるものの、関西各地を訪ねた「野ざらし紀行」よりも前で、まだ大きな旅はしていない時期だ。大胆な推測だが、この茶は足助などの寒茶だったのかも知れない。江戸時代、寒茶は足助にだけあったものかどうかは分からないが、芭蕉が見た冬の茶が足助の寒茶だった可能性は大きい。少なくともこれは春に作られる茶ではなく、秋か冬に作られる晩茶だった。そう考えると、この句はたちどころに「難解」な句ではなくなる。

そのことを念頭において芭蕉のこの句をもう一度素直に読めば、そこに何が見えてくるだろうか。くどいようだが、もう一度その句を掲げてみる。

摘みけんや茶を凩の秋とも知らで

もう木枯しの吹く季節だというのに、それでもあなたは茶を摘んでいるのですか――これが素直な解釈であろう。歳時記にしたがって茶摘みを春の作業だとばかり思っていた芭蕉にとって、この属目は大いに驚きだったに違いない。その驚きが大きかったからこそ、句作の食指を動かされたものであろう。芭蕉が見たのは春に摘んで作る茶ではなく、木枯しの季節に摘んで仕上げる茶だったのである。

十六　西鶴プロジェクトと茶の句　――天下矢数二度の大願四千句也

＊西鶴と大矢数

『好色一代男』などの作者としてだけでなく、俳諧作者としても知られる井原西鶴（一六二四〜一六九三）は、松尾芭蕉、近松門左衛門とともに元禄文化を代表する一人だが、大矢数と呼ばれて知られる形式の俳諧作品がいくつかある。自分で「天下矢数」と呼んだこの四千句もその一つだ。

大矢数というのは文字通り西鶴の独壇場である。それは大矢数が西鶴大矢数の略だというだけで分かるだろう。もともと矢数とは通し矢などで力の続く限りたくさんの矢を射続けることを言うが、俳諧の場合は、弓術の大矢数にならって一日一夜、または一日のうちに独吟でどれだけたくさんの句を作り続けられるかを競ったのである。つまり西鶴はそのチャンピオンだった。失敬な言い方になるけれど、ちょっと極端に言えば、独吟した数こそが問題なのであって、句の形や質はさほど問題ではなかったと言ってよい。その意味で西鶴は「風狂」の道を求め続けた芭蕉などの対極にいた人だった。比較で言えば、芭蕉はとても寡作な人だったとさえ言ってよいのかも知れない。

天下矢數二度の大願四千句也　　西鶴（大矢数）

表題に借りたこの句は延宝八（一六八〇）年、三九歳の時、大坂生玉《いくたま》の本覚寺で興行した大矢数の発句だが、「二度の大願」としたのは、これより三年前に同じ大坂生玉で「一日一夜一六〇〇句」の興行をしたのについで二度目の試みだったからである。この「二度の大願」も同じ「一日一夜」の独吟だった。

輣も舌に及ばぬ事ぞ大矢數　　守之（大矢数）

守之の句は、一〇〇句ずつに区切って四〇連あまりが詠み進められた大矢数四千句興行のうち第二五連目の発句だが、「輣」は四輪の車で最速のものと考えられていた。西鶴の口からはそれよりも烈しいスピードで次々と句が飛び出しているという意味である。西鶴はこの守之の発句に応えて脇句をつけ、松緑が第三を添えている。

螢飛んでは車四千句　　西鶴
比《ころ》は皐月前代未聞の空晴れて　　松緑

西鶴の独吟とは言っても、発句以下の何句かは西鶴以外の俳人がつけている。つまりこの間は西鶴の休憩時間だったのだろう。

一日一夜四千句というのは、途方もない数の句群だった。室町時代の連歌でも千句というのは珍しくないが、宗祇の弟子だった宗長が興行した「三島千句」などでもそうだったように、数日かけて巻き終わるのが普通だったから、それを一昼夜でやってのけるというのは確かに前代未聞のことだったのである。

しかしこの「前代未聞」の記録は、やがて西鶴自身によって破られることになる。それは四年後の貞享元（一六八四）年、摂津（大坂）住吉社で「一日一夜二万三千五百句」の独吟の興行で、もはや「前代未聞」どころか空前絶後のことになった。西鶴自身もこれを誇示して自ら「二万翁」と号したほどだったが、この記録は現代にいたるも破られていない、まさしくギネスものの記録だったのである。

＊大矢数の茶

前代未聞の大矢数の中で西鶴が取り上げたお茶を前句とともに紹介してみよう。念のためにもう一度断っておくと、ここで句の良し悪しや形はほどほどであれば充分で、それ以上は西鶴自身が求めてはいないことだったと言えば言い過ぎだろうか。とりあえず二句の渡りの付け合いとおかし味を簡単に説明しながら紹介してみる。

内證《ないしよ》の首尾はまかせ水汲む
お茶一つ兼《かね》て進ぜう計也《ばかりなり》

「兼て」は以前から、「進ぜう」は差し上げようの意味である。内証は家計の遣り繰りだが、それは家の者に任せて、ともかく水だけでも汲もうかという前句に、ナニ、前々からお茶を一服差し上げたいものと思っていただけだ、という付合である。内証を預かっているのは夫なのか妻なのか、それとも番頭なのか分からないが、付句は内証を預けている者の立ち場である。

老母のいたわり孝行の道
煎じ茶を金の茶釜で沸《わか》されて

老母をいたわるのは孝の道だと諭されて、それなら金の茶釜で茶を煎じて飲ませたらどうだ、とつけている。表向き孝行には見えても、金の茶釜を炉にかけて茶を煎じられたのでは茶釜の方がたまったものではない。

圍《かこい》くらゐにかくるしら露
御茶もよし花紫の物思ひ

花紫はムラサキ科の多年草で夏の季語。しかし万葉集に「紫の匂える妹《いも》」などともあるように、女性を指していうこともある。「圍くらゐ」につけたこの女性は、妾宅でお茶を飲んでは毎日物思いにふけっている、というわけなのだろう。

時は今六條参りもなかりけり
茶呑て暮す鹽竈《しおがま》の浦

「六條参り」は京都・六条の東西本願寺に参詣することだが、「鹽竈」は海水から塩を取る竈《へっつい》のこと。無理に宮城県の塩釜港に思いを馳せることはない。本願寺さんにお参りをするわけでもなし、お茶でも飲んで海水の干上がるのを待つとするか、の意味。

式三番や幕上《あげ》て出る
茶辯當朝日待《まち》得て汲《くむ》ふやう

「式三番」は三番叟などとも言い、猿楽能の演目の一つだが、能見物と茶弁当という付合である。芙蓉はハスの花だが、芙蓉の顔《かんばせ》などという言葉もあるように、美人のことをも言う。ここでは茶弁当を用意している美人のことだろうか。能に「芙蓉」という演目があるかどうか知らないが、気になる付合ではある。

瓦落ミミ《がらがら》と脆《もろく》も落る神鳴《かみなり》か
茶碗摺鉢しがらき《信楽》の山

「瓦落ミミ」と「しがらき」の語呂合わせだが、信楽はまた焼き物でもある。不意に雷が落ちて、茶碗だの摺鉢だのがその騒ぎでことごとく割れ、瓦礫の山が出来た。大げさな付合のおかしさである。

また是《これ》に付て見給へ蜑《あま》小舟
さては奈良茶を焼さしのかけ

蜑は「蜑民《たんみん》」などという言葉もあり、広東や福建などの地方の少数民族で、舟を家とし漁業を営む人々である。日本への分布も言われるが、ここでは舟を操る人ほどの意味である。「あま」は和訓で海人の字を宛てるが、小舟を、奈良茶を売る舟に取り成してつけている。奈良茶舟のことは別に述べたから参照していただく。

うらゝかに浦行《ゆく》旅の遣銭《つかい》

浪の泡たつ茶でも酒でも

「浦行旅」に「浪」でつけている。「泡たつ茶」は振り茶、茶筅で泡立てて飲む茶である。「泡たつ酒」は今ならさしずめビールだが、ここではどぶろくだろうか。「遣銭」でお茶でもどぶろくでも好きな方をお飲みなさい、という返しである。

極楽の光なりけり金一まい
こゝろざす日の茶を詰にやる

「極楽」の色をした黄金一枚に「こころざす日の茶」をつけている。よほど高価な茶を連想しているのだろう。「詰にやる」は新しい茶ができる日を心待ちにしていて、茶壺を持たせて詰めに行かせること。これも別に述べたから繰り返さない。

臂《ひじ》は根ぶとの色になる草
月影も茶臼の如く廻り行《いく》

「根ぶと」は腫れ物の一種。皮膚が赤くなり中が化膿して痛い。身体の中でも脂肪の多いところに出来、臂などには出来ないが、色は似ている。茶臼で碾茶を挽く時に袂の端から見える臂が根ぶとのような色をしているとしてつけたもの。この茶臼にはずいぶんな力があって、中天の月までも連れて廻っているようである。

と、ここまで一〇ほど付合を見てきたが、切りがないから、以下は付句だけをあげ、便宜上番号を振って使われている言葉だけを説明するとしよう。長句と短句が混じるのはやむを得ない。

①茶はそなたから宇治の川霧
②茶引坊其《その》松原を詠《ながめ》やる
③茶湯すきして袖の月影
④慈悲にたつる茶引人形巡《めぐり》來て
⑤消にけり茶釜の名のみ雪の泡
⑥茶碗の焼出し草の下萌
⑦八坂の茶屋の戀は影の間
⑧茶舟中間の浪の行末
⑨松の茶筅は亭主の手前
⑩茶屋が奢《おごつ》て風の行末
⑪茶碗は冷て水の呑置

⑫浮世茶屋やうすがあって立破り
⑬茶屋の口鼻進出ては聲を上《あげ》
⑭鶯茶同じ貌の山越て
⑮茶杓は名物炉の名残なり
⑯茶屋に寝て別れをいそぐ佛様
⑰初霜に雲のあはたつ茶筅松
⑱月花は今目前の二尊院

①の宇治は名茶の産地。名茶の産出に「川霧」は欠かせない。②の「茶引坊」は茶頭坊主、③の「茶湯すき」は、言葉数をあわせるための「茶の湯」と「数寄」の同義反復。数寄は茶の湯のことだった。④の「茶引人形」は廓などで茶を引かされているかむろだろうか。客商売で閑なことを「お茶を引く」などと言うことがあるのは、店は開けたものの、閑だと碾茶《てんちゃ》を臼で挽くくらいしかすることがないことに発した言葉。⑦の「八坂の茶屋」は「陰間茶屋」という設定であろう。陰間茶屋は子供屋などとも言い、男色を売った店である。⑧「茶舟」はうろうろ舟とも言い、煎じ茶などを売った小舟のこと。⑨の茶筅は松の小枝を見立てたもの。⑫の「浮世茶屋」は色茶屋などとも言い、遊び女を抱えて男の客を呼んだ茶屋である。⑮の「茶杓」は茶入れから抹茶を掬い取る道具。⑯の「佛様」はもちろん生臭坊主のこと。⑱の「二尊院」は京都・嵯峨にある天台宗の寺。句は茶と直接の関係がないが、日本の茶の

初期の記録に登場する嵯峨天皇勅願の寺だから、敬意を表してここに加えた。後ろの三句は「虎溪の橋」所載である。

＊西鶴のプロジェクト

ところで西鶴の俳諧がいくら「輒も舌に及ばぬ事」とは言え、「一日一夜独吟四千句」はどのようにして可能になったのだろうか。一句一句を自分で筆記していたのではもちろん間に合うまいし、西鶴がどんなに優れたビジネスライクな才能の持ち主であったにしても、一句一句が連句のさまざまな約束ごとに反していないかどうかまで判断する閑はあるまい。連句には、発句から数えて何句目には月を、何句目には花を詠むという細かい決まりがある。それを定座と言うが、また一つの句の前後三句には同じ句材を用いていてはならないとか、似たような句ではいけない決まりもあって、相応に厄介なのである。

貞享元年の「一日一夜二万三千五百句」独吟のことは小さいころに聞いたことがあって覚えているが、それでもどうやって書き残したのかは大いなる疑問だった。二万三千五百句と言えば、一句平均一〇文字として、単純に書き写すだけでも、一昼夜で書き終われるわけもない膨大な字数だからである。

じつは西鶴のこの大矢数には、それを成し遂げるだけの脇役陣が揃えられていた。いわゆる「大矢數役人」である。それは次のような陣容だった。一人一人の名前も残っているが、わずらわしいから、役目と人数だけ掲げておこう。

指合見《さしあい》　五人　　脇座　十二人　　執筆《しゅひつ》　八人
執筆番繰　二人　　白幣初千句　一人　　紅幣二千句　一人
銀幣三千句　一人　　金幣四千句　一人　　懐紙番繰　二人
目付水　二人　　線香見　二人　　割帳付　二人
懐紙臺　二人　　懐紙掛役　二人　　御影支配　二人
代参　三人　　醫師　二人　　後座　五人

記録に残されているのは以上五五人だが、一日一夜といえば、飯一つとっても夜食を入れると最低でも四回は食事をすることになるから、その面倒を見る人も必要だったろう。これはもはやプロジェクトと言ってもよい万全のスタッフ揃えである。

役人の役目には分からないものもあるが、主なものだけ説明しておこう。指合は同じ句材が指し合うこと。茶屋などは何度も出てくるが、それが許される範囲かどうかを見るのが指合見である。これは厄介なしごとだったろう。脇座は西鶴が詠み出す発句につける次の句（脇）を専門に詠む役目。執筆は簡単にいえば記録者だが、一つ一つの句の判定者でもある。執筆番繰がいるから、順番も勘案しなければならなかったのだろう。白幣や紅幣や銀幣や金幣が千句ごとに上げられているのは、色の違った幣を示して句数の達成を知らせたものだろう。懐紙は記録用紙のことだが、半紙を横長に二つ折りし折り目を下にして使った。これにも番繰のスタッフがいた。時間は線香の燃え方で見たのであろう。線香見の役目である。もちろん、万一の場合に備えて医師もいた。

＊＊＊＊＊

それにしても西山宗因に始まる談林俳諧から出発した西鶴は、一方で長短さまざまな小説の筆を執っただけでなく、絶えず俳諧師として俳諧の制作活動を行った。それは晩年に至るまでやむことがなかった。「一日一夜独吟四千句」の速射砲のような吟じぶりだけでなく、西鶴は、スイッチを入れれば即座に製品を吐き出す一種のブラックボックスのように、多彩な文芸活動を展開したのである。

十七　蕪村が詠んだ茶　――茶の花や黄にも白にもおぼつかな

＊絵画的な感覚

絵画にも優れた才を持っていた俳人蕪村におもしろい一枚の絵がある。「葛の翁」にある自画像で、蕪村が無心に茶を飲んでいるのである。墨彩だから衣の色までは分からないけれど、うっとりと目を閉じるようにして両手に持った大ぶりな茶碗に口をつけている。年を取ってからのものなのであろう、髪の毛も盆の窪のあたりにわずかに残っているだけだ。蕪村も茶が好きだったのに違いない。

蕪村の名は、俳句にあまり関心のない人でも、どれだけかは知っていることだろう。絵の才能もあったためか、俳句にも絵画的なとらえ方が見られるし、お茶に直接はかかわりないけれど、蕪村は近代的な感覚を持つ人だったようだ。それは「北寿老仙をいたむ」という散文詩を見れば分かる。北寿とは常陸（茨城県）結城の早見晋我のことだが、この詩については萩原朔太郎が絶賛し、草野心平もかつて「近代の匂ひをただよはせてゐる」としたことが知られている。紹介して、近世文学の一角をしめる蕪村の多彩なしごと振りを偲ぶよすがとしよう。

君あしたに去《い》ぬゆふべのこゝろ千々に
何ぞはるかなる
君をおもふて岡のべに行きつ遊ぶ
をかのべ何ぞかくかなしき
蒲公《たんぽぽ》の黄に薺《なずな》のしろう咲《さき》たる
見る人ぞなき
雉子《きぎす》のあるかひたなきに鳴《なく》を聞《きけ》ば
友ありき河をへだてて住《すみ》にき（以下略）

蕪村のこの詩はずっと後まで知られていなかった。晋我の五〇回忌の追悼集「いそのはな」には収められたものの、大正一四（一九二五）年に潁原退蔵編の『蕪村全集』に収録されてはじめて世に知られるという運命をたどった俳詩である。

晋我（一六七一〜一七四五）は結城の名家で酒造業を営んだが、素順とも号した俳諧師で、其角の門に入った後嵐雪の門に移った。巴人や蕪村とも交流した人だが、茶の句は見当たらない。

茶を飲む蕪村（自画像）

＊蕪村の茶の句

しかし蕪村には、茶を詠みこんだ句が三〇ほどある。表題に借りた句もその一つだが、とりあえずそれを上げてみよう。

茶の花や黄にも白にもおぼつかな　（新選）
あなたうと茶もだぶだぶと十夜哉　（五疊敷）

茶の花、および供茶《くちゃ》の句だが、蕪村の絵画的な感覚がよく示された秀句であろう。普通には白い色と思われている茶の花を、白いとも黄色とも言いかねると捉えるのも、第二句で十夜の茶を「だぶだぶと」と捉えるのも並みの感覚では出来ないことのように思う。

茶の木は初冬に白い花をつけるが、その花が実になるまでには一年かかる。だから花と実は同じ季節のことになるわけだが、茶の実は小鳥などが好み、持ち去ってついばむ。石垣などの間から茶の木が生えて来るのを見つけてびっくりしたりするのは、小鳥などが持ち去ったものが芽を出すからで、茶の花が鳥媒花とされるゆえんである。

十夜については口切の章に書いたから、ここでは十夜念仏会などとも言う浄土宗の念仏法要のことと だけ言っておこう。仏事が茶をともなったのは禅宗だけのことではない。浄土宗その他の宗派にも茶とのかかわりがあることは知られているが、その理由を真正面から尋ねていくと、はたして茶が仏教伝来以後のものかどうかという深刻なテーマにたどり着かざるを得ないことになる。それもいつかは考えなければならない問題だろう。蕪村の茶の句はそんなことも示唆しているように思う。それはそれとして、蕪村の茶の句を季語と句材によって大まかに分類しながら眺めてみよう。

一とせの茶も摘みにけり父と母　（新五子稿）

茶摘みの句だが、父と母は蕪村の両親だろうか。句の心は間違いなく吟者の父と母とを想定するかまえである。蕪村の生家でも一家の一年分の茶、つまり自家用の茶を作っており、蕪村もその茶を飲んでいたのだろう。

ちなみに蕪村（与謝氏、一七一六〜一七八三）は摂津国東成郡毛馬村（現在の大阪市都島区内）の農家に生まれたが、一七、八歳で江戸へ出たから、幼い日の思い出であるには違いないけれど、そのことを否定する理由はない。ついでに言うと、蕪村は、江戸で、俳諧は巴人（宋阿、一六七七?〜一七四二）につき、巴人が没すると江戸を去って一〇年あまりも東国を放浪したという。巴人は下野国（栃木県）烏山の人で、江戸に出て其角と嵐雪に俳諧を学んだ人だったから、先の北寿老仙こと晋我と同門だったことになる。蕪村はその後、宝暦元（一七五一）年には京都に移ることになるが、このころから絵画の方面でも俳諧でも名を知られるようになり、明和七（一七七〇）年には俳諧宗匠の列に加わることになった。ときに五四歳。没する一三年前のことである。絵は誰に師事したのかは分からない。

池田から炭くれし春の寒さ哉　（遺稿）

炭の句が一句ある。池田は大坂・池田のこと。池田炭と呼ばれた炭の供給地として知られていた。その炭は今の兵庫県川西市一庫付近で作られたクヌギの炭だったが、大坂の池田に出荷されたことからこの名があったという。炉塞ぎはもう少し先のことだろう。

ろふさいで立ち出る旅のいそぎ哉　（蕪村遺稿）
爐ふさいで南阮《なんげん》の風呂に入る身哉　（蕪村句集）
爐ふさぎや床は維摩《ゆいま》に掛け替る　（蕪村句集）

炉塞ぎの句は三句。炉を塞げば冬籠りの終わりでもある。冬の間使った炬燵やストーブを片付けるようなものだ。春は人の心を浮き立たせずにはいない。第一句目の立ち出る旅は冬籠りのあいだ中待ちかねていた旅だったのであろう。いそぎ哉という下の句にそれはよく現れている。二句目の風呂の句では、自らの暮らしを、貧しい、と詠む。しかし蕪村は、風呂につかりながら今ひとたびの春の喜びを噛みしめているのだ。阮は晋の阮威の一族のこと。『晋書阮威伝』に、北阮は富み南阮は貧しかったとあるのに自分をなぞらえている。衒っているわけではない。それは『史記・刺客伝』の荊軻に句材をとった次の句でも同じことである。

易水にねぶか流るゝ寒さかな　（蕪村句集）

蕪村は荊軻の味わった寒さに何を仮託したのだったろうか。南阮の風呂の句は、天明元（一七八一）年の吟だから、没する二年前、京都に移り住んでからの句である。第三の句中、維摩はインドの長老で、釈尊の時代に都市国家ヴァイシャーリーに住んだ富豪の在家信者だったという。維摩の軸に何を願ったのだろうか。

しら梅や北野の茶店にすまひ取　（佛袋）
一軒の茶見世の柳老にけり　（夜半樂）
かしこくも茶店出しけり夏木立　（遺稿）
峯の茶屋に壮士餉《かれい》す若葉哉　（遺稿）
花火せよ淀の御茶屋の夕月夜　（蕪村句集）
名月や夜は人住まぬ峰の茶屋　（蕪村句集）

いずれも茶店・茶屋を詠みこんだ句。第一句はいかつい相撲取りと可愛げな白梅の取り合わせがおもしろい。北野は京都・北野神社の界隈である。ここは秀吉が大茶会を催したところだった。第二句の「茶見世」。柳はもちろん一本だけだろう。一軒しかない茶見世に柳を配した風情が捨てがたいと言うべきかも知れない。白梅でも柳でも、茶にばかりこだわるなら、あってもなくてもいいということになるけれども、それが句であり絵だからこそ、茶も茶屋も映えるのだ。第三句。蕪村は、夏木立の下に小屋がけしている出茶屋を、かしこいと詠む。第四句。無心に飯を食っている若者と若葉の初々しさを蕪村は称えている。第五句。淀のお茶屋は、京都・淀の津の、城の中の茶室である。あの淀君の名のもととなった城の由緒ある茶屋で月を見ながら遠い花火の音を聞けば、まだ去りきらない蒸し暑さも吹き飛んでくれるかも知れない。第六句目。中天の月の光に照らされた茶屋の主はもう里へ下りていないのだろう。

蕪村は茶屋については何も言わない。しかし夏木立や若葉や花火や名月やに対比されると、何やらそれぞれの茶屋の様子までうかがえるようではないか。

稲葉殿の御茶たぶ夜や時鳥　（蕪村句集）

「たぶ」は「あたえる」の尊敬語。「稲葉殿」は石州流の大名茶人である。小田原城主で後に老中にまでなった稲葉正則とその子正通のことだと、『蕪村俳句集』（岩波文庫）の注にはある。将軍家の御物だった国宝曜変《ようへん》天目茶碗を賜って所持し稲葉天目などと呼ばれたことで知られる親子である。時鳥は夏の季語。稲葉殿のお茶とは茶の湯の茶であろう。蕪村が招かれたのかどうかは分からない。これは夏切りの茶だろうか。ほととぎすは、その読みがちょうど五文字という使いやすい季語である。どんな場合でも使えるためか、郭公、子規、杜鵑、杜宇、不如帰、蜀魂その他、何十もの異名・異表記がある。

爐びらきや雪中庵の霰酒　（蕪村句集）
炭取のひさご火桶に並び居る　（蕪村句集）
爐開《ろびらき》や裏町かけて角屋しき　（蕪村遺稿）

炉開きの句である。「炉のある暮らし」の章でも書いたことだが、炉開きは冬籠りの始まりだった。一種のイベントだったと言ってもよい。雪中庵は嵐雪の菴の名。奈良名産の酒だった霰酒は、もちろん雪中庵の雪の字にかけたものだが、蕪村にとっては炉開きを祝うつもりの品だったのだろう。普通、炉開きは茶会を伴なうように思われているが、雪中庵では酒宴も開かれたのだろう。もっとも茶事があったのなら、そこにはわずかに酒も出されるから、霰酒ほどの酒ならふさわしいかも知れない。第二句。開いたばかりの炉の周りの風景である。炭取はすぐ使う分だけの炭を入れておく器で、炭入れ、炭籠とも言う。ひさご火桶はひさごの実をくり抜いて作った火桶のことである。三句目の角屋敷は街路の角にある屋敷のことである。上層の町人の居宅だが、「裏町かけて」とあれば、よほど大きな家だったのだろう。

口切や小城下ながら只ならね　（蕪村句集）
口切の隣も飯のけぶり哉　（蕪村句集）
口切や喜多も召されて四畳半　（蕪村句集）
口切や五山衆《ござんしゅ》なんどほのめきて　（蕪村句集）
口切や梢ゆかしき塀どなり　（蕪村遺稿）

口切の五句。口切は一種のセレモニーだった。第一句。城が小さければ、城下町も自然に小さい。それでも口切の日は、心ある人には日ごろとは違った気配と知れるのだろう。第二句。口切をしている家では、茶のための湯を沸かしているのだろう。煙の立つのが見える。その隣家では飯を炊いている。そしてこちらも煙を立ち上らせている。それを対比して詠んだ句だが、視界の広さが句を引き立てている。第三句の喜多は能楽五流の一。句には「猿楽」と前書がある。身分のある人の家の口切なのであろう。四畳半の茶室には、能役者も「召されて」いる。第四句。京都・粟田口の北になる岡崎で詠んだ句である。蕪村は俳人几董に誘われてそこへ行っている。五山衆は京都五山の高僧たちのこと。しかし口切ともなれば、かれらもひそかに気取るのである。ほのめきて、は気取っての意味。第五句。口切の席に座りながら、蕪村は塀の向こうに見える梢のゆかしさに見とれている。口切への思いがそうさせるのだ。

寒月や谿《たに》を茶に汲む峯の寺　（全集）

茶帒《ぶくろ》を捨《すつ》るところもおち葉かな　（新五子稿）

古庭に茶筌花さく椿かな　（蕪村句集）

行《ゆく》としのめざまし草や茶筌賣　（不詳）

第一句。峰の寺では、谷川の水を汲んで茶を点てる。水を選んでいるのであろう。月明かりを頼りに谷まで下りていって汲んで帰るのである。第二句。使い終わった茶袋は、たしかに落葉によく似合うかも知れない。茶袋は葉茶を入れて振り出したり煎じたりするための袋で、木綿を縫って作る。煎じると茶汁で薄茶色に染まり、落葉の色と釣り合うように使うたびに色が濃くなる。第三句。「ある隠士のもとにて」と前書がある。召波亭での作品で、兼題は椿。椿の花を、茶筌が花を開いたような、と詠む。椿の花を茶筌に見立てたわけだが、召波が抹茶をご馳走しているのかも知れない。第四句。暮れの茶筅売りを詠む。茶筅を売る鉢扣《はちたたき》については「振り茶の周辺」の章でも書いたが、「めざまし草」とはそれによってハッと目をさまさせるもののこと。古来いろいろなものを充てている。万葉集にも、

五更《あかとき》の目不酔草《めざましぐさ》と此《これ》をだに見つつ坐《おわ》して吾を偲《しぬ》ばせ

がある。この相聞の歌については、この目不酔草を茶とする説もあるけれど、歌の意味から見ても構成から見ても、ちょっと無理があろう。歌を仔細に読めば、目覚ましにとある何かを指していることは確

かだけれど、「見つつ」も「吾を偲」べも茶をイメージさせはしない。説のように茶だとすると、この歌の背景にあるどこか遠い旅に出るらしい男の気配と女性のいたわりの思いは重過ぎよう。しかし、茶を目覚まし草とする句がないわけではない。

月花の目覚し草や茶の匂ひ　　乙由（麥林集）

この句では、目覚まし草は文句なく茶である。

先の引用句に戻ろう。作者は不詳だが、ここで歳末の目覚まし草とされるのは茶筌賣の売り声である。茶筅売りの声を聞いて年の瀬のあわただしさに気づかされたのであろう。いささか難があるとすれば、売り声が目覚まし草になり得るかどうかだ。目覚まし草には、それによって目を覚ますことで何がしかの嬉しさを感じるものが含まれていることが必要だからである。

＊連句から

起いでゝ落首よみくだすをかしさよ　　几董
茶に汲む水の淺くてに澄ム　　蕪村（續明烏）

三十経る次郎が胤を妊ミけん　几董
茶にうたかたの粥すくひ喰ふ　蕪村（新虚栗）

夏もおくあるしほり戸の道　松宗
茶のにほひかしこき人やおはすらん　蕪村（写経社集）

連句の付合三例である。先に上げた「五山衆」の句にも几董とのかかわりがあったが、蕪村にはその几董との付合が二つある。最初の付合の「茶に汲む水の」が前句の「起いでて」に、二番目の付合の「すくひ喰ふ」が「胤を妊ミけん」に、また最後のそれの「かしこき人」が「おくあるしほり戸」に、それぞれつく。最初の付合では、茶によい水が新しいイメージとして示される。また、「うたかたの粥」は茶粥である。そして最後の付合でのイメージの転換を図っているのは茶のかおりである。

しかし蕪村は、なぜ「かしこき人」と「茶のにほひ」を結び合わせたのだろうか。そこにたぶん蕪村の茶への思いが語られているように思えるのだが、どんなものであろうか。

十八　一茶が詠んだ茶　――朝々や茶がうまくなる霧おりる

＊一茶と茶の句

一茶には茶を詠んだ句がとびきり多い。発句で九〇あまり、また連句の付合では四〇あまりになる。もっとも一茶が生涯に詠んだ句は二万句とも伝えるから、これでもほんの少しということになるが、しかし他の俳人とくらべると、段違いである。

朝々や茶がむまく成る霧おりる　（七番日記）

表題に使った句だが、茶を詠み込んだ数多い一茶の句の中でも、いかにも一茶らしい、突き抜けたような明るさをたたえた好句であろう。うまくなる、霧おりる、とるを重ねる語法も明るさの一つの要素ではあるけれど、それだけではない。一茶の明るさはその生涯にわたった悲惨さこそが生み出した、吹っ切れたような明るさなのだ。そこから近代の尾崎放哉や種田山頭火を思い浮かべる人がいるかも知れない。が、それはともかく、その明るさの陰には人となりが深くかかわっていただろう。悲惨さを歎いているだけの俗人には思いも及ばないことである。

一茶の詠んだ茶の句は、句材だけ上げてもたくさんある。茶の花は言うに及ばず、茶摘み、新茶、茶売り、朝茶、茶漬け、茶粥、茶碗や茶筅《ざる》、茶釜など茶の道具、口切や接待、茶菓子から茶屋、炉開きや炉塞ぎ、福茶から年末の茶、茶の湯、それに甘茶まで詠んでいるのである。しかし一五〇近い句作の全部を紹介するわけにはいかないから、一茶の時代の喫茶模様をうかがい知ることの出来そうな好句を選んで見てゆくことにしよう。

ちなみに小林一茶（一七六三〜一八二七）は通称を弥太郎と言い、信濃（長野県）は柏原の農家の生まれだったが、三歳で生母に死別した後は、いわば不幸の連続のような生涯を送った人だった。継母と折り合いが悪く、十五歳で江戸に出て奉公生活をしたが、流民同然の窮乏生活を体験したらしい。俳諧は二十五歳のころから葛飾派で学んだが、ついに俳諧の宗匠として一家を成すには至らなかった。葛飾派は芭蕉の友人だった山口素堂の流れを汲む流派である。

知友をたよって流寓の生活を続けた一茶は成美の厚い庇護を受ける。成美は江戸蔵前の裕福だった札差で、俳諧ではどの流派にも属さなかったが、学識が深く、大家と仰がれた人だった。一茶を庇護した人はほかにもいる。下総・流山（千葉県）の造り酒屋の主だった秋元双樹だが、伊藤晃氏の『一茶双紙』によると、一茶は秋元家に五四回ほどやってきて、一四〇日ほど滞在した。尋常ではない世話ぶりだったという。一茶とは俳諧の友として親しんだ双樹にも句作がある。

むだ人や秋の夜寒の身づくろひ

一茶はこの句を絶賛しただけでなく、自分の句文集「我春集」に収め、またならって、

むだ人や隙《ひま》にあぐんでころもがへ　（八番日記）

の句を詠んでもいる。「むだ人」は閑な人の意である。

是《これ》がまあつひの栖《すみか》か雪五尺　（七番日記）

五十一歳で郷里に帰り住んだ折の述懐の句である。結婚して三男一女をもうけたが、やがて妻も子も失い、火災で家も失い、焼け残りの土蔵の中で不遇の生涯を終えたという。合掌したい思いさえする無辜の人である。

＊茶摘みの句

一茶の茶の句を読んでいると、茶を摘むところからその茶を飲むところまで、実に細かく見ているこ

とが分かる。とりあえずは茶摘みだが、摘み方から摘む姿勢、茶摘み唄までが詠み込まれているのである。

　　折々は腰たたきつつ摘む茶かな　　（一茶発句集）

摘む手の動きをときどき止め、背伸びをしながら手で腰を叩く。茶はちょっと前かがみになって摘むから腰が痛くもなるのである。観察は細かく具体的なのだ。一茶の句のおもしろさはそこからくる。

　　古笠へざくり〳〵とこぎ茶かな　　（七番日記）
　　茶を扱《こく》やふくら雀の顔に迄　　（旅日記）
　　木曾山やしごき奔るも茶つみ唄　　（七番日記）

茶の摘み方を詠んだ句である。第一句。一茶はこれをどこで見たのだろうか。幼い日の記憶もあるだろうけれど、それだけでは詠めまい。一茶が見ているその摘み方は、扱《こ》き摘みとも扱《しご》き摘みとも呼ばれる摘み方である。親指と人差し指で茶の小枝をつかみ、しごき取るようにして摘む。新芽だけでなく、古葉が入ることもある。それを、景気よくざくりざくりと摘むのである。

前に訪ねたことのある新潟県の村上市で、江戸時代の文書の中に「すっこき茶」という茶があると聞いたことがある。文字を宛てれば素《す》っ扱《こ》きの番茶のことであろう。村上の茶は、その時代、北海道松前などに送られたという。

いつのものかは分からないが、静岡県安倍郡地方に残る茶摘み唄に、

〽お茶を摘むなら根葉からちゃんと
　下手なお方はうわ走る

というのがある。茶の木の上の部分、つまり新芽のいちばん上だけしか摘まないのは下手な摘み方だという見方があったらしい。根葉は新芽の部分のいちばん下の葉のことだろうが、木の根元に近いところからすべての葉を扱き取って作る茶もあった。その典型と思えるのは阿波番茶の摘み方で、摘み終わった木は、写真のようにまったくの裸になる。第二句。手の動きが激しいあまり、摘んだ茶の葉が雀の顔まで飛んでいきそうだ、という句である。そんな近くに雀がいるはずもないが、もしいたら、きっとそうなるだろう。第三句。一茶は、扱き摘みを木曾山でも見ている。木曾山は現在の長野県木曾郡一帯と裏木曾山（岐阜県恵那郡三ヶ山村）を含めて言う言い方である。旅の途中での見聞なのであろう。

摘み終わって裸になった茶畑
（手前。徳島県相生町）

欠《あく》びにもふしの付たる茶摘かな　（一茶発句集）

これはまた、前の茶摘みの句とは反対に、のんびりした風景である。唄を歌いながら茶を摘んでいる途中でうっかり出てしまった欠伸であろう。自然に節がついてしまった、というわけだ。のどかな風景である。

僧正がおんどとるなり茶つミうた　（一茶発句集）
折ふしは鹿も立ち添《そう》茶つミ哉　（七番日記）
二番芽も淋しからざる茶の木哉　（一茶発句集）

第一句。寺では檀家の女性たちを総動員して茶摘みをする。茶摘み唄の音頭をとっているのはただの住職なのだろうが、それを、僧正が、と言っているのが何ともおかしい。僧籍の最高位である僧正には大僧正、僧正、権《ごんの》僧正の三階級があるが、多い時でも全国で一〇人程度と人数は少なく、誰でもなれるわけではなかった。しかしこの住職もそこまでおだてられては怒るわけにもいかない。第二句。山の中にある茶畑の茶摘みだ。奈良公園の中に茶畑があったとでもいうのなら別だが、野生の鹿は人里に出てきたりすることのない大型獣である。立ち添うという言い方もそうだが、それが鹿の好む若芽を摘み取る茶摘みであるだけにいっそうおかしい。第三句。二番芽は、春に摘んだ後に出てくる芽のこと。最初に摘んだ茶を一番茶、二番芽を摘んで作ったのが二番茶というように、第二次大戦後には四番茶、五番茶まで摘んだりした。賑やかに茶摘みをしていれば「淋しからざる」わけだが、たしかに二番芽がびっしりと芽吹いているのも「淋しからざる」ことでないわけではない。しかしそれではおかし味にはならない。

＊一茶の茶漬け

一茶は、芭蕉の「三石六斗の茶漬けを食え」という教え（十四章参照）に従ったわけではなく、よく茶漬けを食べたようだ。古語辞典などでは奈良茶飯は茶漬けにして食ったとするものもあり、また銭を取って食わせた最初の料理は茶漬けだったとするものもあるが、一茶の茶漬けには銭を払って喰ったものもあれば、手製のものもあった。句を紹介しよう。

茶摘の図。一番芽、二番芽などの解説が見える。「衣喰住之内家職幼絵解之図」

蚊屋つりて喰ひに出る也夕茶漬　（八番日記）
ざくざくと氷かみつる茶漬哉　（七番日記）
蓮咲くや八文茶漬二八そば　（一茶俳句集）

茶漬け、三句である。第一句。蚊帳を吊り終え寝る準備もしておいて、さて茶漬けでも食いに行こうか――一茶にはそんな食生活もあったらしい。いや、実際の一茶の生活はそんなに暢気なものではなかったろう。しかしこの句はむしろそれをプラス志向にしてしまっている。一茶の明るさであろう。第二句は冬の句。そのまま読めば、凍った茶漬けを喰うような、どうしようもなく貧しい風景だが、そんな印象をあたえないところがある。これはどうしたことだろうか。茶漬けは一碗単位のものだから、それが凍っているというのも妙な話だが、冷飯に冷たくなった茶をかけて喰っている惨めさも「氷かみつる」とまで強調されると、一皮も二皮もむけたおかしさになるのかも知れない。第三句は夏の句。語呂合わせの感覚が生かされた句である。二八そばは一杯の値段が一六文だったからとも、またそば粉が二でうどん粉が八の割合だったからとも、さらにはその逆の割合だったからともいうが、そのことの糾明にはさほどの意味はない。二八そばは看板だったはずだから、実際はどうだったか分からないが、ここは値段説に軍配を上げよう。そうでないと、さほど安いわけでもない八文茶漬が浮いてしまう。と、ここまでは理屈だが、茶漬けもそばも、一茶はよく食べたのだろう。

＊茶道具と茶請け

朝茶仲間ということばは、一茶の句にはよく出てくることばである。その仲間は、朝ごとに板木を叩いたり、鳴子を鳴らしたりして合図をし、集まって茶を飲むという構図である。朝茶そのものは他の俳人たちの句にも詠まれているが、一茶の場合は特別なのだ。これは何だったのだろう。

関連して思うのは、伝えられる一茶の窮乏した暮らしのことである。似たような境遇の人たちとの付き合いもあったろう。一茶が朝茶仲間と呼んだのが、そうした付き合いの人たちだったと考えると、見えてくることがある。その一つは、一茶にとって、茶はその仲間との間を結ぶ必需品だったのかも知れないということだ。その思いは、一茶の茶の句の中にうかがえるように思う。

朝寒や垣の茶笊《ざる》の影法師　（版本題叢）
梅が香やどなたが來ても欠茶碗　（旅日記）
賣ぶりの色に淋しき茶せん哉　（文化句帳）

茶に欠かせない道具にまつわる句である。第一句。茶笊は、茶を煎じる時、葉茶をいれて鉄瓶の中に入れる小振りな笊である。現代のイメージでは、すし屋で粉茶を淹れる時に使う小さな笊から取っ手を取ったものを思い浮かべればよい。朝の早い茶がすむと、一茶は茶笊を垣にかけて干したのだろう。垣に干した茶筅が影法師を挽いているイメージには一茶の乾いた哀しみが感じとれる。第二句。欠けた茶碗だけの暮らしである。それを惨めだと思う人は、思ったらよい。しかし一茶は、「どなたが来ても」その茶碗でもてなすのである。一茶はそれに、あるかなしかの梅の花の香りをあしらうことで、そんな暮らしを温かく澄んだものにして見せてくれる。第三句。茶筅売りの句である。茶筅売りも貧しかったのだろう。しかし、この句ににじむ思いは、第二句とはいささか違っている。この茶筅売りは、朝茶仲間の外にいたのではないか。売りぶりの色に淋しきという口調には、一茶の真剣さが感じられてならない。

合歓さくや七つ下りの茶菓子賣　（一茶俳句集）
玉霰《あられ》茶の子のたしに飛入りぬ　（七番日記）
堂守《どうもり》が茶菓子うる也夏木立　（九番日記）

茶請けと貧しさを詠んだ三句。第一句。合歓の花は夏の季語、七つ下りは、今で言えば午後四時過ぎである。茶菓子を売り歩くのもそろそろ疲れてくるころだ。売っているのはどの程度の茶菓子だろうか。この行商人が茶菓子を売って支えているのも貧しくつましい暮らしだろう。切れ字の「や」が気になる一句である。第二句。霰は冬の季語、玉霰はその美称だが、茶の子は茶請けのこと。一茶はたまたま降ってきた霰も、向こうから茶請けのたしになってくれたと詠む。第三句。堂守は、お堂の守り役、番人のことだが、もう一方では茶菓子も売っている。お堂にもいろいろあるけれど、これは集会所のようなものだろうか。堂守も貧しいのである。

＊一茶の茶と明るさ

一茶の句には明るさがあるとはよく言われることだ。しかし朝茶仲間の句を見つめていると、考えさせられることがある。

それは、一茶の茶は、同じように貧しい人たちと飲む茶だったのかも知れないということだ。朝茶仲間ということばが一茶の句にしか見られないのは、そのことと関係しているのだろう。秋田の富商だった五明の句に、

寒げなき雪の朝茶や釜せゝり　（塵壺）

がある。せせるはいじるの意味だが、五明の朝茶はいかにも満ち足りていて、同じ朝茶でも一茶のそれとはずいぶん違っている。

五明の茶は余裕の茶だったが、一茶の茶は必要不可欠な生活の茶だったと言ってよいかも知れない。生活がつらいから、生きる糧として茶を求めたのだと言えば大げさだが、五明の茶は違ったろう。そし

て、茶の句にも垣間見える一茶の明るさはこのことと結びついているのである。

だが、一茶の句は本当に「明るい」のだろうか。明るいと解釈しているのは、むしろ一茶の現実的な哀しみを知らないままに、字面だけで見ているからではないのか。苦しさや悲惨さがどうなるものでもないのだと本当に分かってしまったら、その苦しさや悲惨さを笑うしかない。一茶の句を明るいとだけ思うのは、明るいということの裏に、人間についての思想の怠惰を押し隠してしまっているだけなのではあるまいか。一茶の明るさに乾いた哀しみを感じると言ったのはこのこととかかわっている。

十九　不白が詠んだ茶

——初雪やせめて薄茶のしまいまで

＊師弟と親子

江戸千家と呼ばれる茶の湯の流派がある。江戸時代の中期に始まった流派だが、その祖は川上不白（一七一九〜一八〇七）という人だった。紀州（和歌山県）新宮に生まれて、表千家七世の如心斎宗左に教えを受けたが、同時に俳人でもあった。茶では千利休に始まる茶の湯の流派の一つである表千家の流れを汲む人である。

不白が江戸で表千家の茶の湯を初めたのは、寛延二（一七四九）年のことだった。この時不白は三一歳。茶の宗匠としての生活は六〇年ばかりになる。長命な人だった。

秋風に乗《のり》て帰るか東人《あづまびと》

師の如心斎宗左は、別れの茶事でこの句を不白に贈っている。不白が江戸で表千家の旗を挙げたころ、江戸で流行していたのは武家茶道の石州流だった。しかし、町衆の間ではもちろんのこと、やがて武家の間にも不白流の茶に転じる人が出てきたという。如心斎は不白の江戸行きに必ずしも賛成ではなかったという人もいるけれど、そうであればなお「東人」という言葉に込めた気持ちには複雑なものがあったろう。

茶の道や古《ふる》きをもてけさの春

不白の正月の句だ。文字面だけで読むといわゆる字足らずの句になってしまうから、とりあえず、古きを「ふんるき」と読んでみたが、しかしここには不白の意図があったのではないか。「古きをもて」に「古き表」の意味を伏せているように見える。むろん「古き表」は表千家の歴史だろう。

不白は、俳諧ではじめ沾洲《せんしゅう》につき、晩年は蓼太の門を叩いている。当時の俳人の間では、不白は茶人であることで尊敬もされ珍重もされていたらしい。不白には雪太郎三駱が編纂した『不白翁句集』がある。前書・後書など、不白自身の書き込みが多く、それが時には十数行にも及んでいて、通常の句集の範囲を越えるほどだ。しかし不白の動静を知る上では貴重な資料だろう。

立帰《たちかえり》みよ我宿のむめの花

その三駱にあたえた句。前書にある「三駱問、如何是茶」はまるで禅で言う公案めいているが、答えて曰く、とした句である。今風に言えば「あなたにとってお茶とは？」というわけだが、不白はそんな形でも自分の茶の湯を語っていたのだろう。三駱にも茶の湯の心得があった。三駱は序文で不白のことを「左に酒瓶を提げ、右に茶筌を曳て」と書いている。三駱の言い振りも少しシンボリックに過ぎるけれど、不白はなかなかおもしろい人だったようだ。

ところでその句集だが、およそ二五〇句ほどの作品が季節別に収められている中に、少なからぬ茶の句がある。茶の句とは言ってもほとんどが茶の湯の句なのは当然のことだろう。

口きりや日〻に重る松の霜
西行のむかしをけふの櫻哉

師の如心齊との交流を詠んだ句である。最初の句は表千家八世の啐啄斎宗左が江戸へ出向き、「日々菴」と自ら揮毫した額の披露を兼ねて開かれた茶会での句。前書によると、この席には不白と「津軽屋の武陵」という人物が招かれたが、宗左は白紙のままの軸を用意して不白にまかせたらしい。相客の武陵が松の絵を描き、不白はこの句を賛にした。啐啄斎は不白の師如心斎の子、表千家八世のことである。後の句には「先師如心翁とともに嵯峨に遊びけるころ、西行堂にて」の前書がある。

淡雪の降《ふる》も茶湯の花香哉
ゆずりはの末葉こやせよ千代の春

二つとも不白の子の宗雪に関係する句。第一句には「日〻庵にて茶湯の時、侍合にありしうち、冴返りつゝ雪の降出しけるに」という前書がある。花香は点てたばかりの茶のかぐわしい香りのことだが、たまたま降り始めた淡雪がいっそ興を添える、の意である。子の宗雪がそのとき使った花生の銘に「淡雪」を所望したと後書にある。第二句にも前書がある。不白が五五歳（安永二年）の折の句だが、この年、それまで宗雪を名乗っていたのを子の宗引に譲り、自身は大竜禅師から賜った不白を名乗ることにした。句はその時子の宗雪に贈ったもの。抽象的な句だが、前書を読めば気持ちはよく分かる。

ついでに言っておくと、俳諧の最初の師となった貴志沾州（一六七〇〜一七三九）は江戸の生まれ。比喩・見立てを重んじ比喩体と称する一風をひらいた人だったが、茶にかかわる句は見当たらない。また後に師となった大島蓼太（一七一八〜一七八七）は信州（長野県）伊那の人だったが、

爐ふさいで二日もどらぬあるじ哉　（蓼太句集）

など、茶にかかわる句もいくつか残した人である。雪太郎三駱は蓼太の流れの人だが、不白よりはずっと若かったらしい。

＊茶の湯を詠んだ句

茶の湯を詠んだ句は、連句の付合や不白の句も含めると一〇〇あまりある。不白の句を紹介する前に、いくつか上げてみよう。

元日の心や雪の朝茶の湯　孤舟（卯辰集）
正客の行儀崩さぬさむさかな　野坡（野坡吟艸）
懐旧の茶の湯に泣し若菜汁　成美（俳諧鼠道行）
藪の色薄茶の稽古風そよぐ　幡川（類柑子）

第一句。雪の降る朝にする茶の湯は、元日の心のように、身の引き締まる思いがする、の意だろう。野坡の句。正客は主賓である。だから行儀を崩してもいいというわけではないが、それが一向に行儀を崩さないと読めば茶席の寒さはいっそう際立ってくる。成美の句は一期一会《いちごいちえ》を詠んだもの。食膳に出た若菜汁を見るにつけ、成美は今も忘れがたい茶事を思って涙する思いでいるのだ。どんな茶事だったのか。一期は一生のことを言い、一会はただ一度の邂逅を言う言葉である。最後の句は薄茶の稽古を詠む。藪の色は薄茶の色に通じるが、その藪が風にそよいでいる。変哲もない風景だが、清新である。

では不白は茶の湯をどう詠んでいるだろうか。

初雪やせめて薄茶の仕廻《しまい》迄
胴炭も置心よし除夜の鐘
飛石の跡踏ばかり雪の杖
雪解けや飛石一つ二つ三つ

一句目。茶事をする亭主の句。たまたま茶事の途中に降り始めた初雪を詠む。薄茶は二刻（四時間）におよぶ茶会の最後に出す茶である。折角の初雪だ、せめて茶会の果てるころまで止まないでほしいという思いであろう。二句目は大晦日の茶室である。越年の茶会であろうか。胴炭という言葉は一般には耳慣れないものだが、茶の湯では道具炭と呼ばれる一つで、炉の炭の構成の主体となるもの。三句目と四句目は茶室の露地の雪景色。最初の句。さっきから降り始めた雪が、飛石だけを残して積もり始めた。いずれそこも雪に覆われるだろうが、伝って歩けばまだ雪を汚すことはない。後の句は、溶け始めた雪の中から飛石が一つずつ姿を表してくるのを詠む。

我菴は臺司《だいす》の方《かた》を恵方哉
松虫やりんとして待つ知らせ鉦

最初の句は新年の茶室が句材である。恵方は正月に祀る神である恵方神のいる方向のことで、この神はその年の干支によって違う吉の方角にいるというから、方角は年によって変わる。今年、不白の茶室は「臺司の方」が恵方だと詠んだのである。ちなみに臺司は台子（点茶用の棚の一種）である。後の句は露地の待合の句。「りんとして」はまず松虫にかかり、つぎに茶席の用意の整ったのを知らせる知らせ鉦を待つ心にかかる。

＊利休を詠む

茶の湯を詠んだ江戸時代の句は多いが、茶の湯の祖に当たる千利休の名を直接に詠み込んだ句は一〇句あまりしかなく、しかも発句と言うよりは川柳に近いようなものが多い。茶の湯を詠んだ句も同様だが、とりあえず一つ二つあげてみよう。

茶の花や利休が塚の女郎花《おみなえし》　文錦（鵲尾冠）
茶の花や利休が目にはよしの山　素堂（素堂句集）
茶筌草爰《ここ》も利休が領地哉　素丸（素丸発句集）

一句ずつ説明しても、ほとんど意味はなさそうである。女郎花には死人花という別名もあり、色にも赤、白、黄があり、なぜか人の死や墓を連想させるところがあるが、文錦は利休の墓にとっては茶の花がそれだろうとしている。文錦はともかく、素堂は芭蕉とも親しかったし、素丸は素堂の孫弟子に当たる人だったから、もう少し利休のことを分かっていてもよさそうなものだが、茶化したようにさえ思える句の様子から見ると、素堂の時代の俳人たちは、利休のことをほとんど知らなかったらしい。

利休が気の毒なくらいのものだが、そこへいくと芭蕉は格段だったように見える。芭蕉の章でも述べたことが、芭蕉は利休を自らの風雅の道の先達として見ていた。だからこそ、

口切に堺の庭ぞなつかしき　（深川集）

とも詠んでいたのだ。堺は利休が生まれ茶の湯を大成したところである。利休の名は出していないけれど、やはりこれは利休を詠んでいるのである。芭蕉より一〇〇年近く後の人だった不白の時代にはどうだったろうか。ともかくも不白には、流祖である利休のことを詠んだ句がいくつかある。

抛《なげう》てる茶筌に花の匂ひかな
春毎《ごと》に勅許の居士や塚の花
朝顔につゞくや菊に名残の茶
めぐむ茶の恵みを摘て手向かな
つぎ穂して古き匂ひや梅の花

文錦・素堂・素丸の句とは格段の違いがあるのは言うまでもないだろう。第一句は利休忌の句。抛てる茶筌は、もちろん利休の別号の一つだった抛筌斎を詠み込んだもの。利休忌は豊臣秀吉の命で切腹させられた三月二八日（正忌は二月二八日）で春の季語だが、重複を避けて花を季語としている。句ざまもいい第二句の前書には「聚光院詣」とある。聚光院は「不審菴抛筌斎利休居士」とする利休の宝塔があったところ。京都・大徳寺の中にある。「勅許の居士」は利休居士の号が勅賜だったことによる。第三句は、前書によると、ある夏の八月の末、濟松寺の謙堂和尚を訪れた折の句。利休に「朝皃《あさがお》の茶湯」があったことを言い、それを慕って自分は「菊に名殘の茶」だと詠んでいるのである。第四句も利休忌の句で、前書に「先師如心斎の工夫になりし七事の式をもて居士の靈を祭る」と記されている。利休への思いだけでなく、師だった人への思いも託された句だ。七事式は「茶道の心技練磨を目的として制定された七つの式作法」のことだと、手もとの『茶道辞典』にはある。第五句。接木をした梅の花は親になった古い方の梅の香りがするという意味だが、これだけではどうという句でもない。しかし前書を読むと、利休以来の伝統を生かそうというかくされた意味があることが分かる。長い前書だが、そこに「大徳寺の聚光院に靈をとどめ給う不審菴抛筌斎利休居士の宝塔を……移してと思ひ立」ったとある。前書の大部分はその企てを果たして明和五（一七六八）年の利休忌の供養をするまでの経緯だから省略するが、これもまた利休への思いを詠んだ句なのである。

＊貴人との茶

不白には、貴人との茶の席を詠んだ句もいくつかある。それは、藩にも満たない新宮という地方の下級武士の次男坊に過ぎなかった不白が茶の湯に精進し続けたおかげで得た光栄だった。

はばかりの一間や雪に廻り炭
たてまつる御茶や薫る風の色

安永四（一七七五）年、京都での句。この時不白は如心斎の二五回忌のため、五ヶ月ほど上洛していたが、不白の茶を見たいと思う宮廷の貴人たちも多かった。しかし無位無官の不白を自邸へ呼ぶのにははばかりがあったから、別に場を設けている。最初の句の前書には北野の西王寺で関白の近衛内前《うちさき》に茶を差し上げたとある。西王寺とあるのは、あるいは西照寺の書き間違いかも知れない。後の句は風早三位と千種中将に茶を求められて差し上げた時のものだ。

御園の花や竹田の森祝ひ
伏てみる雲の上野の櫻かな
天地のめぐみ身にしむ名残の茶

晴曇る中にひらくや月に花
亭〻と清きを蓮の御茶かな

前三句はいずれも随宜楽院にかかわる。第一句の前書には「東叡大王随宜楽院の准后の宮」とある。東叡大王随宜楽院は公遵法親王のこと。准后の宮は上野輪王寺にいた。また「竹田の森祝ひ」はよく知られた宇治七園を詠み込んだもの。宇治七園は室町時代に足利将軍家ほかの有力大名が宇治においた特定茶園である。第二句は随宜楽院公遵法親王。第三句も随宜楽院の坐所での茶会の句。そこから見る景色は美しかったようだ。第四句。長門少将重就朝臣。不白のもとで茶の稽古をしていた人だった。第五句には「轉法院にて　宮の御茶」とある。

*口切の句、その他

前に上げた「たてまつる御茶や」の句には「壺の口切事　御覧あらんとの御事ゆへ、平手前に点じ、御茶碗は御臺に載て」とあるから、これは口切の茶席でもあった。ついでに口切の句をあげよう。

口切の沙汰に及ぶや色付柚
口きりや友を松葉の敷心

くち切や千世もと契る竹の色

不白の口切の句である。最初の句には「利休翁の玉へる事有」という前書がある。柚は夏に花を開いて秋口には深緑色の実をつけるが、空気が冷えるにしたがって次第に黄金色に変わっていく。口切のころにはもう柚の実も色づいてくるのである。中の句には知己を待つ心を詠む。口切は一年の区切りになるイベントだが、それを祝うには心許した人がいちばんふさわしい。後のは抽象的な句だが、この竹は茶道具に使われている竹であろう。竹は切る時期さえ選べば長持ちする資材で、今の暦で言うと、二月ころに切るのがいちばんよいとされる。次世代に当たる竹の子のために栄養は根の方に行き渡っている時だからであろう。

しかし不白が詠んだ茶の句は、茶の湯の句だけだったわけではない。

大ぶくやかはらぬ色を初むかし
唐音の外に花あり茶摘唄

最初の句。大服茶については振り茶の章で紹介したが、煎じ茶に梅干などを入れて飲む大服茶とは違い、江戸千家には抹茶で点てるならわしがこのころからあったことをうかがわせる句だ。後の句には「宇治茶摘」と前書がある。唐音は万福寺のこと。菊舎の「山門を出れば日本ぞ茶摘唄」を思い起こさせる句である。評価は人によりそれぞれだろうが、対比で言えば、菊舎の句には山門を出るという動きがあるのに対して、不白の句は万福寺の内と外を同時に俯瞰している。

＊不白の句と人

不白はどんな人だったのだろうか。紀伊（和歌山県）徳川家の支配下にあった新宮城主水野家の家臣の生まれと前に書いたが、不白の家が水野家に仕官したのは祖父六太夫の時だった。足軽だったという説もあるが、元禄のころ、江戸で水野家に仕官したと言われ、新宮に移り住んで水野家の薪炭関係の管理をしごととしたらしい。炭は今で言う備長炭だが、熊野川を川舟で下してきて江戸へ送られた。水野家の殿様は江戸城内では「炭屋さん」などと呼ばれたそうだから、物産の販売に熱心だったのだろう。六太夫は和歌山も日高川中流域の川上村（旧美山村）の人だったのではないかという説もある。たしかに川上姓は新宮には数少ない。

しかし不白は次男だったから、家を出なければならなかった。一五歳で江戸に出て茶と俳諧を学んだが、翌年には上洛して如心斎宗左の門を叩いて内弟子になっている。これについてもいろいろな説があるが、江戸へ出たのは新天地開拓行だったから、それもよく分かる。没年は文化四年。その葬儀にはたくさんの参加者が詰め掛け、赤城下（東京新宿区）から上野谷中の安立寺まで続いた葬列の様子は錦絵にまで描かれて江戸の語り草になったというからたいへんな人気だったのだろう。

「左に酒瓶を提げ、右に茶筌を曳て」と三駱は書いていたが、そのことを西山松之助氏は「大男で脂ぎった坊主頭だったが席につくと別人のようになった」と言う。二つの話は共通していておもしろい。茶の湯の世界は不白にとって真剣の場、格別に居住まいを正す世界だったわけだ。席とは茶席のことだが、紹介した不白の茶の句を見ると「別人のようになった」畏まりぶりがよく現れている。しかし茶の句以外の句を見ると、それとは対照的にまた別な趣きが見て取れるだろう。「左に酒瓶を提げ」た世界と「右に茶筌を曳」た世界の対象が鮮やかなのだ。それを二つの句を上げて対比しておこう。

抛てる茶筌に花の匂ひかな
永き日や繪馬をみてゐる旅の人

茶を詠んだ句のしかつめらしさとくらべると、「大男で脂ぎった坊主頭」の世界の句の方がずっと自由闊達で、わざとらしくない句想のすがすがしさがうかがえるように思うが、どうであろうか。

エピローグ　茶の花のこと　――人性の哀し茶の花そこかしこ

茶の花を見て何を思うだろうか。まだ見たことがない人のために、まず写真をかかげてみよう。華やかではないが、どこかいとしい花である。茶にかかわる句の中でも茶の花を詠んだ句が百数十といちばん多いのは、江戸時代の俳人たちもこの花をこよなく愛したからだろう。

しかし茶の花を詠んだ句には、咲く花の数のこととしても、ずいぶんな違いがあるようだ。江戸時代の茶の花はいったいどれほど咲いたものだろうか。

住《すめ》ばかく茶の花垣ぞうらやまし　　白雄（白雄句集）
ぼつぐ〳〵と花のつもりの茶の木哉　　一茶（一茶俳句集）

白雄はたくさんの茶の花がまるで垣根のようになって咲いているのがうらやましいと詠んでいるが、一茶はこれでも花のつもりだろうかと思える程度だと詠んでいるのだろう。かなりな違いだが、もっと極端な例もある。

茶の花や利休が目にはよしの山　素堂（素堂句集）
茶のはなやありとも人の見ぬほどか　青蘿（青蘿発句集）

素堂の句は文字通りの俳諧、と言うよりは川柳だが、桜の名所として知られる吉野に喩えるとなれば、この茶の花は白雄の句どころの話ではなくなる。しかし青蘿は茶の花があるのかどうか、ちょっと見には分からないというのだ。これはずいぶんな違いである。

数はそれとして、花は匂いのあるもの。茶の花の匂いについてはどうだろうか。

茶のはなや色も香もあり庵の道　桃牛（庵の記）
茶の花の世にもさし出ぬ匂ひかな　正秀（春のおとづれ）

桃牛は「色も香もあり」と詠んでいるが、正秀はそれとは違っている。「世にもさし出ぬ」匂いだとするのである。もっと強烈な句もある。

茶の花

茶の花はどこに咲《さい》ても宇治臭し　　　不周（庵の記）

不周の句は一種の揶揄だが、その分だけ川柳の要素が強くなっていると言えるだろう。川柳と俳諧はおのずから違うものだが、ひとまず発句として見るとすると、作句の姿勢の浅薄さは覆いがたい。しかし、川柳は川柳で、諷刺というそれなりの鋭い切り口を持っているのだという意味からすれば、これはやはり揶揄でしかあるまい。

じつはここまで茶の花を取り上げず、最後にちょっと覗いて見るだけにしたのには、それなりの理由がある。江戸喫茶模様というテーマからも、茶はその花を煎じて飲むものではなく、やはり葉、あるいは芽を加工して飲むものだから、それにこだわれば花には触れにくい、ということにもなる。

もっとも、これにも例外はある。それは山陰のボテボテ茶という喫茶法のことで、この茶は茶の花の乾燥させたのを葉茶にまぜて煎じるのである。花を入れるのは、その方が泡が立ちやすいからだが、しかし主役はやはり茶であって花ではない。

もう一つ理由がある。これは、茶の木はなぜ花を咲かせるのかという根本的な問題である。つまり、ある種の植物、たとえば花を主とした観賞用の植物の類を除けば、一般に植物は種を維持し生存を続けるために花を咲かせ実をつける。だから種の存在が危機にさらされたりすると、いっせいに花をつけ実を結ぼうとするのである。つまり生存本能が活性化するわけだが、じつはそういう茶の木ではいい茶は出来ないことにもなる。その意味では、次の句は的を射ていると言うべきかも知れない。

茶の花や小石ましりの痩畑　　　里仙（仰魂集）

里仙が見た茶畑には、素堂が見た茶畑ほどではないにしても、きっとたくさん花が咲いていたことだろう。しかし、俳諧ということに戻って俳人たちのために言えば、花の数がどうの、匂いがどうのという俗事めいたことはどちらでもよかった。

茶の花は匂ひ手向んばかり也　　　亀水（枯尾花）

「枯尾花」は芭蕉の終焉を悼んで編まれた集である。桜であれ茶であれ、花は人の心を慰めるのだ。芭蕉に手向けるためにのみ茶の花はあるのだと思った亀水もまた、その花に自らを慰めるところがあったのであろう。

（資料）

俳諧茶合《あわせ》

凡例

一、資料「俳諧茶合」(発句約一五〇〇句、付合約六〇〇例)は、江戸期から現代までの諸種刊本を参照して、茶に関連する作品を抽出した。主な資料は巻末に記すが、蒐集はなお未了である。遺漏についてご教示いただければ幸いである。

一、発句は誤伝、存疑、後案なども判明する限り採録し、便宜的に分類した。分類項目間の重複は避けてある。付合は一括した。

一、収集対象資料の制作期間は長期にわたっているが、配列に当たっては制作時期の個別な特定が不能なものが多いため、一括で処理した。

一、作品および作者名の表記は各種資料の表記に従った。

一、発句の配列は分類項目ごとに作者名の辞書順とした。付合は前句もともに掲げ、付句の作者名の辞書順に配列した。

分類目次

発句の部

◆一般

茶をすゝる音なを寒し臺所　一井（曠野後集）
土焼の利休祭りやびはの花　一茶（一茶発句集）
茶の音に小家のぞくや桃の花　雨村（草苅笛）
山路來て茶にも匂ふや菊の花　乙由（麥林集）
茶に覚て抱籠ひとり寝かしけり　奇峯（更級紀行）
寒梅は茶うらにうとし朝ぼらけ　菊而（綾錦）
一椀に足る味汲ぬしぐれ月　菊舎（空月庵むだ袋）
恵みまちぬ白雲高くかほる風　菊舎（空月庵むだ袋）
若楓茶いろに成《なる》も一さかり　曲水（猿蓑集）
しばらくは茶色になりぬ若楓　曲水（談林一字幽覧集）
雨聲松を呼ンデ櫻茶に咲ケ初咄し　言水（庵櫻）
茶小紋も扨は似合ふか更衣《ころもがえ》　五明（塵壺）
我菴は茶にも酒にもさくらかな　砂明（三韓人）
茶染屋に鶯なくや此日和　支考（草苅笛）
茶をすする桶屋の弟子の寒さかな　丈艸（桃の実）
茶僧を見る梅干の影のごとくに来り　杉風（杉風句集）
茶僧月を見るに梅干の影のごとくに來　杉風（常盤屋の句合）
淡雪にぬれて來にけり茶羽二重　成美（一陽集）
茶の羽織着てもみよかしひとがすみ　成美（続成美家集）
いつか花に小車と見ん茶の羽織　素堂（素堂句集）
茶のために月うちならす氷かな　大江丸（俳懺悔）
茶に酔た振してくれぬ牡丹かな　知足（俳諧千鳥掛集）
初花や目さまし種の朝朗《ぼらけ》　貞徳（誹諧京羽二重）
郭公茶なし酒なしさりながら　之白（俳諧千鳥掛集）
しばの戸に茶をこの葉かくあらし哉　芭蕉（続深川集）
馬に寝て残夢月遠し茶のけぶり　芭蕉（甲子吟行）
馬上眠からんとして残夢残月茶の煙　芭蕉（三冊子）
馬上落んとして残夢残月茶の烟　芭蕉（赤冊子草稿）
手向せん茶の木花咲袖の下　百歳（續猿蓑）
鶯や松で二聲茶で四聲　野坡（野坡吟艸）
いねこぎも茶を呑たびのなみだかな　野坡（野坡吟艸）
茶多葉粉を借る隣あり蔦もみぢ　露川（西国曲）
誰が文ぞゆかし茶の事雪の事　來山（続いま宮草）
茶に減つて音羽は細し山櫻　麥水（葛箒）

◆茶摘

明ぼのや茶摘に犬もついて行　芦本（笈日記）
手につみてみよりの葉茶や鷹の爪　安永（玉海集）
我庵や都の茶つみ宇治の里　安静（鄙諺集）
君つまば茶にも成《なり》たしゐんの道　維舟（綾錦）
鳥の巣の跡揚て行茶摘かな　一松（誹諧京羽二重）
御仏の茶でもつまうかあゝまゝよ　一茶（七番日記）
折々は腰たたきつつ摘む茶かな　一茶（不詳）
茶もつみぬ松もつくりぬ丘の家　一茶（発句題叢）
古笠へざくり〳〵とこぎ茶かな　一茶（七番日記）
茶を扱やふくら雀の顔に迄　一茶（旅日記）
ごろり寐や先は扱茶も一筵　一茶（七番日記）
折ふしは鹿も立ち添茶つミ哉　一茶（七番日記）
つむ程は手前づかひの藪茶かな　一茶（一茶俳句集）
夫《それ》見舞高瀬は遅き茶摘哉　烏玉（百人一句）
籠の目に漸も溜る茶摘哉　雨川（月次発句）
茶山して田植に出るや時鳥　越闌（正風彦根躰）
出女も只の顔にて茶摘かな　越闌（正風彦根躰）
蜂か出て備崩るゝ茶つみ哉　干凉（稲筏）
蓑虫の巣はつみ残す茶の木哉　閑斎（西歌仙）
菅笠で雉子をふせたる茶摘裁　紀達（正風彦根躰）
宇治に来て屛風に似たる茶つみ哉　鬼貫（七車）

朝の間は笠を敷ての茶摘かな　菊舎（初手水）
摘はせで茶にあらしけり草の餅　菊舎（ふたたび杖）
初むかし祝ひむかしの茶摘哉　菊舎（鳳尾蕉）
藤の花さすや茶摘のになひ籠　許六（五老井発句集）
茶のはりにそゝつて咲や山ざくら　許六（韵塞）
手はじめは翌の茶山をはるの雨　暁臺（暁臺句集）
白雨や鼠巣に死ぬ茶木原　暁臺（暁臺句集）
はや摘や名乗もあへず三百斤　桂葉（俳諧小相撲）
鷹の爪もとる日をえらふ茶摘哉　玄茂（玉海集）
寝せた子に日の洩かゝる茶摘かな　古音（伊豆十二歌仙）
山つゞき朝日も宇治の茶摘かな　五瀬（浪化上人発句集）
物うりを畑でよぶや茶摘時　三谷（浪化上人発句集）
其中に眼鏡懸たる茶摘哉　三徑（庭竃集）
男狐につかれて帰る茶摘かな　始葉（西国曲）
豆煎に童のましる茶つみ哉　子興（ゆめのあと）
菅笠を着て鏡見る茶摘みかな　支考（東華集）
童部は人のたのまぬ茶摘かな　尺草（一字幽蘭集）
柳から見込《こめ》は庫裏の茶時哉　朱滴（稲筏）
山畑の茶つみをかざす夕日かな　重五（春の日）
宇治山のきせん群集《くんじゅ》は茶摘哉　重頼（犬子集）
手初めはいろはをえらぶ宇治茶哉　春可（犬子集）
茶摘からその通りなる曇かな　信昌（一幅半）

のこる木のつもり仕て見る茶摘かな　水甫（皮籠摺）
茶摘とてしら髪をなげく老女房　成美（あかつき）
茶つむとて恋のこゝろもなくなりし　成美（続成美家集）
しがらき《信楽》や茶山しに行夫婦づれ　正秀（猿蓑集）
茶の木見て麦に取つく枯野哉　青蘿（青蘿発句集）
頬紅の雉子も交りて茶摘哉　川紅（稲筏）
手も鷹の爪に名のたつ茶つみ哉　素丸（素丸発句集）
撰り取の娵とて極の茶つみ哉　素丸（素丸発句集）
むら雨に袖打ぬらす茶摘かな　蒼虬（蒼虬翁句集）
世を宇治の門にも寝るや茶つみ共　太祇（太祇句選）
我爪の鷹にははぢぬ茶つみ哉　知角（かすみをとこ）
摘ぬ葉も名残の霜に白茶哉　知元（鷹筑波）
六祖ではないか茶つみの破れ笠　知夕（西国曲）
世の業に少しなくさむ茶摘哉　樗山（俳六帳）
鼻の赤き女末つむ茶ぞの哉　泥水（庵櫻）
陰言の終には透る茶摘哉　桃司（俳諧たばこ盆）
摘みけんや茶を凩《こがらし》の秋とも知らで　芭蕉（東月記）
木がくれて茶摘も聞くやほととぎす　芭蕉（炭俵）
手拭か一人てあかし茶つみかな　晩柳（菊の道）
唐音の外に花あり茶摘唄　不白（不白翁句集）
茶はつまで身を宇治川の小鮎汲《くみ》　芙蓉花（續明烏）
一とせの茶も摘みにけり父と母　蕪村（新五子稿）

墨染に獨ことたる茶摘哉　未詳（華摘）
人もみな皮をぬぎたる茶つみ哉　孟遠（正風彦根躰）
萱ばたけ茶摘の汁にあれにけり　毛紈（篇突）
菜刀に菅笠すげる茶抓《つみ》かな　木導（正風彦根躰）
田植程笠はさはがぬ茶摘哉　也有（蟻つか）
合羽籠出して家中の茶つみかな　冶天（正風彦根躰）
花にいざ茶つみ用意も仕て置ぬ　野坡（野坡吟艸）
山ぶきや御免〳〵の茶つみ道　野坡（野坡吟艸）
駿河路でたばこ呑なら茶摘の火　野坡（野坡吟艸）
春雨や茶に延しをく妹がつめ　野坡（野坡吟艸）
手拭に素顔めでたき茶つみ哉　葎亭（葎亭句集）
何某の娘木深く茶つみかな　葎亭（葎亭句集）
柴舟の誉てわかるゝ茶つみ哉　葎亭（葎亭句集）
茶乙女と世に言ぬこそ恨なれ　葎亭（葎亭句集）
末葉摘む茶にも七騎の芳しき　郎峨（望のはな）
橘のかごともあらん茶つみ時　几董（晋明集）
手ぬぐひのはしに味ある茶摘かな　渭水（四十四）
茶の秋の朝さめにくしさくら賣　麥水（葛箒）

◆茶摘唄

背戸畑やいかに尼前《あまぜ》の茶摘歌　さかふ（俳諧新選）
木曾山やしごき奔るも茶つみ唄　一茶（七番日記）

鶯のだまつて聞や茶つみ唄　一茶（化五六句記）
欠《あく》びにもふしの付たる茶摘かな　一茶（一茶発句集）
山畑や手前遣ひの茶摘唄　一茶（一茶発句集）
僧正がおんどとるなり茶つミうた　一茶（一茶発句集）
午の時おぼつかなしや茶摘歌　蚊足（続虚栗）
午時《ひるどき》の覚束なしや茶摘唄　蚊足（春のおとづれ）
れき〳〵の小町のはてや茶つみ哥　菊阿（正風彦根躰）
唄計にも雇るゝ茶摘かな　菊舎（鳳尾蕉）
山門を出れば日本ぞ茶摘うた　菊舎（手折菊）
百姓も麦に取つく茶摘哥　去来（猿蓑集）
藪の根やあけてゆり出す茶摘哥　去來（菊の香）
山吹の花さへゆかし茶摘唄　五明（塵壺）
老も笠に皃《かお》を隠して茶摘唄　市柳（世事の凍解）
茶摘歌も巽上がりや宇治の里　尺布（俳諧新選）
春の日や茶の木の中の小室節　正秀（續猿蓑）
器量程聲は薫らぬ茶つみ哉　素丸（素丸発句集）
しれ者よ編笠着たる茶摘唄　蘇月（新虚栗）
屋根低き声の籠るや茶摘唄　太祇（不詳）
茶摘哥皃《かお》にほいろの日和哉　東吹（弥生次郎）
さがなしや野口山口茶つみうた　凸迦（正風彦根躰）
半日は汁のきほひや茶摘うた　日良（正風彦根躰）
一日の尻うち払ふ茶つみ歌　必化（俳諧新選）
春雨やはれ間〳〵の茶摘哥　不知（其便）
途中から茶つみも哥て別けり　風律（弥生次郎）
唄ふので等閑になる茶つみ哉　鳳朗（鳳朗發句集）
川舟の櫓に響きけり茶摘哥　葎亭（葎亭句集）
草臥《くたぶれ》て平たくなりぬ茶摘歌　寥太（不詳）
唄ふのは雇ひもふけの茶摘かな　籬風（世事の凍解）

◆茶畑

黄昏や花落かゝる茶の木はら　維駒（五車反故）
二番芽も淋しからざる茶の木哉　一茶（一茶発句集）
梅さけば茶の實植るときく日哉　乙二（をのゝえ草稿）
霧雨に屋ねよりおろす茶の木哉　鬼貫（鬼貫句選）
朝霜の花も奥あり茶の木原　去來（草苅笛）
櫻ちる小野の小町も茶の木原　句空（北の山）
茶の外に萩にをきたる露の玉　故構（正風彦根躰）
菊臥《ふす》や茶の木畠の行どまり　五明（句藻）
殘雪や茶山守る家の煤障子　五明（塵壺）
雉子鳴く茶山の雪もかげろひぬ　五明（塵壺）
茶囲《ちゃがこい》の物好見ばや梅の月　五明（塵壺）
いさぎよく末摘れたる茶木哉　粛山（華摘下）
ほたる見や向ふはたしか茶の木原　曙堂（物見塚記）
名月や寺の秘蔵の茶木原　昌房（あめ子）

名月や處は寺の茶の木はら　昌房（猿蓑集）
雉子啼《なく》宇治の茶木の覆哉　昌房（葛の松原）
うぐひすや茶の木畠の朝月夜　丈艸（浮世の北）
竹の子腹に生て山寺の茶に時宜しけり　人角（庵櫻）
つまぬ茶に火いろをかくる螢哉　政公（毛吹草）
羽拍子よどむ茶畑や雉子の声　正秀（落柿舎日記）
岡の麦茶の木は古き眺望哉　青蘿（青蘿発句集）
茶畠に霜こそつゞけ筑波山　千調（渡鳥集）
その息に茶の木はひくな大根引　千夾（幾人主水）
夕かげや茶木畑も接穂どき　撰蝶（はたけせり）
夏の夜や茶木の楯に敷むしろ　巣兆（曾波可理）
鳥なくや春雨あがる茶木畑　多代女（寂砂子集）
山畠や摘ぬ茶の葉に夏もたけ　蝶夢（草根句集）
山畑や摘ぬ茶の葉に夏もたけ　蝶夢（伊豆十二歌仙）
野の雪や高き所は茶の木原　蝶夢（草根句集）
茶の木原にとまる螢は火焔哉　能貫（玉海集）
稲すゞめ茶の木畠や迯《にげ》どころ　芭蕉（笈日記）
灌仏や門《かど》を出れば茶の木原　白雄（白雄句集）
にほひけり茶の木畑の初しぐれ　白晝（俳諧骨書）
黄鳥《うぐいす》のころがして行茶の実哉　冥々（三韓人）
たゞ廣う宇治の茶の木や冬籠　木因（笈日記）
茶畑には遊ばぬ宇治の螢かな　也有（蟻つか）
鶯や茶の葉にそゝぐ畑の觜　野坡（野坡吟艸）
道草の舌に茶のめをはつざくら　野坡（野坡吟艸）
茶を呑ば茶ばたけに降る時雨かな　野坡（野坡吟艸）
初霜や茶苑かやはら朝ぼらけ　野坡（野坡吟艸）
牛まれに茶道をかくす艳《もみじ》かな　嵐雪（玄峰集）
摘み〳〵て人あらはなる茶園かな　蘭更（不詳）
忍べとの水雞の聲か茶の木原　林紅（西国曲）
寺の花茶の木齅《くさき》ぞらみ成《なり》　臨江（陸奥衢）
つい摘に出ても川越す茶畑哉　和山（物見塚記）
茶の花に見とれて買うた畠哉　和道（皮籠摺）
うぐひすや茶の木の旭霜の菊　几董（晋明集）
啼は〳〵岨の茶園にほとゝぎす　哥蟬（葛の葉表）
茶ばたけや年貢すまして花盛　壽翁（四歌仙）
茶ばたけの木隠れ笠ぞ春の雨　麦水（葛箒）
一囲ひ茶の木ばたけの雲雀哉　麦水（葛箒）
茶の杜はまだ朝寒し子規　麦水（葛箒）

◆製茶

茶むしろの中にたてたるのぼり哉　芦本（皮籠摺）
卯花や茶俵つくる宇治の里　維駒（五車反古）
茶むしろと枕あはせやほとゝぎす　衣行（渡鳥集）
陰干の茶薗のひまや青簾　黄吻（おくれ雙六）

茶に近き筵織なり春の雨　乙由（麦林集）
その匂ひ茶にもみ込や華茨　乙由（麦林集）
茶筵に山路付て枝折かな　乙由（麦林集）
茶筵の帆に年波の早サかな　乙由（麦林集）
時鳥揉茶にまぜて初音かな　加流（北国曲）
あのごとく世にもまれてや茶の花香　菊舎（吉野行餞吟）
はな香あれば名もをのづからかぎ茶哉　久甫（犬子集）
みじか夜や人現なき茶師が許　暁臺（暁臺句集）
五月雨や団扇にのせて茶をあぶる　五明（句藻）
蒸々と茶筵はこぶ門の朝　柴居（春秋稿）
京にさへ茶をもむ人はもみにけり　松春（誹諧家譜）
居眠のやうに茶をもむ朝ぐもり　信晶（落葉考）
茶ぼこりの手をあらはばや真桑瓜　正秀（有磯海）
手にすへてえり茶や一羽鷹の爪　正朝（鷹筑波）
茶筵や坊主あたまを振まはし　千船（一幅半）
しかぞすむ茶師は旅ねの十三夜　其角（五元集）
茶師の蔵梢〳〵にかさなりて　其角（いつを昔）
茶筵に畳み込たり柿の花　樗堂（萍窻集）
葉を摘て又はをつむは聞茶哉　徳元（毛吹草）
螢見や勢多の茶時の天道干　之道（己が光）
山吹や宇治の焙炉の匂ふ時　芭蕉（猿蓑）
また摘ぬ茶をもむ風の柳哉　暮柳（暮柳発句集）

もの喰に茶筵かるや若楓　嵐竹（芭蕉庵小文庫）
山寺の茶をもむ場《にわ》や夏木立　葎亭（葎亭句集）

◆新茶

一人呑む茶も朔日ぞ青簾　一茶（七番日記）
新茶の香真昼の眠気転じたり　一茶（不詳）
旅人に昔がたりの新茶かな　乙由（麦林集）
香に匂ふ浅茅が宿の新茶哉　規風（新華摘）
時鳥よい茶を飲みて寝ぬ夜哉　祇明（ひなつくは）
ちりの世をすゝく新茶の匂ひ哉　祇明（祇明発句帳）
慕ひ来るも爰に新茶の薫りかな　菊舎（笈の塵）
むつまじき薫りなりけり新茶にも　菊舎（初手水）
汲みくまれ新茶に惜しむ別れ哉　菊舎（初手水）
かほるぬしの気もくみ添えて新茶哉　菊舎（ふたたび杖）
教へられて新茶汲みしも夢なるか　菊舎（ふたたび杖）
すり寄って茶に夕顔の暮たのし　菊舎（美濃・信濃行）
くみ初の千代や新茶の香より先づ　菊舎（漢詩・発句集）
千里かほれ新古へだてぬ茶の味も　菊舎（かゞみもち）
宿々はみな新茶なり麦の秋　許六（東海道）
新茶古茶夢一とせをかたる日ぞ　暁臺（暁臺句集）
裾分や新茶と人のいはぬうち　慶里（浪化上人発句集）
まくら迄新茶になりて郭公《ほととぎす》　鶏山（文くるま）

郭公はるかに蜀の新茶哉　才丸（虚栗）
ほとゝぎす新茶より濃聲《こき》の色　才麿（其袋）
厺笠に㛌をいぶして新茶哉　鷺貫（夏山伏）
山里や新茶の時の石秤　傘下（曠野後集）
僧達の袂を染むる新茶かな　支考（浮世の北）
宇治に似て山なつかしき新茶かな　支考（鼻日記）
關守も寝させぬ須磨の新茶哉　支考（蓮二吟集）
梅澤の香もなつかしき新茶哉　翠山（北国曲）
藪入やあしき茶の香もなつかしみ　成美（推敲日記）
見る事の新茶にすゝぐまよひ哉　青女（其袋）
新茶煮る暁おきや佛生会　太祇（太祇句選後集）
馬繋げ新茶かほらす萱が軒　蝶夢（不詳）
其味の千里も薫る新茶かな　冬雨（書画帳）
交りや新茶の縁に十団子　如水（書画帳）
おかさるゝ茶にも徳あり時鳥　如夕（綾錦）
川水もにほふて来るや新茶時　如蘭（雨の日数）
かうばしき骨や新茶の雲の色　巴人（類柑子）
駿河路や花橘も茶の匂ひ　芭蕉（炭俵）
化されて又笑れる新茶哉　梅道（順禮衆）
不意に薫る茶の味きくの扇子かな　不二庵（書画帳）
なつかしき古茶に床しき新茶哉　未詳（北国曲）
蝸牛《デデムシ》も共に熬らるゝ新茶哉　有隣（ばせをだらひ）
泡と消《きえ》し昔を思ふ新茶哉　由歌（俳諧小相撲）
出在家の物なつかしき新茶哉　葎亭（葎亭句集）
初穂から呑でさしたる新茶哉　露川（北国曲）
靈膳に新茶そゆるやひとつまみ　浪化（浪化発句集）
寝そびれる新茶も嬉し時鳥　老梅（帰る日）
便聞《きく》頃酒醒よ新茶時　几董（発句集）
唐土のさびしさ見せて新茶哉　寥太（寥太句集）
嵯峨の柴折焚宇治の新茶かな　寥太（寥太句集）
恵まるゝすゞしきけふの薫かな　泝流（書画帳）
新茶ぞと笈の掛子に一袋　滄波（別座舗）
恵み余るその風涼し茶の薫り　董路（書画帳）
猟人の念仏を聞く新茶かな　麥水（葛箒）

◆古茶

鶯も夏來て老の茶に聞かれ　一茶（たびしうゐ）
茶のふるみぬけつ小庭に虫のこゑ　燕説（西国曲）
古茶からの馴染心ぞ風炉の傍　菊舎（吉野行餞吟）
古茶にいざや宇津の山辺の十団子　菊舎（書画帳）
わびしらや春盡れども古茶啜《すする》　五明（塵壺）
古茶の香に味ひ初つ十団子　左流坊（書画帳）
肌ぬひで古茶かき出すや壺の庭　田札（正風彦根躰）
おもしろし今年は古茶に時鳥　暮柳（暮柳発句集）

わくら葉にいらんもやさし茶の匂ひ　暮柳（暮柳発句集）
あらためてかほりもすゞし古茶の味　裏遊（書画帳）
いざ古茶の名殘惜まん五月雨　露川（北国曲）

◆煎じ茶

姥櫻見るか茶を煮る松の風　徳窓（玉海集）
煤掃や正月めきし茶の煙　一茶（三韓人）
初空にならんとすらん茶のけぶり　一茶（一茶俳句集）
朝がほに茶を濃くにたる老女哉　烏月（新華摘）
煎茶《せんじ》や淡路のちどり須磨の庵　鋭秀（江戸蛇之鮓）
茶わかしてこゝに盧山の落葉哉　乙由（麥林集）
第一に煮煎じの間や雪見船　玉丈（西国曲）
煎茶《せんじ》に食《めし》粒の入《いる》師走かな　胡布（錢龍賦）
露に音あり誰住なれて茶の煙　士朗（枇杷園句集）
茶の烹て明はなしけり雪の菴　宗保（俳諧骨書）
なき母の香をなつかしみ煎茶時　秋風（俳諧雑巾）
酒よりもせんじ茶で見よ姥櫻　重頼（犬子集）
煎茶の捨から寒《さむき》みそさゝゐ　曙來（二笈集）
立かはり茶の下燃す夜寒かな　水魚（笈日記）
春雨やふるにさはらぬ茶の煙　成美（成美家集）
すゝ掃やひとり茶のわく物のかげ　成美（いかに〳〵）
茶を蒸る香やさそひけむ杜宇　成美（手ならひ）
一八や曉の戸塚の茶のけぶり　成美（谷風草）
祖父植し松は茶を煎ル庭落葉　素風（庵櫻）
遥拝に里は小春の茶の烟　荘丹（能静草）
雪を汲ンで猿が茶ヲ煮けり太山寺　其角（東日記）
白雨や茶を煎る所なを暗し　洞風（其便）
十月の中のあしたや茶の煙　鍋盛（靭随筆）
土も木もむつましき宿や茶のかほり　梅室（梅室家集）
鶯や雪折も茶の下にきえ　暮柳（暮柳発句集）
四五日の冬に茶のわく落葉哉　暮柳（暮柳発句集）
茶の下をあふぐ片手は枕かな　也有（うづら衣）
武蔵野や今は茶にたく枯尾花　也有（うづら衣）
冬籠渋茶の殻のたまるべし　野水（春のおとづれ）
茶を煎《いり》て時雨あまたに聞《きき》なさん　嵐雪（其袋）
木がらしや夜半過たる茶の出ばな　里東（俳諧勧進牒）
槿の匂ひ茶を煮る隣かな　立些（續の原）
茶をくんで柳に向ふ獨座哉　葎亭（葎亭句集）
茶斗歟《ばかりか》らかさるゝもの子規　露英（靭随筆）
露匂ふ寮に茶を煮る夕かな　几董（甲午之夏）
柴といふものに茶を煮る須磨の月　几董（丁酉之句帳）
春雨に又うるむ眼や茶の烟　几董（晋明集）
百姓の茶の濃いうちや桃の花　沾徳（俳諧古選）
麥搗《つき》や茶の下ひとり燃えて居る　沾風（薙髪集）

煎《せんじ》茶の湯気にしみるやけさの霜　為有（落柿舎日記）
せんじ茶の湯気にしめるやけさの霜　為有（渡鳥集）
春かぜや野口の寺の茶の煙り　臺下（春のおとづれ）

◆抹茶

雪に猶茶の色白し朝日山　徳元（徳元千句）
寒菊や薄茶こほる丶臼のはた　黑露（みをつくし）
若竹の宿に挽茶の匂ひかな　燕説（西国曲）
晴やあらむ茶に千秋の松の色　乙由（麦林集）
人も茶も初むかしなり夏木立　菊舎（くつわ虫）
さか手出す茶はのちむかし夕時雨　柴居（春秋稿）
小屏風に茶を挽か丶る寒さ哉　斜嶺（續猿蓑）
月こよひ濃茶ひかする里もなし　宗春（俳諧雑巾）
濃茶かもきけばねられぬ時鳥　重頼（毛吹草）
雪つめは葉さへ花さへ白茶かな　政通（玉海集）
月華の宿にもまる丶引茶哉　藤乃（西国曲）
色も香も花咲比は白茶かな　道味（玉海集）
雲なびく季読経のひき茶かな　芭蕉（月令博物筌）
花の香も同じ祝ひの白茶かな　芭蕉（芭蕉消息集）
名月や更てうす茶の薬降《ぶり》　買明（新撰武蔵曲）
引置の茶は覚束な郭公《ほととぎす》　晩得（哲阿弥句藻）
夏に入ば明る間遅し茶立むかし　鳳朗（鳳朗発句集）
むかしとは茶にも語らす年忘《わすれ》　巳酔（片歌東風俗）
薬研押す宿の寐時やきり〲す　野坡（野坡吟艸）
いせの海士に茶を吸せたる月見哉　野坡（野坡吟艸）
磨の茶は常盤の色や初しくれ　柳居（けふの時雨）
茶を飲てねぬや夜居の鷹の爪　友直（玉海集）
雨そぼつ春の名残や茶一椀　几董（其雪影）
ねぶの花茶挽坊主はいつとても　麦水（葛箒）

◆売茶

夕蔭や煎じ茶賣の日傘《からかさ》　一茶（新集）
蝶とぶや茶賣さ湯うり野酒賣　一茶（一茶俳句集）
湯桁から茶賣を呼や春の雨　一茶（一茶発句集）
屁のやうな茶も賣る也夏木立　一茶（一茶発句集）
一銭の茶にうつりけり八重霞　可都里（物見塚記）
信楽の茶うりがさげし干鱈かな　暁臺（暁臺句集）
昆布めせにつれてなつかし新茶賣　成美（いかに〱）
せか〱と茶賣も來るや山櫻　仙之（以左奈宇太）
茶売など湖水に捨て暮涼し　蒼虬（蒼虬発句集）
つらみせや茶売が股もくゞる時　晩得（哲阿弥句藻）
茶売去て酒売来たり梅の花　百池（夜半樂）
さみだれや茶うりながる丶大井川　冶天（正風彦根躰）
茶處の賣すそにほふ月見かな　野坡（野坡吟艸）

朝〱の茶売や飛てみそさゞい　和十（物見塚記）
山崎に茶舟はなふて行ゞ子　麥水（葛箒）

◆朝茶

紫の朝茶初《はじめ》ん藤のはな　一鷺（歌仙貝）
うの花や朝茶のいろは猶黄ばみ　一秀（俳諧奈都美津起）
朝々や茶がむまく成る霧おりる　一茶（七番日記）
茶を呑めと鳴子引なり朝霞　一茶（七番日記）
茶鳴子のやたらに鳴るや春がすみ　一茶（嘉永板発句集）
茶仲間や田も青ませて京参り　一茶（七番日記）
夕飯の茶にも詠《なが》める青田哉　一茶（一茶発句集）
朝茶のむうちは居よかし冬雀　乙二（をの丶え草稿）
朝茶のむ家睦じき乙鳥《つばめ》かな　佳棠（松のそなた）
朝の茶のにがきすすりつころもがえ　月草（わが住む里）
寒げなき雪の朝茶や釜せゝり　五明（塵壺）
黍の葉もそよぎて浦の朝茶哉　支考（蓮二吟集）
冬は猶奈良のならひで朝茶哉　宗祇（綾錦）
霜のまゝ今朝は茶に焚木の葉哉　初暦（更級紀行）
かんこ鳥晝の茶冷て水盡ぬ　成美（谷風草）
雉子啼て朝茶ぎらひの長閑なり　成美（ばら〱傘）
はつ秋や茶に梅干の朝もすき　成美（続成美家集）
雪溪を埋み今朝茶にあつき歸サ哉　生水（庵櫻）
茶に塩のたらぬ朝也はつしぐれ　蒼虬（蒼虬翁句集）
茶一ぷく鶉なく也朝の原　調實（白根嶽）
朝茶のむ僧しづかさよ菊の霜　芭蕉（柿表紙）
朝茶のむ僧静也菊の花　芭蕉（ばせを盥）
此ごろや朝茶夕酒うめの花　梅室（梅室家集）
朝兒《あさがお》やまだ茶に遊ふ大工町　楳史（夏木立）
朝茶濟んで毎日覗く接木哉　文誰（殘夢塚集）
衛士の茶の晝も燃るや春の雨　暮柳（暮柳発句集）
藁の火に晝茶沸すやびはの花　鳳岡（ばせをだらひ）
茶のけぶりなども朝なれ青簾　万和（俳諧新深川）
我が花は師走も寝酒朝茶哉　木丈（安永六歳旦）
鶯や朝起つれに茶を誉る　李冠（ゆめのあと）
呼入て朝茶のません鉢たゝき　魯鶏（ひなつくは）
風炉の茶や朝むらさきの杜若　几董（甲午之夏）
梺《ふもと》には宵の雨焚ク朝茶かな　沾涼（綾錦）
朝の間は茶にひと眺めけふの菊　霽呂（殘夢塚集）

◆茶振舞

人形に茶を運ばせて門涼み　一茶（おらが春）
接待や猫が受取る茶釜番　一茶（九番日記）
接待の名ぬしは石のほとけ哉　一茶（花實発句集）
小隱居や菊の中なる茶呑道　一茶（句帳）

藪菊や畠の縁《へり》の茶呑道　一茶（一茶俳句集）
ほどこしの茶さへ愛敬むすめ哉　一茶（一茶発句集）
接待や涼ミがてらの木下陰　一茶（一茶発句集）
下戸も茶て置かれぬけふの月見哉　逸水（世事の凍解）
卯の花の暮も見がてら茶振舞　乙二（をのゝえ草稿）
雷や門の茶による物がたり　伽香（有磯海）
朝顔やまた茶も煮へぬ先に客　寛里（年賀集）
あるじぶるも旅に珍し茶の花香　菊舍（聞集草）
初雪や幸けふの茶の御供　菊舍（都の玉ぎぬ）
初うりやまづ畑ぬしの茶振舞　暁臺（暁臺句集）
水風呂に茶をはこばせて春の雨　曲翠（有磯海）
祖父と祖母あつて茶をのむ雪の暮　古白（正風彦根躰）
鶯の笑《餌》壺にのるや茶振舞　五明（塵壺）
青柳の雨見て立り茶の給仕　御風（寂砂子集）
春雨や舩で習ひし茶の給仕　左來（寂砂子集）
茶をたべにはる〴〵雪のこみち哉　使帆（桃舐集）
蔦の宿なしと答へて茶もくれず　子德（的申集）
寂しさを茶に捜されて寒椿　市狂（笠の晴）
茶を入れて門の涼みや水いらず　秋策（俳諧奈都美津起）
茶を汲も又騒動な紙子哉　秋之坊（草苅笛）
接待にたゞ行人をとゞめけり　俊似（曠野集）
艸の戸に茶ひとつ乞狩《こえり》の君　召波（春泥發句集）

酒に閑古鳥なし茶に待暮は猶ゆかし　人角（庵櫻）
年の夜や大黒どのに茶申さむ　成美（随斎句藁）
接待に痩たる人をうらやみぬ　成美（随斎句藁）
辯慶に茶をほどこさむ露の秋　成美（続成美家集）
春雨や茶に呼ぶ東舎と西隣と　青蘿（青蘿発句集）
茶と酒の世の中あかき帋衣哉　青蘿（青蘿発句集）
夕涼ござれ田の家茶の花香　曾人（みはしら）
苦しさも茶にはかつえぬ盆の旅　曾良（春と穐）
茶もらひに此晩鐘を山櫻　其角（五元集）
砧うつ宿の庭子や茶の給仕　其角（五元集）
嶋むろに茶を申こそ時雨哉　其角（古学裁断字論）
接待や茶碗につかる珠数の房　蝶夢（草根句集）
春の日やゆふ月ごろの茶振舞　長翠（浅草はうご）
接待のはしら見立てん松の陰　釣雪（曠野集）
接待の禮の念仏や二三遍　鶴英（俳諧新選）
小僧等は茶を運ぶ也煤掃《すすはらい》　泥足（其便）
接待や卒塔婆の中の一烟　都雪（都曲）
煤掃や隣へ行と茶一服　等芳（伊達衣）
宿《しゅく》はづれ霜消る間は朝茶めせ　如泥（続虚栗）
川舟やよい茶よい酒よい月夜　芭蕉（もとの水）
茶と酒の林長閑し百千鳥　芭蕉（晋家秘伝抄）
茶は母に千草は醫者に衣配　晩得（哲阿彌句藻）

暖やそれを言葉に茶の無心　百郷（笠の露）
接待にきせる忘れて西へ行　蕪村（句集）
接待へよらで過ぎ行く狂女哉　蕪村（蕪村遺稿）
接待や菩提樹陰の片庇　蕪村（蕪村遺稿）
酒に待茶に待かへて月二夜　也有（うづら衣）
接待や水くさい茶の物あはれ　野風（皮籠摺）
名月や茶の香嗅出す数筵　野坡（野坡吟艸）
山茶花や茶とさかづきの客替り　野坡（野坡吟艸）
生柴に茶の出かぬる月見哉　夕兆（續有磯海）
接待や鵜飼が妻の施亡し　葎亭（葎亭句集）
せつたいの宇治拾遺にも似たりけり　葎亭（葎亭句集）
接待の我もやすらふ人の中　和榮（春秋稿）
接待の茶碗ぬす人泪かな　來山（續いま宮草）
涼しさや遠く茶運ぶ寺扈従《こしょう》　几董（井華集）
接待の茶にかき立る薬かな　几董（井華集）
せつたいや古郷へ帰るすまひ取り　几董（不詳）
水仙や茶たて坊主がしたり顔　几董（檀林会句記）
接待や田も世の中の嬉し聲　嘯山（俳諧新選）
茶に酔て宇治を立けり桃の花　麥水（葛箒）
長椽に茶はさめて來て椶櫚《しゅろ》の花　麥水（葛箒）

◆大服茶

大服や囲炉裏に席を作りつゝ　芦口（不詳）
大ふくや見ぬ唐土の今渡り　安茂（誹枕）
外ならば梅がとび込む福茶かな　一茶（梅室宛書簡）
福豆も福茶も只の一人哉　一茶（七番日記）
大ふくの茶碗に照るや春の色　観之（梧泉集）
大服や淡路も見さい茶臼山　鬼貫（七車）
くみ初る炉に大福の心かな　菊舎（不詳）
大福や宮古の空に打向ひ　菊舎（書簡）
大ふくの茶堂せよかし梅法師　吉次（玉海集）
大ぶくの茶のあつさにやむめぼうし　愚道（犬子集）
我いはふは大ぶく辰巳宇治茶哉　玄札（懐子）
大服や一碗は我が常ながら　玄武坊（玄武庵発句集）
大ぶくや梅干ほどの淡路嶋　舎番（正風彦根躰）
大ふくの茶物かたりや老の春　俊治（玉海集）
大ぶくの茶は越前をはじめ哉　徐刁（正風彦根躰）
おほぶくや泡とみし世の人のうへ　成美（谷風草）
大ふくの茶船や祝ふ難波へん　成林（俳諧小相撲）
大ふくをけふたてそむる江戸茶かな　正安（玉海集）
大ふくや花香もふかき井戸茶碗　清弘（俳諧小相撲）
大服や城を粉になす茶臼山　貞德（歳旦三つ物）
大ぶくやかはらぬ色を初むかし　不白（不白翁句集）

大ふくを祝ふや国土湯たくさん　冨見（延宝七年歳旦帳）
梅ほしや大ふくの茶のすき道具　保成（玉海集）
門松や茶にも朝日のにほひそめ　暮柳（暮柳発句集）
大服は去年の青葉の匂哉　防川（あら野）
くすしのや祝ふた大服茶調散　暉治（俳諧小相撲）
大服は目出た嘉例を引茶哉　經忠（延宝七年歳旦帳）

◆供茶

丈艸が宿や梅待茶摺小木　乙二（をのゝえ草稿）
魂祭挽茶は跡の物淋し　何云（伊達衣）
手向とはたはゝさりしを夏切茶　佳逸（年賀集）
陽炎を茶の煙とも殘夢塚　菊亮（殘夢塚集）
芭蕉忌や不易に茶飯坐禅豆　虚白（虚白句集）
ほそき手に茶臼廻して玉まつり　五明（塵壺）
茶を申をうなの声や寒念仏　召波（春泥発句集）
茶の泡の皃《かお》やはかなき涅槃像　推之（幾人主水）
茶の湯をやけふ盆たての玉祭　政之（鷹筑波）
魂祭放下が袖も茶湯椀　清風（おくれ雙六）
梅柳の故人茶に又雪の朝朗　青蘿（青蘿発句集）
はせを忌の古則や茶食茶の羽織　素丸（素丸発句集）
芭蕉忌やキ角が餅の冬牡丹　大江丸（俳懺悔）
落葉焼くけふの手向や七茶釜　知足（俳諧千鳥掛集）
はせを忌に薄茶手向る寒さ哉　樗良（樗良発句集）
寝やの蚊や御仏供焼《たく》火に出て行　釣雪（あら野）
はせを忌や茶飯ながらもみの尾張　晩得（哲阿弥句藻）
めぐむ茶の恵みを摘て手向かな　不白（不白翁句集）
亭ゝと清きを蓮の御茶かな　不白（不白翁句集）
春毎に勅許の居士や塚の花　不白（不白翁句集）
あなたうと茶もだぶだぶと十夜哉　蕪村（五疊敷）
手ゝに汲む釋迦にあべ茶の浮世哉　米仲（靭随筆）
西行の茶椀につきぬ苔の花　鳳朗（鳳朗発句集）
魂祭甥の居たらば茶のかよひ　北枝（北枝発句集）
水に酒茶には塩なし魂まつり　野坡（野坡吟艸）
茶は嗜《すき》で花はきらひな十夜かな　林紅（そこの花）
達磨忌や朝日一筋茶のけぶり　露琰（物見塚記）
はせを忌や飯をゆかりの茶に染ん　冢太（冢太句集）
御茶の口すつかりたつや七回忌　蘆洲（金花七発集）

◆茶屋

水茶屋に眠覺たり蟬の聲　硝水（陸奥衡）
茶たばこはいかほどなりと家櫻　雞應（北国曲）
出茶屋する人にしらさん初さくら　以扇（年賀集）
茶代とるとてならふ也菊の花　一茶（句帳）
青柳や二軒もやひの茶呑橋　一茶（旅日記）

茶やむらの一夜にわきし櫻かな　一茶（おらが春）
門楓茶色でらちを明にけり　一茶（句帳）
萍《うきくさ》の花よ來い〳〵爺が茶屋　一茶（七番日記）
茶屋の灯のげそりと暑へりにけり　一茶（七番日記）
存の外俗な茶屋有《あり》萩の花　一茶（発句集）
鶯も添て五文の茶代哉　一茶（不詳）
春雨のいくらもふれよ茶呑橋　一茶（不詳）
都ぢや梅干茶屋の梅の花　一茶（一茶俳句集）
貝殻で家根ふく茶屋や梅の花　一茶（文政句帳）
芋茶屋もうれしいものよ閑古鳥　一茶（一茶俳句集）
松茸や色ひなれにし茶屋のかゝ　一榮（おくれ雙六）
水茶屋に香はなきものを梅の花　因石（俳諧家譜）
水茶屋へはき寄て置く落葉哉　烏朝（田毎の春）
いかに茶屋明智なしとて花の陰　雨夕（俳諧雑巾）
水茶屋の世はわたりよき櫻哉　浦舟（物の親）
茶を据て花見ぬ姥や小町顔　黄花（陸奥鵆）
蔦の葉はおそらく赤し茶やの茶は　乙二（をのゝえ草稿）
茶のたてや蚊ふすべによるかり枕　含粘（藤の實）
茶屋の名も猶知れやすし姥桜　菊舎（師の友に）
かけ茶屋もまだ祖父ばかり初桜　菊舎（初手水）
冷麦や名ある峠の麓茶屋　菊舎（美濃・信濃行）
又たぐひ落花の烟茶旗の風　漁臼（新みなし栗）
菜の花の爰へも荷へ茶屋一つ　魚道（月次発句）
水鳥のまくらもかたし茶屋女　玉尺（十六景）
水茶屋に處の客や初ざくら　桐谷（氷餅集）
水茶屋をはなれて吹や青嵐　桂露（落葉考）
花そちるまはれと留よ茶屋のかゝ　玄的（俳諧本来道）
水茶屋も仕舞ふて己《おの》が涼《すずみ》哉　呉來（四季の友）
掛茶屋の杓子で払ふさくら哉　吾琴（花櫻帳）
なら茶屋も招く庭あり花八ッ手　吾山（あみ陀笠）
七夕や明星が茶屋かり枕　幸順（誹枕）
茶屋の火を見掛て扣くや鶏かな　左次（菊の香）
花吹ためて雪を煮る也木陰茶や　才丸（東日記）
出茶屋もが清水流るゝ柳陰　三保（俳諧小相撲）
口車の客も多さよいろは茶屋　三杠（江戸近在所名集）
梅でのむ茶屋も有るべし死出の山　子葉（類柑子）
色かえぬ姿は件二軒茶屋　支考（蓮二吟集）
前だれや紅葉の嵐茶屋の客　似水（東日記）
花の後茶屋の師走やけふの月　若水（鵲尾冠）
行春や下戸も酒飲鱸茶屋　樹徳（日光紀行）
ちやのやねもるやあられの鑵子哉　宗鑑（新撰犬筑波）
青柳の腰かけ茶屋や上臈衆　秋川（丙寅歳旦）
水茶屋の銀《かね》見せにゆく春辺哉　重則（新撰都曲）
水茶屋に壹歩も候《そろ》やけふの月　序令（錢龍賦）

せみの声茶屋なき岨《そば》を通りけり　召波（春泥発句集）
暁の夏陰茶屋の遅きかな　昌圭（春の日）
はる風やこまよせのある眼鏡茶や　松石（梧泉集）
ちか付を茶屋から名のる花見哉　松童（俳諧骨書）
床脇は梅さくかたか荷《にない》茶屋　丈艸（丈艸発句集）
水茶屋よどちへ行ふぞ雲の峯　正興（花の雲）
涼しさや駕籠に隙やる茶屋の店　正秀（藤の實）
ちる櫻こゝらに茶屋があつたもの　西隺（俳諧家譜）
川蓼や糺の茶屋か一夜鮓　石田（松のそなた）
切麥の茶屋に分たる清水哉　扇雩（一幅半）
すり針の茶屋や折ふし杜宇《ほととぎす》　疎竹（幾人主水）
心当の茶屋さへ遠き暑さ哉　素好（笠の露）
水茶屋もすゞみ支度歟《か》夕化粧　素登（俳諧奈都美津起）
出ぬ茶屋に欺かれても蓮哉　其角（五元集）
田植迄水茶屋するか角田川　其角（別座鋪）
田植まで茶見せ出すや角田川　其角（伊達衣）
嫁みせに出て來る茶屋の落ば哉　太祇（太祇句選後編）
陰若き楓や茶屋の片柱　中和（靭随筆）
筆のなき茶屋の硯や山櫻　蝶夢（草根句集）
水茶屋の骨もあらはに時雨哉　鳥酔（星七草）
たへてみん代〻茶やの望月夜　直能（玉海集）
螢見や茶屋の旅籠の泊客　珍碩（己が光）

初はなの手引や恋のいろは茶屋　鶴道（江戸近在所名集）
藤さくや茶店に絶へぬ杖と笠　泥花（仰魂集）
腰かけも長ひ茶みせや藤の花　兎公（頭陀の旅寐）
上野谷中花や根に持つ茶屋かつら　東水（東日記）
大勢の茶屋の過行さくら哉　桃里（曠野後集）
かけ茶屋に活ずもあると赤つゝじ　如籟（春秋稿）
石の枕に鮨《すし》屋ありける今の茶屋　農夫（田舍の句合）
苫すゞし橋より覗く茶の匂ひ　巴山（華摘）
低う来る茶店も藤の花の縁　芭蕉（芭蕉翁句解参考）
水茶屋の薄べりかるし春の風　麦雨（伊豆十二歌仙付録）
水茶屋の釜もたきるや蟬の聲　半水（稲筏）
花に茶屋かりのやどりもよし簀哉　晩得（哲阿弥句藻）
短夜を茶屋は水鶏の空ね哉　晩得（哲阿弥句藻）
人を呼ぶ聲鶯や菜飯茶屋　百齢（順禮衆）
帷子《かたびら》の干《ひ》る内枕台《うちまくらだい》の茶屋　不詳（俳諧觽）
道邊の色はこと〴〵し茶屋立《たて》て　不詳（秋の夜評語）
しら梅や北野の茶店にすまひ取　蕪村（佛袋）
花火せよ淀の御茶屋の夕月夜　蕪村（句集）
名月や夜は人住まぬ峰の茶屋　蕪村（句集）
かしこくも茶店出しけり夏木立　蕪村（遺稿）
峯の茶屋に壮士餉《かれひ》す若葉哉　蕪村（遺稿）
一軒の茶見世の柳老にけり　蕪村（夜半樂）

掛茶屋の出た日は暮る櫻かな　風子（平安二十歌仙）
梅はあり爰《ここ》でのまずば茶屋の酒　文桂（談林一字幽覧集）
出茶屋まて雨に追るゝ日傘哉　文徑（年賀集）
錢突て花に別るゝ出茶屋かな　抱一（屠龍之技）
つる高き松の木陰や花見茶屋　抱一（屠龍之技）
ふり切てかへるやお茶のうすなさけ　方竹（玉海集）
何処もまた出茶屋は見えす初さくら　飽我（殘夢塚集）
橋かけて中嶌涼し茶の通ひ　北枝（そこの花）
二軒茶屋二軒立ちたる幟かな　麻兄（俳諧新選）
雉子啼や茶屋より見ゆる萱の中　蓑立（藤の實）
ゆく春や花によごれし荷ひ茶や　也有（蘿葉集）
ちり残る茶屋はまだあり花のもと　也有（うづら衣）
水茶屋の軒に浪あり藤の花　夜魚（歌仙貝）
茶屋の茶もにほふ時なりほとゝぎす　野坡（野坡吟艸）
ほたる見や風は茶臭き懸作り　野坡（野坡吟艸）
短夜や淀の御茶屋の朝日影　雄山（続明烏）
壬生念仏《ねぶつ》茶屋の夜迯は哀也　陽和（笈日記）
春風や茶屋かけ並ぶ六田の口　嵐外（はりまのあんご）
茶店穢レ塵山吹うつる水呑ん　蘭杜（新みなし栗）
明にけり紅葉焚野の鏡茶屋　倫仙（綾錦）
蟬暑し大師の茶屋に日照雨　露計（五十番句合）
歸らん事をわするゝは小娘涼し木陰茶屋　六水（庵櫻）

若葉して梶が茶みせの夕日かな　几董（甲午之夏）
初汐や岸の隣の御鯛茶や　几董（丁酉之句帳）
茶やが碁盤ほこりつもるや年の昏　尹雪（東日記）
味の替る出茶屋の酒や春の雨　淇水（世事の凍解）
水茶屋の名も是からや杜若　蘆笛（稲筏）
水茶屋の簾もおろす日やねはん像　麥水（葛箒）
淡雪に茶店は出たり初芝居　麥水（葛箒）
桃柳茶も見おろすや七面　麥水（葛箒）

◆炉開

爐ひらきや時雨るも京せぬも京　黑露（みをつくし）
炉開やあつらへ通り夜の雨　一茶（七番日記）
爐開や勧学院の鳩雀　一茶（一茶俳句集）
開く爐に峯の松風通ひけり　一茶（一茶俳句集）
炉開のこゝはおやぢの柱哉　雨青（草苅笛）
炉と共に開く賀筵かいくひさしく　雲左坊（世事の凍解）
炉開やまだ新しき石の苔　可隙（十八番句合）
爐びらきや炭の香守る人の皃《かお》　霞夫（續明烏）
炉びらきに伴へ梅の咲加減　帰楽（続一夜松後集）
炉開きや上座に転ぶ火吹竹　季正（笠の露）
開く炉に関守もなしつぼひとつ　菊舎（空月庵むだ袋）
炉開や天の岩戸はいざしらず　菊舎（空月庵むだ袋）

炉開に手つどふも庵の客ぶりか　菊舎（笠の晴）
爐開や炭に菊の香櫻の香　虚白（虚白句集）
爐開や維摩の室に入る心　虚白（虚白句集）
爐びらきや茶には和敬も清寂も　虚白（虚白句集）
爐開や今朝から白き伊吹山　虚白（虚白句集）
爐開や花ま傳《で》は身の寄せ所　虚白（虚白句集）
爐ひらきや儒者も和尚も神主も　虚白（虚白句集）
爐開や蠅さへ目立つ新疊　虚白（虚白句集）
爐に自在鍵や一間を一世界　虚白（虚白句集）
客去たあとハ爐の間に坐禅可難《かな》　虚白（虚白句集）
爐ひとつの菴や瓢に米五升　虚白（虚白句集）
炉開や是から猫も老の友　曲枝（俳諧たばこ盆）
ろびらきや家の住居の花紅葉　玉羽（十八番句合）
炉びらきやどちらに寐ても壁の際　桐之（草苅笛）
爐ひらきやことしの炭のおこり口　虎の女（春秋稿）
ろびらきや五月雨比のしめり灰　五汁（水鳶苅）
爐びらきや籬に忍ぶ料理人　五明（塵壺）
爐開に痩て出たる火箸哉　五明（塵壺）
爐ひらきに空心ある時雨かな　山店（春のおとづれ）
炉開や一枝梅の古ごよみ　四明（俳諧たばこ盆）
炉びらきやけふも灯下に老の日記《にき》　召波（春泥発句集）
爐開や庭はあらしの樅を吹　召波（春泥發句集）

炉開きや落そふとせし置頭巾　松青（卯花集）
炉ひらきや先獨服の茶の手前　松路（世事の凍解）
炉開キや汝を呼ブは金の事　晋子（類柑子）
爐ひらきや先ありつきし母の顔　青蘿（青羅発句集）
鹿啼て爐ををしむなる夜半哉　接江（春秋稿）
爐ひらきやまだ蟬の下こかれ　雪井（旅の日数）
炉開や牛には早き宇治の状《さま》　素丸（素丸発句集）
爐びらきや隠居の金の動く時　素丸（素丸発句集）
爐開や障子を張れば椽古く　素丸（素丸発句集）
爐びらきや半切紙も幾通り　素丸（素丸発句集）
爐をうしろに寝ざまわびしき榾火哉　素蘭（春秋稿）
爐びらきや台目を通う柄杓の影　其角（春のおとづれ）
爐開や世に遁《のがれ》たる夫婦合　太祇（太祇句選）
炉開きや手向こゝろの柄杓遣い　大阿（誘ふ杜宇）
爐びらきや泥鏝《こて》のひかりも八日月　大江丸（俳懺悔）
炉ひらきや常の柄杓はとらぬ手も　只樂（笠の露）
炉びらきや置手拭に置頭巾　知夕（西国曲）
炉開や日のさすかたへひらた蜘　蝶夢（草根句集）
炉開や赤くなりたる鉄火はし　蝶夢（草根句集）
炉ひらきや木葉つらぬく竹火箸　蝶夢（草根句集）
爐を明て友一人得し心かな　蝶夢（草根句集）
冬の蠅飛で命を爐の匂ひ　鳥路（春秋稿）

炉開きや江戸の圖で見る目黒山　貞佐（桑々畔発句集）

炉開や翌ありと思ふ心から　吐月（発句類聚）

炉をひらく心に寒きゆふべかな　斗墨（春秋稿）

炉びらきと山家の聟が勧めけり　二雞（西国曲）

路ひらきや咄しも楽し釜の音も　如柳（世事の凍解）

炉開や竹の骨折風の音　巴東（そこの花）

炉開や左官老行鬢の霜　芭蕉（韻塞）

炉びらきやかはる机の置處　梅子（葛の葉表）

炉びらきや小野をかたれば厂《かり》の啼　百雉（葛の葉表）

炉開や欠る上座の主哀れ　瓢古（誘ふ杜宇）

爐開や裏町かけて一住居　蕪村（蕪村遺稿）

爐開や雪中庵のあられ酒　蕪村（蕪村句集）

炉開や餘興の廣間設け置き　民路（夏木立）

炉びらきや一間の畳追まはし　柳市（伊豆十二歌仙）

炉開や廻す匂ひも華三島　有中（袂糞）

記念かと見るも悲しや手爐の錆　養花（誘ふ杜宇）

ろ開《びらき》の日を標野の冬菓かな　嵐雪（春のおとづれ）

炉開はせずまんぢうに服紗とは　蘭台（江戸名物鹿子）

炉開や桜くれたる古手紙　吏登（吏登句集）

炉びらきや常の不性に似も付ず　葎亭（葎亭句集）

炉開や數代得意の疊さし　葎亭（葎亭句集）

炉開きや老も居安い座とはなり　露蝶（笠の晴）

爐びらきや紅裏《もみうら》見ゆる老のさび　几董（井華集）

炉びらきや左右にかしづく妾《てかけもの》　几董（発句集）

爐ひらきて三冬たのしき心かな　几董（丁酉之句帳）

爐びらきにまいる土斎が扇哉　几董（晋明集）

炉びらきや霜踏大工二日ほど　寥太（寥太句集）

炉開きになき人来ませ罔兩《かげぼうし》　枳風（俳諧寂栞）

けふひらく爐にものゝなきひと間哉　淇水（春秋稿）

爐開や雨しめやかに女客　霽月（霽月句集）

ろ開や片はハ寒きひはの花　麁苺（一人一首）

◆口切と夏切

口切に時雨をしらぬ青茶哉　徳元（犬子集）

口切やひらりと青き生《いけ》山葵　筠戸（みをつくし）

時雨せよ茶壺の口を今切ぞ　一茶（七番日記）

口切や取分《わけ》て啄《つむ》小廣蓋　越人（鵲尾冠）

道三の白湯に口切る人もがな　艶士（陸奥衛）

口きつてまつと手向る茶湯かな　完古（仰魂集）

口切た茶も手向とはなりけるか　岩仙（誘ふ杜宇）

口切やこゝろくるまに前車　鬼貫（七車）

我數寄をしって秋から口切か　菊舎（九州再遊）

口切や万象の味も此うちに　菊舎（九州再遊）

から大和寄て一味や口切茶　菊舎（都のしらべ）

口切の小春に櫻尾古志かな　菊舎（実る秋）
口切や花にハ吉野茶にハ宇治　虚白（虚白句集）
口切や仙家の霞汲よりも　虚白（虚白句集）
口切や亭主娘に客若衆　玉蛾（靭随筆）
口切と隣あはせや根深汁　吟水（北国曲）
口切や心に遠き壁隣　湖中（靭随筆）
口切や花香殊なるふくかげん　左雄（聞集草）
口切や火ばしに捨るきり〳〵す　耳得（更級紀行）
口切や京銀借りの徳意寄《よせ》　朱拙（ばせをだらひ）
口切の時に使や一しぐれ　殊正（誹諧當世男）
口切の客こそみよりたかのつめ　秀朝（玉海集）
口切や寺へ呼れて竹の奥　召波（春泥発句集）
口切や弾正といふ人のさま　召波（春泥発句集）
御茶壺の口もならぶや丸頭巾　雀枝（西国曲）
口切やおもひ出ればかげぼうし　成美（一陽集）
口切やおしつくねたる世帯むき　成美（ばら〳〵傘）
口切や講肝煎を筆がしら　正秀（有磯海）
口切やたしか内儀は小紫　青峩（反古衾）
菊の香や茶に押合ふも此日より　千代（千代尼句集）
口切や濁らぬ水の友ゑらみ　素丸（素丸発句集）
口切や袴のひだの線蘿蔔《せんたいこ》　其角（ばせをだらひ）
口切や左右にしたる智者福者　存義（古來庵発句集）

口を切る瓢や禅のかの刀　太祇（太祇句選）
口切や花月さそふて大天狗　太祇（太祇句選）
口切のとまり客あり峯の坊　太祇（太祇句選後集）
口きりやこゝろひそかに聟撰《えらみ》　太祇（太祇句選）
口切やつる松太夫いまだ来ず　大江丸（俳懺悔）
くちきりや御次はならのあられ樽　大江丸（俳懺悔）
口切やほとけを客の初むかし　茶雷（はなしあいて）
口切や枯野の宿は初若菜　調管子（富士石）
口切やはつ郭公音羽焼　調泉（江戸弁慶）
くちきりや醤は付たりの開門　超雪（靭随筆）
初雪もつれて口切白茶かな　貞徳（犬子集）
箒木は口切壺の掃地哉　貞徳（犬子集）
口切のこゝろいそぎや散松葉　天府（續一夜松前集）
口切に二三貼ほどしくれかな　兎岡（二笈集）
口切や水の合うたる客二人　吐月（発句類聚）
口切や聟取當て置頭巾　桃隣（古太白堂句選）
口切に千服茶磨淋しけれ　桃隣（古太白堂句選）
口切に境《堺》の庭ぞなつかしき　芭蕉（深川集）
口切のまたぐおもひや日本橋　氷花（杜撰集）
朝顔につゞくや菊に名残の茶　不白（不白翁句集）
天地のめぐみ身にしむ名残の茶　不白（不白翁句集）
口切の沙汰に及ぶや色付柚　不白（不白翁句集）

口きりや友を松葉の敷心　不白（不白翁句集）
くち切や千世もと契る竹の色　不白（不白翁句集）
口きりや日〻に重る松の霜　不白（不白翁句集）
壺の口ひらく富貴や冬牡丹　不白（不白翁句集）
口切や小城下ながら只ならね　蕪村（不詳）
口切の隣も飯のけぶり哉　蕪村（句集）
口切や梢ゆかしき塀どなり　蕪村（不詳）
口切や喜多も召されて四畳半　蕪村（句集）
口切や五山衆なんどほのめきて　蕪村（蕪村句集）
口切や今朝はつ花のかへり咲　風虎（江戸蛇之鮓
口切の茶入や宇治の橋姫手　風虎（誹枕）
口切や其みなもとの茶の木原　分橋（北国曲）
口切て茶も手向はや恩の日に　文路（仰魂集）
口切や南天赤しうめ白し　抱一（屠龍之技）
口切やいつも初音の釜の音　鳳足（新類題発句集）
くち切やことし作りしふくべ共　木導（有磯海）
口切やことし作りの瓢ども　木導（春のおとづれ）
口きりや峰のしぐれに谷の水　野坡（野坡吟艸）
口切を茶頭にせめて手むけ哉　陸船（はなしあいて）
口切もけふに成たる茶湯かな　浪化（浪化発句集）
口切や世にかくれたる器《うつわもの》　和流（俳諧新選）
口切の菴や寝て見るすみだ河　几董（井華集）

口きりや此寒空のかきつばた　几董（井華集）
まつ宵や樽の口切《きる》夕あかり　几董（日発句集）
口切やある夜の客に芝居者　几董（晋明集）
口切や此寒ぞらのかきつばた　几董（晋明集）
口切や羽柴明智の膝頭　嘯山（俳諧新選）
口切や苔の價も唐にしき　寥太（寥太句集）
口切や海苔の價も唐錦　寥太（発句類叢）
恵まるゝ茶や口切の芳しさ　巒水（聞集草）
口切やのしめの裏の貧乏さ　洒堂（桃の實）
口切やけふ三の間の花に逢　溪々（俳諧十六日）
口切に人數ふゆることしかな　龜翁（俳諧勧進牒）
夏切に茶入やひらくなすび汁　徳元（未詳）
口切やはやして通る天《そら》の雁　一茶（書簡）
よい雨や茶壺の口を切る日とて　一茶（七番日記）
西山の口切巡りしたりけり　一茶（七番日記）
口切の天窓《あたま》數なり毛なし山　一茶（一茶発句集）
口切や北はしぐれの手くらがり　雨人（松のそなた）
それと薫る心くばりや夏切茶　菊舎（一声行脚）
口切や三とせなからの初むかし　句龍（さし柳）
口切や茶巾さらして越の雪　桂葉（俳諧小相撲）
夏切や細川殿の八重むぐら　才麿（不詳）
茶の口を切て枯野の手向哉　子彬子（さし柳）

口切やまだ浦嶋が夢の内　紫弄（十六景）
夏切の茶に追悼や和哥の友　守朴（伊達衣）
夏切の壺のかほりや蓮華王　重治（鷹筑波）
口切や白洲に木の葉蒔せけり　朝雀（幾人主水）
口切や湯気たゞならぬ臺所　蕪村（不詳）
壺の口切目たゞしき茶請哉　幽明（俳諧小相撲）
三ぶくの夏切あやし大茶壺　當信（鷹筑波）
口切の手紙の軸も三とせ哉　葦仕（さし柳）

◆茶室と茶の間

爐へかゝむ腰も紫雲の和巾哉　誾如（みをつくし）
掃ぞめや數奇屋がゝりの玉襷　汶平（おらが春）
窓に入月おもしろや茶のはな香　キ柳（市の庵）
器世間や自由を富に炭せゝり　昨非（みかへり松）
草庵に人音もありはつ時雨　三字（靫随筆）
窓ぶたになるやしぐれの松のかげ　士朗（枇杷園句集）
夜もすがら月の傅《もり》する菴かな　士朗（枇杷園句集）
まはり炭の火花やいはゝうつ櫻　重順（玉海集）
梅咲リ松は時雨に茶を立ル比　杉風（武蔵曲）
菴の竹霜の降べき夜なりけり　宣頂（春秋稿）
もの云はぬ亭主ぶりかなけふの月　荘丹（能静草）
後の月茶人の後架みゆる也　多代女（寂砂子集）

數奇ざしき入て品あるあへしらへ　長頭丸（新増犬筑波）
既望《いざよい》や茶道をかたる人ふるし　桃酔（春秋稿）
飛石の跡踏ばかり雪の杖　不白（不白翁句集）
胴炭も置心よし除夜の鐘　不白（不白翁句集）
我菴は臺司の方を恵方哉　不白（不白翁句集）
はばかりの一間や雪に廻り炭　不白（不白翁句集）
雪解けや飛石一つ二つ三つ　不白（不白翁句集）
水無月も鼻つきあはす數奇屋哉　凡兆（猿蓑）
秋草や茶人落つく水の冷　野坡（野坡吟艸）
羽箒の雁こそかへれ床の山　幽風（誹枕）
茶の外に酔ものもなし菊の菴　岷雪（雲と鳥）
よみ初もうらからおかし茶道口　麥水（葛箒）
雪ふりて乳母尻ゆする茶の間哉　松風（桃舐集）
百菊もさくや茶の間の南向　嵐竹（芭蕉庵小文庫）
御座綿や寒き茶の間の吹通し　浪化（浪化発句集）
ぬくそふな茶の間の床や冬牡丹　喃甫（仰魂集）

◆茶の湯

大茶湯其代はおかし庭竈《かまど》　一翠（江戸蛇之鮓）
十月の中の十日を茶の湯哉　一茶（七番日記）
ちるはなをいはゞ涙の茶杓哉　烏巣（曠野後集）
早梅や美濃と近江の茶事にも　雨亭（みかへり松）

松葉散るふすべ茶の湯の跡床し　燕説（西国曲）
炑風を松に吹せて茶數寄哉　可吟（草苅笛）
りん〳〵と友まつむしの茶の湯哉　喜之（玉海集）
まごゝろに花をもたつる茶湯哉　季吟（年中日〻の発句）
茶の湯とてつめたき日にも稽古哉　亀翁（俳諧勧進牒）
朝顔や世々に其名も茶に薫り　虚白（虚白句集）
さればこそ茶人しらなみ玉椿　言水（初心もと柏）
元日の心や雪の朝茶の湯　孤舟（卯辰集）
胡座にて茶の湯はなるか冬籠　五明（塵壺）
茶の湯にぞ炭やならべるよきの友　三重（俳諧小相撲）
茶湯者が春の始のはれの客　宗鑑（新撰犬筑波）
摂待はうら盆立の茶の湯哉　重供（毛吹草）
かまふろの茶の湯坊主かやせほうし　重弘（鷹筑波）
まはり手前立るや御茶の花車　勝信（俳諧小相撲）
朝霜や茶湯の後のくすり鍋　丈艸（有磯海）
幕張ルと野風炉に茶道畏ル　吹葉（鵲尾冠）
かくれかねて數寄者世にすむ若楓　成美（谷風草）
一里の茶事も過て合歓の花　成美（谷風草）
手して汲水や墨田のはつ茶湯　成美（厚薄集）
連翹に問《とふ》茶の湯物主や誰　青流（江戸筏）
茶執行や渡りくらべて瀬戸の雪　千丁（東日記）
とく〳〵の水まねかば来ませ初茶の湯　素堂（素堂句集）

茶事して見るや棗の花盛　直吉（俳諧小相撲）
袖摺のかざり松有初茶湯　天府（新雑談集）
彝の茶の湯へのぞく住居哉　如竹（秋田蕨）
花におく露は泪の茶杓かな　梅振（庭竈集）
茶の道や古きをもてけさの春　不白（不白翁句集）
淡雪の降も茶湯の花香哉　不白（不白翁句集）
初雪やせめて薄茶の仕廻迄　不白（不白翁句集）
たてまつる御茶や薫る風の色　不白（不白翁句集）
松虫やりんとして待つ知らせ鉦　不白（不白翁句集）
花寄せや心々の唐錦　不白（不白翁句集）
ゆずりはの末葉こやせよ千代の春　不白（不白翁句集）
稲葉殿の御茶たぶ夜や時鳥　蕪村（句集）
初雁や皃《かお》もちあぐる茶湯客　風国（菊の香）
山茶花に茶をはなれたる茶人哉　北枝（草苅笛）
羽箒は実《げに》炭とりのはがひ哉　未詳（犬子集）
朝顔に島原ものゝ茶の湯哉　無腸（続明烏）
正客の行儀崩さぬさむさかな　野坡（野坡吟艸）
花も入お茶もたつたりふろの數奇　利正（鷹筑波）
葉柏や風と時雨し數寄屋道　露章（虚栗集）
茶の湯者の袖の雫や松の露　露川（西国曲）
餅搗の日も好斎が茶湯哉　几董（丁酉之句帳）

◆茶壺と茶釜

壺の茶のとふから尽てむかし寺　乙二（をの、え草稿）
茶壺割座敷相撲や従兄弟同士　許六（五老井発句集）
お茶壺や朝日が嵩を年始　言水（誹枕）
葉茶つぼやありともしらでゆくあらし　宗因（卯辰集）
御茶壺で白川とても鰹かな　檀泉（類柑子）
きりつぼのおちやは末摘花香哉　利貞（鷹筑波）
たぎりてや湯玉たばしる霰釜　徳元（未詳）
花香ある茶の湯の釜やあみだ堂　徳元（未詳）
蝶〳〵のふはりととんだ茶釜哉　一茶（おらが春）
小むしろや茶釜の中の夏の月　一茶（嘉永板発句集）
人の日や茶釜の蓋もいそがしう　花扇（梧泉集）
釜釣れば烹音《にえおと》涼し松の涛　菊舎（不詳）
釜音や木がらしは世の外に吹き　菊舎（ふたたび杖）
釜の煮や冬の梅が香松の涛　菊舎（都の不二）
夏の月縄手の茶釜たきりけり　戸竹（武埜淡笑）
我が茶釜涅槃なりとてなくやらん　五明（塵壺）
花咲ば茶釜をみがけ山法師　樵花（椎の葉）
千貫の釜沸きかむ冬至の夜　成美（一陽集）
後の世も光れ茶釜の朧影　素丸（素丸発句集）
はつ雪や宇治の小茶師の獨釜　巣兆（徳万歳）
茶釜ほどある麩なきかの牡丹哉　巣兆（曾波可理）
駒とめて釜買獨けふの月　其角（五元集）
橋立の蛙汲來る茶鍋かな　丁國（美佐古鮓）
松吹くや茶釜のたぎり諫鼓鳥　調和（富士名）
釜かけん壁も障子も梅の月　白遁（梅の眉）
忘れんと暑に釜のかけ直哉　晩得（哲阿弥句藻）
鶯や茶釜の中も朝日山　暮柳（暮柳発句集）
青嵐ふくや小寺の古茶釜　里叟（はたけせり）
山田うゑ僧都の茶釜傾けぬ　惠風（俳諧奈津美都起）
白梅に磨く茶釜の光かな　莎徑（せき屋でう）

◆茶碗

茶の外や織部を以て雪の景　一松（誹諧當世男）
茶碗ひとつかり出したる清水かな　一男（卯辰集）
梅が香やどなたが來ても欠茶碗　一茶（旅日記）
名月や石の上なる茶わん酒　一茶（一茶俳句集）
名月や茶碗に入れる酒の錢　一茶（一茶俳句集）
取かへす玉にもがもな萩茶わん　一鐵（誹枕）
仁清や夏を焼出す水茶碗　閏之（俳諧雑巾）
鶯やさむきけしきの茶碗売　雲乎（浅草はうご）
谷川や茶袋そゝぐ秋のくれ　益音（俳諧千鳥掛集）
名月のあめやついでも印度《イド》茶碗　越人（鵲尾冠）
船頭が茶碗よ誰か夕すゞみ　横几（談林一字幽覧集）

うぐひすや茶碗やく家の朝の月　可明（春秋稿）
天目に小春の雲の動きかな　菊舎（不詳）
月やうつす上戸の姿見大茶わん　自性（東日記）
初霜や茶碗を握る掌《たなごころ》　秋来（五車反故）
しら粥の茶碗くまなし初日影　丈艸（丈艸発句集）
さみだれや三日見つめし黒茶碗　成美（手ならひ）
朝がほのさく間にわれし茶盌哉　成美（ばら〳〵傘）
名月やお室茶盌も夜の玉　成美（ばら〳〵傘）
福壽草抜た茶碗ぞさくら草　素丸（素丸発句集）
茨さくや茶碗のかけも散まじり　素丸（素丸発句集）
葛水の百箇の池や錫茶わん　素丸（素丸発句集）
梅がゝのすがたをいはゞ黒茶碗　素郷（關清水物語）
曲水にあの氣違は茶碗哉　其角（五元集）
萩すゝき同じ茶碗や摂取不捨　存義（靫随筆）
暦手の茶碗もとしの古び哉　泰里（其雪影）
亂《みだれ》そふ萩の車や茶碗書《がき》　大町（類柑子）
正月も四日五日や茶椀賣　馬佛（笈日記）
大ぶくやかへり三嶋の古茶碗　不二（不詳）
買人《かいて》待ッうちは茶碗に茅花哉　文錦（鵲尾冠）
冬籠る茶椀の昔其むかし　米翁（蘇明山荘発句藻）
黒楽の茶碗の欬やいなびかり　抱一（屠龍之技）
音すみて暮秋にわれし茶碗哉　鳳毛（春秋稿）
大黒も茶碗もおどる薺かな　孟遠（正風彦根躰）
松虫のりんともいはず黒茶碗　嵐雪（続其袋）
糸瀧や錫の茶碗へ心太　露計（五十番句合）
天目や碁打親仁の置《おく》頭巾　露宿（東日記）
茶碗竈煙や雪の坪のうち　來山（續いま宮草）
行秋やとりひろげたる茶碗売　總人（世美冢）
茶埦土掘かけたれば清水哉　麥太（世事の凍解）

◆茶筅

龍の尾を茶筅にぬくや高清水　一橘（籠前栽）
賣ぶりの色に淋しき茶せん哉　一茶（文化句帳）
初茶筅御製のかまどけさとても　一帆（俳諧雑巾）
麥の穂を茶筌に古茶のいろり哉　乙由（麥林集）
麥の穂も茶たつる頃や窓の雨　乙由（麥林集）
水鳥やちやせんにめくる浪の泡　寒枝（あみ陀笠）
ふりたてゝ鳴や茶筅のほとゝぎす　季吟（年中日〻の発句）
一二町道づれにせん鉢たゝき　魚汶（俳諧たばこ盆）
栗ならばさもあるべきを茶せん草　五明（塵壺）
茶せんうる庵まがひたる柳哉　五明（塵壺）
茶筌売京の御秡に老といふ　恒丸（はたけせり）
はちたゝきある夜茶筌のもの語《がたり》　山峰（春のおとづれ）
はるの夜の富に飽てぞ茶筌挽　似水（はたけせり）

茶筅尾に錣をたゝくいさみかな　習魚（類柑子）
聲をほに上るや茶筅鉢扣　少蝶（俳諧小相撲）
茶せん迄買ふて帰るやとしの市　水如（ちくは集）
冬ごもり味よくなりぬ茶筌打　成美（一陽集）
初霜に雲のあはたつ茶筅松　西鶴（虎溪の橋）
涸《かれ》が性鳴らば茶に鳴れ新瓢　仙鶴（未詳）
茶筌草爰も利休が領地哉　素丸（素丸発句集）
麦蒔や茶筅の露の振り心　素丸（素丸発句集）
胸の塵拂ふ茶筌や鉢たゝき　素丸（素丸発句集）
茶筌うり師匠の皃《かお》に似る頃か　素檗（素檗発句集）
ちやつせんや宗左が門もうり過る　大江丸（俳懺悔）
うぐひすの寝所見し歟《か》茶筌賣　遅月（犬古今）
杖笠の伊達のみもつい茶筌草　吐糸（去來今）
明て又かつら男や鉢たゝき　桃司（俳諧たばこ盆）
長嘯の墓もめぐるかはち敲　芭蕉（錦繍緞）
納豆きる音しばし待て鉢扣　芭蕉（韻塞）
茶筌髪湯婆《たんぽ》たゝきて寐ぬ人か　白雄（白雄句集）
抛てる茶筌に花の匂ひかな　不白（不白翁句集）
古庭に茶筌花さく椿かな　蕪村（句集）
行としのめざまし草や茶筌賣　蕪村（不詳）
鉢扣くみからしたる茶なれ共　流志（北の山
粥腹をきたへ〳〵て鉢たゝき　蓮丈（俳諧たばこ盆）
空也寺や茶筌の竹に初しぐれ　几董（晋明集）
憩ふなら茶も報謝せん鉢たたき　巒化（世事の凍解）
麦の穂も茶筅て待や時鳥　瓠葉（帰る日）
茶筌からそゝり出してや虫の聲　蘆川（星七草）
麦の穂の茶せんに音や鳴蛙　麥水（葛箒）

◆茶入・茶臼・その他

茶入ならて口にほとゝきすふた哉　喜之（玉海集）
ほり出しは實《げに》いものこの茶入かな　充繼（鷹筑波）
風炉の茶のなつめもうるし細工哉　重房（玉海集）
名の高き茶入も見けり年の暮　召波（春泥発句集）
うぐひすの茶入を覗く水屋哉　青蘿（青蘿発句集）
聞ぞめや千服茶うすのむかし沙汰　言水（江戸蛇之鮓）
雪の朝童子茶臼を敲く也　召波（春泥発句集）
山ざくら猿を茶臼に廻しけり　松榮（十六景）
茶を挽た臼の仕舞や一夜鮓　操斧（浪化上人発句集）
うぐひすや茶臼の傍にしゆろ箒　徳野（夜半樂）
何吹も茶臼の音や秋の風　由之（鵲尾冠）
大晦日静にめぐる茶臼哉　枳風（俳諧勧進牒）
棒先の茶筅かはくや春の風　一茶（旅日記）
うそ寒や垣の茶筅の影ぼうし　一茶（嘉永板発句集）
朝寒や垣の茶筅の影法師　一茶（版本題叢）

吉野紙茶器に宜なり朧月　嘉石（誹諧家譜）
あたらしき茶袋ひとつ冬籠《ごもり》　荷兮（春の日）
茶杓《ちゃびしゃく》も香にいさみあり鯨つき　菊舎（菊舎尼集）
陽炎や陶《すえもの》つくる夕けぶり　居逸（望のはな）
ひとつ爐や薬鑵かければ火は淋し　五明（塵壺）
はつ秋や茶ぼんを飛す橋の上　五明（塵壺）
茶杓して抹香すぐに夜寒哉　五明（塵壺）
春を待わが手に茶瓶研《みがき》けり　五明（塵壺）
梅が香に探る茶碗やつちめくら　五明（塵壺）
茶入にはならねとすきの茄子哉　少斎（毛吹草）
茶袋の干場や菊の力竹　水魚（陸奥衛）
のちの月又なりなをす茶杓哉　酔竹（曠野後集）
葉茶壺ようつりにけりな花の色ハ　泉明（一人一首）
茶袋に角の立たる帋帳かな　素覧（砂川）
手に提し茶瓶やさめて苔の露　其角（五元集）
羽箒は野鴈も鶴にゆひかへて　貞徳（犬子集）
茶袋の仕立おろしや冬籠　得魚（ゆめのあと）
茶杓とる手も力なし朝の雪　二橋（みをつくし）
茶袋や盆かたびらのたちはづし　之道（江鮭子）
薄氷折めの侭の茶巾かな　芭蕉（芭蕉句選拾遺）
うぐひすや茶袋かかる庵の垣　芭蕉（芭蕉袖草子）
ちどり鳴やふいとかなしき羽箒　白雄（春秋稿）
茶俤を捨るところもおち葉かな　蕪村（新五子稿）
梅咲て唐茶の袋はたきけり　洛楳（続一夜松後集）
うぐひすや茶杓にしはる竹の杖　几董（発句集）
みじか夜や茶釜の肌の生ぬくみ　几董（発句集）
歸去來《かへりなん》茶瓶もどして庵の花　几董（連句会草稿）
茶袋をかけし小春のわたばたけ　帯川（春秋稿）
とひ來かし茶杓の枝折雪の跡　茗風（談林一字幽蘭集）
猶末をたのみて風炉の名残哉　菊舎（亀山詣）
春風や野風呂の煮る東山　梧友（望のはな）
山里や風炉の名殘を夕紅葉　几董（晋明集）
茶の下の建仁寺風炉に鐘涼し　麦水（葛箒）

◆茶の水

茶の水も軒から崩せ雪の朝　鷗左（星七草）
茶の水の川もそこ也初しぐれ　一茶（享和句帳）
青柳や梅若どのの御茶の水　一茶（一茶俳句集）
茶の水の蓋にして置団扇かな　一茶（一茶発句集）
この茶にも秘密やあらん秋の水　乙由（麦林集）
茶の水のきれし夜せちに啼蛙　可董（松のそなた）
茶に縁の汲みつきせじな庭いずみ　菊舎（ふたたび杖）
瀧も今茶に汲む程や冬紅葉　虚白（虚白句集）
名月や水よき里の茶の匂ひ　五明（塵壺）

年の暮茶に逢ふ水を汲み置て　五明（塵壺）
茶に貰ふ水のうはさや冬こもり　左琴（かすみをとこ）
茶にやつす袂も浅し山清水　支考（蓮二吟集）
菊の香や茶にも飯にも麓川　水巴（すねぶり）
いくしぐれ茶に水さゝむ壁の漏《もり》　成美（一陽集）
すゞりにも茶にもうれしや春の水　青蘿（青蘿発句集）
水論も茶にしつまりて村時雨　雪浪（ゆめのあと）
行水や茶に汲《くみ》みても秋の暮　千丈（葛の葉表）
茶にもよい水さへありて嶋の梅　素桐（浪化上人発句集）
茶の水に塵な落しそ里燕　其角（五元集）
茶水くむ迄は有たに初氷　冬扇（笠の露）
立かえる春や茶の味水の味　之東（周竹旦暮帳）
茶は水になりしといひぬ秋のくれ　梅室（梅室家集）
寒月や豁《たに》を茶に汲む峯の寺　蕪村（全集）
とてしもの霜よりぞ茶に水ごゝろ　楓江（みかへり松）
五月雨何を茶に汲む淀の人　鞭石（古学裁断字論）
茶の水に花の影くめ渡し守　抱一（屠龍之技）
茶水くまん秋をこゝろに鴫の啼　木鶏（春秋稿）
茶に湧けばあついも誉《ほめ》る清水哉　也有（蟻つか）
僧は敲く茶に汲む水の氷哉　也有（蟻つか）
茶にかぶる堀江の浪や郭公《ほととぎす》　野坡（野坡吟艸）
幾春も養老の瀧茶に汲まん　嘯山（俳諧新選）

◆炉と炉塞

炭取に残る北斗の瓢かな　阿誰（反古衾）
爐のはたやよべの笑ひがいとまごひ　一茶（真蹟）
一尺の子があぐらかくいろり哉　一茶（七番日記）
ひだ山の入日横たふいろり哉　一茶（一茶俳句集）
おくすみはいみじの數寄のしわざ哉　季吟（水鷹苅）
庵の閑炭はねて夜の闌わたる　亀暁（春秋稿）
よれば寄る縁か一炉の味に又　菊舎（聞集草）
秋くれて寂しき炭の匂ひ哉　昌碧（曠野後集）
冬は炉にかなわに成て咄し哉　正立（俳諧小相撲）
茶の湯者は小野とはいはじ池田炭　西春（誹枕）
胴炭や中につかんでみぢん灰　青流（誹諧家譜）
茶の歯居炭の黒人を佗名也　其角（武蔵曲）
炉に炭をお公家や後徳大寺殿　泰圓（玉海集）
隔てなふ道楽むや炉の辺　貞花（聞集草）
爐の炭を啼ほそめたる千鳥哉　桃先（俳諧千鳥掛集）
小野炭をけふ用るも手向哉　馬泉（さし柳）
炭取のひさご火桶に並び居る　蕪村（句集）
爐に寄ればよらるゝ夜也杜宇《ほととぎす》　抱一（屠龍之技）
燒付てまづ茶をわかす生いろり　万乎（笈日記）
爐を出て度々月ぞ面白き　野水（曠野）
けふもまた爐はふさがれず春の雨　芦舟（氷餅集）

爐塞や榾さげ釘の打所　一茶（たびしうゐ）
爐塞や月守る宿の物忘れ　完來（発句類聚）
茶に汲める水も自在か柳陰　呉雪庵（世事の凍解）
爐ふさぎも老にまかせてのばしける　子煥（春のおとづれ）
炉塞いで友なつかしき夕べかな　秋色（発句類聚）
爐ふさぎや旅に一人は老の友　召波（春泥發句集）
爐閉げは狸にかへる茶釜哉　小波（ささら波）
爐ふさぎや母のさしづのたのもしき　昔亭（春のおとづれ）
爐塞やそれから猫も餘所のあるき　如翠（仰魂集）
爐塞ぎしあとや机の置き所　白尼（庵たから）
爐塞いで立出る旅のいそぎかな　蕪村（不詳）
爐ふさぎや床は維摩《ゆいま》に掛け替る　蕪村（句集）
池田から炭くれし春の寒さ哉　蕪村（遺稿）
ろふさいで立ち出る旅のいそぎ哉　蕪村（蕪村遺稿）
爐ふさいで南阮の風呂に入る身哉　蕪村（蕪村句集）
爐塞やまた其跡に猫の居る　万郎（片歌東風俗）
爐塞ぎや山に曲突の出來る時　眠棠（片歌東風俗）
爐塞ぎの日や來合はせる疊さし　也有（不詳）
炉ふさきや見廻して又戻る猫　露筵（殘夢塚集）
爐ふたひで碁といふ病うつりけり　几董（井華集）
爐塞ぎや裸櫓の十日ほど　嘯山（俳諧新選）
爐ふさいで二日もどらぬあるじ哉　寥太（寥太句集）
爐塞いで君をしぞ思ふ此の夕べ　洒竹（洒竹句集）

◆奈良茶・茶粥・茶漬

豆時をなら茶にしたる米の飯　乙由（麥林集）
大和路はみな奈良茶也花ざかり　菊阿（正風彦根躰）
はせを忌や醍醐の味の奈良茶飯　虚白（虚白句集）
奈良茶燒て野中の清水温《ヌルミ》けり　言因（庵櫻）
流レ去ル夜やなら茶舟時鳥　言水（初心もと柏）
三石のなら茶終りて花に香　湖十（句經題）
雁のこゑ聞ば勝手はなら茶哉　小春（そこの花）
侘テすめ月侘斎がなら茶歌　芭蕉（武蔵曲）
芭蕉忌やわれは奈良茶の飯帋子《かみこ》　風人（伊豆十二歌仙）
三石はなら茶領也里神楽　米仲（靭随筆）
春日野や奈良茶たばしる小夜霰　利次（俳諧雑巾）
蕎麦の花なら茶の花はなかりけり　浪化（草苅笛）
九重もなら茶がはやるさくら咲　來山（いまみや艸）
枚方の奈良茶喰はん月の書　几董（晋明集）
八重櫻京にも移る奈良茶哉　沾圃（續猿蓑）
春雨の奈良茶は古き趣向かな　蘆陰（蘆陰句選）
さをしかの外も茶がゆの名所哉　一茶（一茶俳句集）
みぞれ降音や茗《ちゃ》粥の烹るうち　成美（杉ばしら）
茶粥焚く柴の香によれ鹿の聲　几董（甲午之夏）

近く來よ茶粥喰さん鹿の聲　几董（甲午之夏）
蚊屋つりて喰ひに出る也夕茶漬　一茶（八番日記）
ざくざくと氷かみつる茶漬哉　一茶（七番日記）
蓮咲くや八文茶漬二八そば　一茶（一茶俳句集）
丘の家や蓮に吹かれて夕茶漬　一茶（発句題叢）
傾城の茶漬ごろ也ほとゝぎす　魚素（そこの花）
元朝も茶漬くふとて名はたてそ　団水（元禄四年歳旦集）
俳諧に冬來て啼や茶づけ鳥　不詳（草苅笛）
行春にきのふもけふも茶漬哉　李由（笈日記）
酒がなくば茶漬喰ふよ夜半の秋　几董（発句集）
茎の香や茶漬をねだる酒の上　几董（丁酉之句帳）

◆雑の茶

うば口の釜冷《すさま》じきすひ茶かな　徳元（未詳）
茶をくれな夢てふものは子規　筝通（俳諧雑巾）
蚊やり焼《たく》宿も綺麗に茶もよかれ　芦本（皮籠摺）
露置や茶腹で越るうつの山　一茶（発句集）
山の手や渋茶すゝりて年忘　一茶（七番日記）
茶の煙柳と共にそよぐ也　一茶（句帳）
蛙にもちよとなめさせよ甘茶水　一茶（不詳）
雀子もおなじく浴る甘茶かな　一茶（不詳）
雀らがざぶ〳〵浴る甘茶かな　一茶（不詳）

朝寒や茶腹で巡る七大寺　一茶（一茶俳句集）
とし玉茶どこを廻て又もどる　一茶（淺黄空）
星待や茶殻をほかす千曲川　一茶（化五六句記）
茶けぶりや丘穂の露をたゞ頼む　一茶（七番日記）
名月やいつもといへど茶の匂ひ　宇白（そこの花）
はる雨や茶にしづまれば耳に入　瓜洲（春のおとづれ）
茶の錢や馬におぶせて花見駕籠　閏之（俳諧雑巾）
五月雨を船にはらさん尻ふり茶　燕説（西国曲）
一杯の茶もものものし扇置　乙二（をのゝえ草稿）
月花の目覺し草や茶の匂ひ　乙由（麥林集）
梅が香や美人も落る茶弁当　葛溪（物の親）
初茸をはさみて焼や茶辯當　菊阿（正風彦根躰）
茶に薫る心の花やたち宿に　菊舎（道途）
三輪の酔宇治に醒すや花の雨　虚白（虚白句集）
埋火やふとんを通す茶の匂ひ　許六（五老井発句集）
かけろふや今を出かけの茶弁當　許六（ゆめのあと）
古里や茶がらを捨る花のもと　橋志（春秋稿）
旅行《ゆく》や一とせはたゞ茶一ぱい　暁臺（暁臺句集）
みじか夜や茶をほうじ置角折敷　胡及（曠野後集）
煎麥《いりむぎ》も年の用意や茶の代り　五明（句藻）
新しき茶の香もきくや衣更　五明（塵壺）
掛講の普茶はじまりぬ梅の花　吾立（續一夜松後集）

茶のからをさがし出《だし》けり庵の雪　史邦（俳諧猿舞師）
梅の花咲や茶番のあくひする　若芝（放鳥集）
鶯も窓にしのはん茶の花香　樹徳（日光紀行）
はるかなる唐茶も秋の寝さめ哉　宗因（俳六帳）
茶辯当しろく灰がちにちれるや花　秋風（俳諧雑巾）
たて丶したふ年も晩茶の昔哉　重頼（毛吹草）
春うれし茶水捨ても草になる　松江（三韓人）
茶の酔や菜たね咲ふす裏合せ　丈艸（續有磯海）
かげろふに隣の茶さへ澄梟《すみにけり》　丈艸（菊の香）
つれ〴〵と唐茶干たる帙のうへ　常役（類柑子）
五加木《うこぎ》茶やふり出てなく時鳥　成美（成美家集）
茶をのめば目鏡はづる丶夜さぶ哉　成美（成美家集）
懐に茶をのむ春の寒《さむさ》かな　成美（あかつき）
寝ぬや我時雨につくす茶八升　成美（一陽集）
澁い茶に夕ぐれちかし壁の蔦　成美（続成美家集）
天然と霞の夜や黒茶染　政公（毛吹草）
つぼめるを先《まず》袋茶の花香哉　正直（犬子集）
呑からに水茶三ぶくの夏もなし　清親（犬子集）
たる事や世を宇治茶にも冬籠　青蘿（青羅発句集）
ゆふがほの宿や茶の香も水くさき　千代（千代尼句集）
茶の音に蚊遣わけ入戸口哉　楚桃（草苅笛）
江を汲て唐茶に月の湧《わく》夜哉　素堂（素堂句集）

或は唐茶に酔座して舟行蓮の楫　素堂（素堂句集）
門明て茶のから投る雪吹かな　素檗（素檗発句集）
ならはしの塩茶のみけり瓜の後　其角（桃の實）
茶のけしき咄しむ比や新豆腐　其角（東日記）
佗にたへて一炉の散茶氣味ふかし　其角（田舎の句合）
茶の匂ひするや利休の松の月　苔和（西国曲）
ほと丶ぎすく丶り枕の茶も匂ふ　大江丸（俳懺悔）
たらつくやもるとて花に茶辯當　知徳（俳諧京羽二重）
しふ茶さへけふ立春の花香哉　定幸（玉海集）
寒からじ交る道の茶にも又　冬夏坊（聞集草）
茶に休む腹の加減や薬掘　東起（片歌東風俗）
牡丹見にうつすりとよき唐茶哉　桃隣（別座鋪）
汲ためて水茶や我が心ざし　等般（伊達衣）
胡舛茶も船ご丶ろ也朝霞　之道（己が光）
鯨とれて茶にも酒にも油哉　之坊（俳諧新選）
船かけて水茶たてたる夕べかな　巴風（いつを昔）
朝霧の立茶に湧て峠かな　盤古（更級紀行）
ちやかうぞもかほるとは誰が春の花　不明（薬種百句）
ちやちやうしはたんき女の花見哉　不明（薬種百句）
茶のからもその根にかへせ冬籠　封卜（落葉考）
茶にくむも今覗れし五加木垣　暮柳（暮柳発句集）
茶をさます風がふく也蚕時　蓬山（はたけせり）

うら枯や茶かすこぼるゝ菊の垣　北枝（續有磯海）
風暑し茶の殻くさき縫枕　卜宅（華摘）
春雪や茶糞の上のむら烏　毛紈（韵塞）
茶にたわむ竹や雪より猶寒し　也有（うづら衣）
香煎は茶にふる霜か朝もみぢ　野坡（野坡吟艸）
のむお茶はよくたち花のむかし哉　利貞（鷹筑波）
うかされた茶の嬉しさよ杜宇《ほととぎす》　葎亭（葎亭句集）
朝霧や湖水に配る茶の烟　露川（西国曲）
立よれば振茶かをるや桃の花　浪化（浪化上人発句集）
茶ばかりと狐啼《なく》也枯すゝき　涼菟（皮籠摺）
唐茶にて詫人當《あたり》秋の雨　几董（甲午之夏）
八碗の普茶に牡丹の夕かな　几董（甲午之夏）
夏山や浅く出れば茶の匂ひ　几董（丁酉之句帳）
園守が渋茶もてなすぼたん哉　几董（戊戌之句帳）
水仙に我は茶をせぬあるじ哉　嘯山（俳諧新選）
さむしろや渋茶も風情里の月　圖南（葛の葉表）
茶のからの霜や泪のその一ッ　濱式之（續猿蓑）
茶かぶきに欠伸もひとつ春の雨　麥水（葛箒）
霧に似て茶がら立けり若楓　麥水（葛箒）
酒の月茶の月さめて秋の月　佳仙（牛あらひ集）
むら〳〵は茶色にかすむ小春哉　葛鼠（不詳）
夕皃《がお》や茶もほの暮る札の辻　寛里（靱随筆）

朝ぼらけ茶湯者とふるさくらかな　五明（句藻）
茶の烟なとも引つく菖蒲かな　恕交（以左奈宇太）
四方より茶にも水にも萩の風　成美（ばら〳〵傘）
蓴菜は茶道が池に咲にけり　楚山（北国曲）
我庵を見とるゝ雪のゆふべ哉　南河（俳諧月の夜）
名月の夜やおも〳〵と茶臼山　芭蕉（芭蕉翁発句集）
重〳〵と名月の夜や茶臼山　芭蕉（さいつころ）
鶯や老をなぐさむ茶臼山　芭蕉（芭蕉翁句解参考）
茶にけふる日も塩竈のさくら哉　暮柳（暮柳発句集）
冬見れば松にひきそふ茶臼山　來山（續いま宮草）
鶯の茶に紅裏や梅のはな　乙由（麥林集）
鴬の茶にそき袖の睦月かな　花明（六花庵往来集）
秋来ぬと目にこそ見えね茶の花香　花鈴（誹諧家譜）
しへは茶せん花は天目れんけ哉　定因（玉海集）
山のすがた蚤が茶臼の覆かな　芭蕉（蕉翁全伝）
不二の山蚤か茶臼の覆《おほひ》かな　芭蕉（錢龍賦）
鴬に脊中をあぶる茶無垢哉　晩得（哲阿弥句藻）
みそさゞゐ打かぶせたる茶糟哉　木導（草苅笛）

◆茶の花

茶のはなや菊より後の星月夜　黒露（みをつくし）
茶の花に茶がらをかしき寝覺哉　あき良（春秋稿）

ちやの華のりつぱにちるや麥畠　一石（皮籠摺）
茶の花に隠れんぼする雀哉　一茶（七番日記）
ぼつ〳〵と花のつもりの茶の木哉　一茶（一茶俳句集）
茶の花や達磨ぬる手のとも日和　一茶（七番日記）
茶の花に鶯の子のけいこ哉　一茶（七番日記）
茶の花に川越す馬の寒さ哉　一點（草苅笛）
ちやのはなやほるゝ人なき靈聖女《りょうしょうじょ》　越人（猿蓑集）
みのむしの茶の花ゆへに折《おら》れける　猿雖（猿蓑）
木螺《みのむし》の茶の花ゆえに折れにけり　猿雖（春のおとづれ）
茶の花に老の寐覺や軒并び　乙由（麥林集）
茶の花や霜みな烟る朝ぼらけ　化麥（松のそなた）
茶の花に膝立ぬ身ぞうらやまし　箇口（庵の記）
茶の花や雪の下繪に咲て居　花柳（ゆめのあと）
茶の花の夕闇白し梅嫌　荷兮（柱暦）
葉がくれて猶茶の花のひかりかな　我則（えぼし桶）
茶の花に戻る高瀬の嵐かな　貫路（つぼみの花）
八日茶の花がやそよぐ興聖寺　季邑（續有磯海）
茶の花の首から上や水仙花　菊阿（正風彦根躰）
誠薫る茶や早咲もそれに添ひ　菊舎（ふたたび杖）
茶の花や葉にはうたふた日のあるに　菊舎（九州再遊）
栂の尾や茶の花時の新紙子　橘之（陸奥鵆）
茶の花や葉を摘時に似た日和　虚白（虚白句集）
茶の花や山門出れ婆《ば》氣の替り　虚白（虚白句集）
茶の花や摘殘されの葉に隠れ　虚白（虚白句集）
茶の花や利休は櫻よりも無　虚白（虚白句集）
茶の花や宇治の風情ハ京まさり　虚白（虚白句集）
茶の花やよろ〳〵として蜂一羽　虚白（虚白句集）
茶の花の香に静かなる在所可南《かな》　虚白（虚白句集）
茶の花の里や住みたき山と川　虚白（虚白句集）
茶の花や三保の松原清見寺　許六（東海道）
茶の花の香や冬枯の興聖寺　許六（草苅笛）
茶の花に兎の耳のさはる哉　暁臺（暁臺句集）
ちやのはなや雲雀鳴日もあれば有　暁臺（暁臺句集）
茶の花に代はこれ〳〵ぞ炭の折　桐栖（的申集）
茶の花を柄杓もいらす手向けり　桐門（はなしあいて）
茶の華や庵のしだらに耻もなし　巾蛸（美佐古鮓）
茶の花やその葉かくれにしほらしふ　琴糸（笠の晴）
茶の花見利休紹鷗いづれもげに　桂葉（俳諧小相撲）
茶の花や礎殘る寺屋敷　軽舟（草苅笛）
茶の花の匂ひは老の羈かな　故蘭（春秋稿）
日の暮に茶の花さげて戻《もどり》けり　五明（句藻）
茶の花や人あとしとふ油鷄　五明（塵壺）
茶の花に心の熱をさませかし　五明（塵壺）
茶の花や雲は流て山の腰　呉柳（陸奥鵆）

茶の花に寺はたふとし油あげ　吾仲（草苅笛）
茶の花と等し亡名の残り香は　好古（誘ふ杜宇）
茶の花やしつと老女の立とまり　左人（文くるま）
茶の花やびうと風吹松の間　左蚦（草苅笛）
茶の花や白衣の僧の朝寐皃《がお》　昨嚢（草苅笛）
茶の花や烟行あふ里ならび　山隣（草苅笛）
茶の花や是も玄旨の植残し　支考（蓮二吟集）
茶の花や我日の本のちやの花　支考（草苅笛）
蘭の香に茶園の花の猶床し　似鳩坊（俳諧本来道）
茶の花や雨の烏の居り所　時風（西国曲）
茶の花になれて小鳥の朝日かな　尺艾（浅草はうご）
宇治橋の神や茶の花さくや姫　宗因（不詳）
冬されは茶の花ひとり機けんかな　秀鳳（江戸近在所名集）
茶の花や哀胡蝶の行たふれ　舟泉（桃の實）
茶の花にきゞす鳴也谷の坊　召波（春泥発句集）
茶のはなに文覚のやうな庵主哉　召波（春泥発句集）
茶の花の世にはさし出ぬ匂いかな　尚白（俳諧故人続五百題）
茶の花や霜はをけどもをのが花　丈士（誹諧家譜）
茶の華や手はふところへ入る頃　心祇（ことのはし）
茶の花に何を追込む鳶の聲　推柳（西国曲）
茶の花に餌さしの笠や川むかひ　水音（草苅笛）
茶の花や葉の時も名は呼れたり　寸來（江戸近在所名集）
茶の花の世にもさし出ぬ匂ひかな　正秀（春のおとづれ）
茶の花に歌案ずるか鶴の番　正信（皮籠摺）
茶の花やありとも人の見ぬ程歟《か》　青蘿（松のそなた）
ちやの花のからひにも似よわか心　青蘿（青蘿発句集）
茶のはなに夜をこめて出るかく夜哉　雪下（花の雲）
茶の花のつぼみて寒し九月盡　仙化（一幅半）
茶の花や此の夕暮を咲きのばし　千代（千代尼句集）
投入れて名は茶の花の永字かな　千奴（小野の里）
茶の花や持つて居る香を顕はさす　潜花（世事の凍解）
茶の花は朝から暮の気色あり　楚山（北国曲）
茶の花になをざりならぬ朝日かな　楚川（俳表紙）
茶の花に焙炉かけたる旭かな　素丸（素丸発句集）
ちやの花や水を撰まぬちり所　素丸（素丸発句集）
茶の花やその上川の水の色　素丸（素丸発句集）
茶の花や須磨の上野は松ばかり　素堂（俳諧千鳥掛集）
茶の花や利休が目にはよしの山　素堂（素堂句集）
山茶花や茶の花よりは後の花　素文（曠野後集）
茶の花も俤子も見へて冬近し　宋屋（瓢草集）
茶の花や茶菓子のなさにおりに行　巣兆（曾波可理）
茶の花や風寒き野ゝ葉の囲ミ　太祇（太祇句選）
茶の花を手向る法の光かな　竹瓦（さし柳）

茶の花をかゝへて虻の活にけり　樗堂（萍窻集）
茶の花や順礼道は草たふれ　蝶夢（草根句集）
さひしさや茶の木の中の花の道　蝶夢（草根句集）
茶の花やこゝまでちりし麥の灰　蝶夢（草根句集）
茶の花や蝶の心に小六月　長緒（草刈笛）
最《もう》一里ちやの花白き泊り哉　鳥水（草刈笛）
茶の花の紐をほどくや風ふくろ　貞義（鷹筑波）
茶の花は我家樂に咲にけり　滴志母（北国曲）
茶の花や隠者がむかし女形　鉄僧（五車反古）
茶の花やもう里ちかき日の匂ひ　都雁（伊豆十二歌仙）
茶のはなや色も香もあり庵の道　桃牛（庵の記）
茶の花や犢のそだつ日の面　桃酔（春秋稿）
茶の花や乾ききつたる畫の色　桃隣（古太白堂句集）
茶の花や上戸の弟梅の兄　藤匂（虚栗集）
茶の花に炭やく家を見によらん　巴風（續虚栗）
ちやの花や何となりとも咲合點　巴兮（草刈笛）
茶の花に人里ちかき山路哉　芭蕉（芭蕉翁句解参考）
茶の花も手向けるによし此仏　馬泉（金花七発集）
茶の花や余計日のさす芥塚　梅室（梅室家集）
茶の花や犯されて今咲たの歟《か》　白芹（すねぶり）
住ばかく茶の花垣ぞうらやまし　白雄（白雄句集）
茶の花にたとへんもの歟《か》寂《さび》栞《しおり》　白雄（白雄句集）
茶の花や誰が箒せし里の道　白雄（白雄句集）
茶の花に今般《いまは》の雉子かくれけり　白雄（白雄句集）
花も今口切つてさく茶園かな　半魯（俳諧新選）
茶の花にひとつ見知らぬ小鳥哉　晩得（哲阿弥句藻）
茶の花の活るにあはぬ水もなし　百朶（葛の葉表）
茶の花はどこに咲ても宇治臭し　不周（庵の記）
茶の花のしら〳〵のぼる月夜哉　不雪（春秋稿）
かうぼくにちやとなる花のたねも哉　不明（薬種百句）
茶の花や黄にも白にもおぼつかな　蕪村（新選）
茶の花や石をめぐりて路を取　蕪村（句集）
茶の花やわづかに黄なる夕べかな　蕪村（不詳）
茶の花や裏門へ出る豆腐賣　蕪村（不詳）
茶の花や利休が塚の女郎花　文錦（鵲尾冠）
茶の花に荒くも宇治の流かな　米幸（靫随筆）
茶の花や汲みても出さす火焼鳥　暮柳（暮柳発句集）
茶の花やどちへ向ても村の端　北亭（浪化発句集）
茶の花の時や名もなき夕日山　牧童（草刈笛）
茶の花や咲冬かんのつほの内　満成（毛吹草）
頭痛氣も忘るゝや茶の花盛　無心（俳諧小相撲）
茶の花の比《ころ》をなら茶も盛かな　也有（うづら衣）
茶の花や是から寺の畑ざかひ　也有（不詳）
茶の花や越路の笠の雪礫　野坡（鷹）

茶の花や鮴《ごり》住みなをるながれ水　野坡（野坡吟艸）
茶の花や湖水に戻る霧の足　野坡（野坡吟艸）
茶の華や水に香もなし里の寺　野坡（野坡吟艸）
こがらめや菴の茶の花つぼむころ　柳城（はたけせり）
茶の花や能空持し山の家　有暘（美佐古鮓）
茶ハ花を手向ん人の後むかし　蘭圃（さし柳）
冬枯を笑ふて花の茶山かな　李由（年賀集）
茶の花はものゝつゐでに見たる哉　李晨（曠野集）
茶の花や小石まじりの痩畑　里仙（仰魂集）
茶の花や疾く昇る日の朝曇　葎亭（葎亭句集）
茶の花を折行人や物静　葎亭（葎亭句集）
茶の花や土取男たばこふく　葎亭（葎亭句集）
茶のはなや始末隠居の朝詠《なが》め　露竹（北国曲）
茶の花や乞食も覗く寺の門　露沾（露沾俳諧集）
茶の花の皺ものしたり小六月　浪化（浪化発句集）
茶の花やいつを盛といふけしき　浪化（浪化発句集）
茶の花や鶯の子のなきならひ　浪化（有磯海）
茶の花や岨《そば》の畠のおくび形　涼菟（皮籠摺）
茶の花の香や葉がくれの玉川子　几董（井華集）
茶のはなに喜撰が哥はなかりけり　几董（井華集）
適〳〵《たまたま》に茶の木花さく霜の朝　几董（甲午之夏）
茶の花の香をなつかしみ日やけして　几董（甲午之夏）

茶の花や川岸高く又低し　嘯山（俳諧新選）
茶の花のあるじや庭に唯居らず　團友（俳諧千鳥掛集）
茶の花や幾日《いくか》たつても蝶は來ず　壽松（俳諧新選）
一株の茶の木花さく菴かな　樂茶（寂砂子集）
茶の花や蝶の来ぬ日のあたゝかさ　殘笛（談林一字幽蘭集）
茶の花や見知たやうな梅の花　沾梅（誹諧家譜）
茶の花のひたもの霜にうたれける　穹石（春秋稿）
宇治てこそなけれ茶の花手向草　莎城（みをつくし）
茶の花や匂ひは茎にこめて置　麦井（武埜淡笑）
茶の花や横向いて峰越る人　麦水（葛箒）
茶の花は匂ひ手向んばかり也　龜水（枯尾花）
茶の花や徑わけたる星月夜　龜世（俳諧千鳥掛集）

付合の部

涼しくもむかふる風に肩ぬぎて　貞德
夏の茶つぼをえんにならぶる　德元（犬子集）

熊鷹の股さくる世の物がたり　德元
のめや宇治茶は良薬ぞかし　德元（犬子集）

雪に猶茶の色白し朝日山　德元
宇治橋さゆる三の間の水　德元
川風はつきあげ窓に吹入りて　德元
竹針いかに床の墨蹟　德元
袖すりの松の下道たど〳〵し　德元
飛石つたふ客のあと先　德元
暁の月も身にしむ口切に　德元
露うち払ひ鳴らす銅鑼の音　德元（德元千句）

土橋と唱へ板で済なり　芊々
御茶屋の灯詠けり水霄の月　轉石（桑蓬集）

溝川に晝食くひの鍬つけて　李由
茶賣の陰をむすめ出て見る　汶村（笈日記）

五寸と書《かい》て一寸の雪　如行
寒梅の床から添《そえ》る茶の匂ひ　ユ山（幽蘭集）

小麦干す駒野の里の土ほこり　壺中
茶のにえばなの水に成らん　芦角（弓）

花ほろ〳〵散る朝空の薄みどり　守拙
利茶催うて明る亭の戸　芦丈（余興付合集）

耳うとき親仁斗《はかり》の一ッ庵　泰德
茶の錢爰《ここ》に是《これ》爰に置　安昌（江戸八百韻）

其方はもみ糠いるゝ袋屋也　來雪
かはつた茶碗あらふなら見ん　安昌（江戸八百韻）

秀句ならひに高瀬さしけり　重辰
茶を出す時雨に急ぐ笹の蓑　安信（俳諧千鳥掛集）

むかしをおもひ見る浦の景　友仙
あれかしと濃茶を願ふ船の中　安静（紅梅千句）

宇治川の月に成まで氷搔《こりかき》て　季吟
炑も詰るやうへの御茶つぼ　安静（紅梅千句）

仁といはれてわたる白つゆ　不詳
聟入に茶賣も己が名を替て　杏沓（春と秋）

宵の口入みだれたる道具市　九節
茶の呑ごろのぬるき小薬鑵　惟然（壬生山家）
七日まんずる夜の入ふね　意樂
墓まいり扨茶の子には餅ならん　意樂（大坂独吟集）
月涼し風呂へと誘《さそう》引水心　維舟
茶の湯よ花よ物わすれ草　維舟（歌仙そろへ）
秋の風木葉役者のそれつれハ　如閑
明日も茶の湯の露地を猿戸を　維舟（江戸櫻）
やきめしけぶる鳥部野の秋　維中
朝茶の月立さらでみるならひならば　維中（俳諧破邪顕正）
花に寄犬《よる》のくさめのもどかしく　一十竹
今朝さつぱりと茶蓋《おお》ヒを巻ク　一十竹（末若葉）
うハの空嶋原へ迄馬に乗リ　莱山
俤残る茶杓三夕　一炊庵（うたたね）
顔白く顔青くして薄霞　一炊庵
茶臺が邪魔と成りし通ひ路　一炊庵（うたたね）
くり返し又文うらをくり返し　重賴
数寄屋にねんをいるゝこしばり　一正（犬子集）
商ひの巧者は折に易う賣　一知
茶碗のゆかミ楽焼の曠　一知（百聲）

五百の錢をたくむ編笠　成美
茶の水も近き居抜に引移り　一茶（遺篇歌仙）
光廣どのへ念珠を参らす　成美
茶の花も鶴も久しき在所也　一茶（遺篇歌仙）
どこまでころぶ膝の巻紙　對竹
釜の渋ぬけよ〳〵と念仏して　一茶（一茶連句選成）
朔日も乙子になりし神の棚　成美
木曾茶四五俵下す川舟　一茶（遺篇歌仙）
薄草履通さぬ程の陽炎に　文虎
朝茶の番をあてる有明　一茶（兩吟連句帳）
まてしばし夢くらはせん時鳥　其翠
宗旦流に窓をくり抜き　一茶（遺墨歌仙）
酒つくらばやふところ手して　一瓢
茶初穂を朝な〳〵の花の木へ　一茶（三霜）
土橋奉加に鉦たゝきけり　一茶
あざら井を自慢がてらに茶を呉て　一茶（三霜）
子供らが上総念仏に啼く鶏　露月
茶の子の中の鰯掘るなり　一茶（遺篇歌仙）
拾ふた文を壁におつ張　露月
ざれ噺茶の子一ツに代なして　一茶（遺篇歌仙）

関東のから気の強い旅をして　素外
茶屋らしきのは一軒もなし　一茶（遺篇歌仙）

十月の隣の沢に鴫立ちて　梅塵
茶を呑め〳〵と板木たゝく也　一茶（遺篇歌仙）

いざ一枕門の芝原　一茶
茶俵も元値限りに売払ひ　一茶（遺篇歌仙）

杭より西は本願寺村　一茶
たて茶呑つれに妹をさつ呉て　一茶（兩吟連句帳）

或時はばくちもめさる奇妙院　文虎
茶の子ひとつを鬮《くじ》取にいざ　一茶（兩吟連句帳）

洗濯摺れの過度の青石　一茶
朝〻の朝茶の爲に花植て　一茶（一茶連句選成）

榾の火に小長くなつて噺しあひ　梅塵
狸にひとつ茶の子振舞ふ　一茶（一茶連句選成）

まてしばし佐野の渡りの虫からん　呂芳
朝茶の泡の飲ぶりを見よ　一茶（遺篇歌仙）

一本の松をたのみに家建て　文虎
茶講序《ついで》に娵《よめ》披露する　一茶（兩吟連句帳）

ぼてふりのぬらりくらりと春暮て　一巴
茶前の天気持直しけり　一茶（遺篇歌仙）

撰集に入りし乞食の菴　一茶
茶初尾を朝〳〵花に備へッ、　一茶（たねおろし）

厄介の上に聾の伯母持つて　梅塵
朝茶仲間に漸〳〵と入　一茶（遺篇歌仙）

髪とれどもとの五兵衛で済しけり　梅塵
朝茶仲間のかしら鬮《くじ》ひく　一茶（遺篇歌仙）

歌読ぬ身のかなしさよ淋しさよ　文虎
茶の子のあんに花のちる月　一茶（兩吟連句帳）

普門品第二十五の紐とく　一茶
小わらはゝ茶を汲んで来てけろりくわん　一茶（兩吟連句帳）

によき〳〵石に初霜をおく　一茶
下冷に朝茶土瓶と敷布団　蘭腸
一茶（遺篇歌仙）

とつときの日傘をさして善光寺　一茶
ろくに居ながら茶を飲で出ろ　一茶（獨吟歌仙

梨買に出る空也寺が妻　鶴老
風になびく朝茶けぶりと唱へ捨　一茶（我春集）

しぐれの舟の迹もどりする　鶴老
山城の入口見えて茶のけぶり　一茶（株番）

雛鶴を飛してみたき秋の月　浙江
辻の榎にお茶たてまつる　一茶（犬古今）

美しう寐て暮さるゝ花も咲　一茶
木曾茶一駄を下す朝東風　一茶（遺篇歌仙）

世を迯る工夫の付しけさの空　太笻
手前づかひの茶畑なりけり　一茶（俳諧一覧集）

九尺四方のきりの葉が散る　鶴老
露寒き塩茶の淡に住ならひ　一茶（株番）

月夜〳〵と筏くむ聲　闕之
うそ寒き茶杓を藪に投る也　一茶（遺篇歌仙）

小春ぞよ草葉の陰の在郷まで　文虎
茶の子ひとつをくるむ風呂敷　一茶（兩吟連句帳）

青によし奈らの木辻の小夜時雨　希杖
粥一なべを鹿にふるまふ　一茶（蕉門中興俳諧一覧集）

そろ〳〵と花笑ひ候《そろ》咲て候《そろ》　希杖
茶碗にうけるはるの夕暮　一茶（蕉門中興俳諧一覧集）

借着のまゝで牛房切つゝ　雨錦
灯盞を番茶俵につゝ懸る　一茶（遺篇歌仙）

さあ古里の咄はじめん　魚淵
ゆづられし一ッ茶碗ぞ寶なる　一茶（遺篇歌仙）

打水になからかいほす柄杓井戸　梅堂
椽に茶瓶を居《すえ》る夕暮　一茶（遺篇歌仙）

夕ぐれの風呂屋の榎かつ散りて　柏葉
子息上手に茶をしひる月　一茶（歌仙）

女子にまじる石なごの玉　白兎
鬮取にほど《火土》の茶の子を掘出して　一茶（歌仙）

ふりもふつたるふりのよき袖　一滴
若衆の茶湯をちやくりちやと出して　一滴（鷹筑波）

黒猫なめる鉢の水仙　露月
海道の一番茶屋か木葉焚　一巴（一茶連句選成）

伐ことなかれ窓の葛華　一茶
宗旦が末の弟子とも成たれば　一瓢（物見塚記）

いくつなるへき冬瓜の老　移竹
花盛岩はな茶屋のかけ流し　稲水（有多々根）

是や右近のはゝめける躰　胤俊
煎し茶の泡や黄色に立ぬらん　胤俊（玉海集）

我がきらひなりや妻にする婆　周河
茶に月の香を煎し出す涼ミ床　烏睡（はなしあいて）

郷義弘も賣て丸腰　珪史
宇治へ又普茶振舞に交わりて　羽洲（無常迅速）

さるほどに荷物もつきて椽の先　去來
茶のたばこのといふて約束　卯七（渡鳥集）

心とすさむ家の圖もきえ　雲庵
親ひとり茶によき水と歎きつる　益光（芭蕉翁俳諧集）
丸薬の匂ひに花も咲次第　悦春
さゆを茶碗に入てきさらぎ　悦春（大坂獨吟集）
うごきなき代々のむかしのもめんたび　悦春
炉地の松陰腰かけの上　悦春（大坂獨吟集）
浦嶋が箱か冶郎の編笠は　佳木
奈良茶一鉢とんと明ヶおる　越人（鵲尾冠）
窓にうごかぬ十月の蠅　越人
茶碗へは桶に立テたる泡汲て　越人（鵲尾冠）
こぼれて生《おう》る軒の花げし　卓袋
朝夕の茶湯ばかりを尼の業　猿雖（蜜柑の色）
鈴子して禁野かた野の亂拍子　専吟
いほりの茶臼されればさる者　艶士（類柑子）
三六さつて猿の雙六　乙考
藪寺に茶ばかり有て漬はなし　乙考（一幅半）
琵琶も始て弾て見た茨木屋　武淵
小姓か茶にも黴を魁　下物（俳諧十六日）
赤いより墨の衣を殊勝がり　草也
やすむ大工に茶を汲て出す　可轉（可轉付合集）

そへ木をしたかしげる刈萱　政信
湯たぎるは涼み所の茶屋ならし　可頼（紅梅千句）
ない餅出せといふ殿を剝《はぐ》　子英
和尚ぞと利休が数寄を我儘に　花笠（綾錦）
扇に似たる瓦干すなり　千當
茶が煮へて人の機嫌の揃ひける　花陶（関清水物語）
あたら姿にかしら剃られず　如行
世の中の茶筌賣こそ嬉しけれ　荷兮（たねたはら）
烏も鳥の真似をして啼《なく》　幾全
茶をのめと招く晝間は命なる　霞柳（北国曲）
もより聞《きき》出す寺社の短尺　我常
各別な角豆《ささげ》奈良茶を草の庵　我常（末若葉）
花物出す野に響く聲　作雪
急に茶漬の涙こほるゝ　牙川（高判集）
無常の風のさそふかとみる　賀屋
煩はたまはるお茶のしよくたゝり　賀屋（鷹筑波）
ときのこゑほどふく風呂の中　賀和
しかけぬる茶の湯もにゆる精進食　賀和（鷹筑波）
磨かぬ玉と摘ミ綿の品　海宇
座を取て御茶道五人香の物　海宇（江戸筏）

湯貫ひに來て御相續まで　仁山
捨て置ものも茶めけば位山　海鶴（埋火）
稲葉〱の露の祝ひに　素鏡
朝夕の茶にも酒にもきり〲す　完芳（遺篇歌仙）
振て見よ瓢の銘は小菊丸　米彦
菎蒻ずきを茶にて患ふ　干當（關清水物語）
誰が赤味噌の時雨そめけむ　一茶
冬椿伊賀の茶飯に又あひし　柑翠（鹿嶋集）
人の髭さへうるさがる奇麗好　甘令
二里運ばせる口切の加茂　甘令（俳諧觿）
白粉はねて破るたんざく　久蔵
茶の花に六十年の冬を見し　諫圃（三霜）
筆紅梅をたゝむ國紙　介我
春も雪茶道の手前ゆたかにて　岩翁（甲戌歳旦帳）
王城に付てまはれる八重の花　遠水
稲荷の茶屋もあかぬ春の日　岩翁（華摘下）
桑のしもくの杖を立居に　希杖
水上は白川山の茶の煙　希杖（遺篇歌仙）
鐘の音遠く礁折〱　一茶
肌寒に淡茶振舞へ坊が妻　既酔（遺篇断簡）

雪やあらぬ我も昔の紙子にて　越人
其茶の羽織したふ茶の花　機石（庭竈集）
穐《あき》の彼岸に跳る道場　正章
あまのはらへらぬ茶の子のもち月夜　季吟（紅梅千句）
あひの山やまず月までぐちもらひ　季吟
伊勢てんもくの間なき接待　季吟（季吟桂葉兩吟百韻）
心はながくのこる山川　鬼貫
茶の比は宇治見に寄し伊勢戻リ　鬼貫（大悟物狂）
漣のさら〱寄る庭持て　相月
茶を挽小僧居眠にけり　亀石（木槿集）
三十二相おふくろは鳶　祇徳
煎茶籠駕の棚から山立場　祇徳（江戸筏）
入院むかふるからくにの僧　七樓
誘れて夜深の茶漬かいなぐり　祇川（七柏集）
寝《ねる》ほど寐ては心よきもの　不角
酔醒の価千金茶一服　義伯（二葉の松）
落人は見られまい気の頬かむり　菊舎
塩茶くれたは女房発明　菊舎（春の恵）
偕上いふてめかけたづぬる　之道
茶小紋にろの十徳のすんかりと　去来（となみ山）

森の名をほのめかしたる月の影　之道
野かげの茶の湯鶉待也　去来（續猿蓑）
宗長のうき寸白も筆の跡　芭蕉
茶磨たしなむ百姓の家　許六（韵塞）
市小屋に有明月の筋がひて　呂芳
茶呑に来よと笛をふく秋　魚淵（三韓人）
鳴きじのやうに口きく薬売　雲士
茶水のよさに家をおし立　魚淵（杖の竹）
笠取て飛脚の咄たちながら　舊國
浪こゝもとに出茶屋みつよつ　魚文（七柏集）
木曾路を透す物は仏法　喬谷
喜撰にて是も置たき出来茶湯　喬谷（江戸筏）
釣鐘はまだ繪図板の花の寺　不賣
滝のぬるみを茶にも飯にも　暁鳥（七柏集）
盆山のあまりほしうて盗む也　琴宇
梅干喰ふて醒す茶の酔ひ　暁臺（秋の日）
雪はらいつゝ進み來る人　鶓水
茶の会のよはれは志たが不案内　曲川（甲府太田公園）
長持ハ唄もときれず旅の秋　玉芝
茶屋は男も似合ふ前たれ　玉芝（百聲）

文によるひともじ草を尋ばや　扇雪
菴をけふの茶の湯者にかす　琴風（續の原）
隈笹は竹と篠との根を〆て　琴風
そろ盤の入ル茶湯《ちゃのゆ》にもなし　琴風（江戸筏）
やうやうに狐としって我ながら　渡道
茶漬にせうも近付がない　金皃（梅の痩）
すなはちふげんをとふ何年忌　吟市
なまぐさや茶船をかりて釣垂て　吟市（誹諧當世男）
しら木の八歩引《ひく》をいざ見よ　舊國
音冴て茶宇の袴のはしる也　銀獅（新雑談集）
許六が皃《かお》に秋風が吹　文虎
茶の湯者は露の訛も殊勝にて　栗之（兩吟連句帳）
白きものほど黒くなりけれ　不詳
唐の土かけてやきぬるせと茶碗　慶友（犬子集）
白きものこそ黒く成けれ　不詳
作りたてやくなら風炉にしくはなし　慶友（犬子集）
ゆがみたる家の柱を上かねて　道職
數寄者の心むつかしき物　慶友（犬子集）
おしまつき影うそくらし窓さして　可全
炉の火せゝりに心なぐさむ　桂葉（俳諧小相撲）

経ぬらん幾代真黒な窓　貫二
一山の茶碗せハしき大般若　月千（桑蓬集）
石塔をふたつ建てたる小百姓　維駒
光る茶釜を打ながめつゝ　月溪（昔を今）
客をそとむる稲荷海道　元隣
降さうに雨雲おほふ茶屋の軒　元隣（歌仙そろへ）
姥さへ聞も傳ふ兼平　玄康
せんじ茶のあはづがはらに圓居《まどゐ》して　玄康（鷹筑波）
へだてぬ中に水をさしけり　玄康
取はなつ廣間の茶釜たぎるらし　玄康（鷹筑波）
真砂ほどくふいり大豆《まめ》の數　玄札
爰かしこ浜辺の里に茶ごとして　玄札（犬子集）
灯籠の火のかげかすか也　慶友
花の比月の夜數寄を催して　玄札（犬子集）
ほろりくはんすの秋の夕暮　玄旨
茶の湯者が月に泪やこぼすらん　玄旨（鷹筑波）
からすを鷺に雪の羽箒　言水
瓢簞ヨリ利休が術を獣《ケモノ》炭　言水（東日記）
甍やぶれて屋根ふきのこゑ　幽山
一とせの茶物がたりの難波風《ぶり》　言水（江戸八百韻）

泥町や酒にひたりし袖の浪　幽山
濃茶ゆかしき宇治の橋姫　言水（誹枕）
雛の酒盛くれかゝる春　言水
みだれ髪中居茶の間も呼子鳥　言水（江戸蛇之鮓）
枸杞にゆはれてしぼむ山吹　言水
中〱に爐はふさがれぬ春の雨　言水（都曲）
恙なう文とゞけたよ雪の道　菊舎
先《まず》と火燵の上へせんじ茶　呼友（一声行脚）
鯲汁《どじょうじる》わかい者よりよくなりて　芭蕉
茶の買置《かいおき》をさげて賣出す　弧屋（炭俵）
枕さへ付ると首が伸るとき　湖十
砂雪隠へ交通は極《ごく》茶人　湖十（俳諧觿）
糸ぐちとけて時雨ほろ〱　扇正
挽立の薄茶に頭痛紛かし　湖遊（七柏集）
住吉の隅に雀も神おくり　吾立
水茶屋の常釜ハ泌らす　吾立（俳諧奈類佛）
相伴に烟の宮もすゝはらひ　梧友
茶漬のうまき有明の月　梧友（七柏集）
月ずゐは雲のゆきゝもせはしなき　春紫
たゞひといろに茶がはやる也　鯉千（花見二郎）

わらのふく〳〵としめかざり棚　光温
指花の色も濃茶を催ふして　光成（延宝七年歳旦帳）

手紙書く間に葛水が澄む　公佐
伊予すたれ茶屋の晴嵐巻き揚て　公佐（百韻）

五六枚新し疊淋しくて　とく阿
茶の水汲に参る夕月　工雪（株番）

待月に櫓の掛戸はづす覧　助鶏
茶のよしあしも水次第也　甲乙（其便）

買て來た炭団はとれも生乾き　朴因
出からしの茶に咽を潤す　香藝（余興付合集）

つゝら笠塩なれ衣下女ひとり　鵬一
茶屋の書出し藻屑《もくず》もてくる　高政（中庸姿）

出かはりのころは自然とそはついて　茶風
破れた茶碗に恋さとらるゝ　此夕（笠の晴）

竜頭ちぎれし鐘の銘見る　白圖
唐土の種蔓《はびこ》れるもみ茶時　宰馬（秋の日）

枯てあらしのつのる荻萩　嵐雪
獨楽の茶に起伏を舎《やど》るのみ　才丸（芭蕉翁古式之俳諧）

筆耕《たがやす》青磁の牛に花付て　楊水
燕茶水の流れ汲らん　才丸（俳諧次韵）

里は踊り子袖ふりの峯　才丸
干ゐ茶碗水分山の月もりて　才丸（誹枕）

心ある勧進的の小屋高く　空我
湯茶をきらさぬ手廻しぞよき　才麿（椎の葉）

神託に松の嵐もたゆむ也　志計
茶の湯もたぎる雪の明ぼの　在色（談林十百韻）

白鷺の香を濃に割くだき　松意
釜の湯たぎる雪の明ぼの　在色（不詳）

帷子の縫目に残るあつさ也　春尚
古風をたくむ茶湯わきざし　材種（談林一字幽覧集）

ためし景色の浸る白魚　東々
茶道具の極メ朧に月更て　鷺川（つぼみの花）

平野の鈴をきくが嬉しき　成美
月の夜に御茶めされる少納言　鷺白（遺篇歌仙断簡）

天人の衣に松のとしよりて　稲長
茶屋の娘も歌でよむ也　皐鳥（遺墨鑑歌仙）

白波落す橋のまん中　三昌
茶の水に釣瓶の縄をくりかへし　三昌（大坂独吟集）

池の小隅に芹の水音　野童
燒付《たきつく》る蛤茶屋の朝の月　史邦（俳諧深川）

他語《ひとごと》をもどき風流者《スキシャ》の梅の名に　野水
籠城茶旗の美をほだしつる　史雄（新虚栗）

僧都と秋を語る淋しさ　几董
土釜に茶を煮る葉柴折くべて　士喬（新雑談集）

紫陽花や藪を小庭の別座鋪　芭蕉
よき雨あひに作る茶俵　子珊（別座鋪）

猪の追れてかへる哀なり　淡水
茶ばかりのむでけふも旅立　支考（茶草子）

雨もあがつて本の朔日《ついたち》　芭蕉
さら〳〵と茶漬の食《めし》を喰じまひ　支考（百囀）

へた〳〵と雲のしろみや郭公《ほととぎす》　臥高
もみ茶こぼるゝ芝原の上　支考（笈日記）

喧嘩に花のいつもつれ立　乙考
茶碗鉢まづこんな物床の上　支考（一幅半）

三味線の撥かくばつて鳥部山　旨原
簾おろしてかるたうつ茶屋　旨原（延享廿歌仙）

膝の落葉を拂ふ山もと　紫暁
渋茶煮るけぶりの中を鶏啼て　紫暁（松のそなた）

小ざゝが中に松の常盤木　士川
薬罐茶のねぢきるばかりいろぞ濃き　紫曉（常盤の香）

獨足に曠の新沓試て　心武
茶漬支度の焜炉急火焼《きびしょう》　似鏡（七柏集）

物相を都の西に参りつゝ　芭蕉
茶の湯の古道跡は有けり　似春（芝肴集）

蒔繪さへ寺町物と成にけり　幽山
數寄は茶の湯に化野《あだしの》の露　似春（談林俳諧）

目の玉を入《いれ》て羅漢のいき〳〵と　柴雫
茶でも汗かく最早たべまい　柴雫（末若葉）

唯居ればたゝもゐられす舩に乗　舎羅
能茶入たかよいにほひくる　舎羅（砂川）

石榴にうらみありとしらるる　守武
露ばかりのこす茶のこに袖ぬれて　守武（守武獨吟俳諧百韻）

し《詩》はつくれともかゝまりそする　守武
茶ひようにはとうはか竹やなりぬらん　守武（独吟千句）

我おもふ人や何をもあかさらん　守武
山のちやのこようみのさかなよ　守武（獨吟千句）

聊も状は詫らぬ花の國　田鶴樹
摘ば匂ひの手に殘る古茶　朱令（西海春秋）

たゞ氣みじかに雪の村ぎへ　種文
立つ春の茶初尾汲て棚へ上《あげ》　種文（俳諧猿舞師）

好た衣装は冬もすんなり　周禾
熱い茶を馬の天窓の打盈し　周禾（有多々根）
しんきはらせぬ萱茨のうち　宗因
月にしもお茶をかごとのすき心　宗因（花で候の巻）
けふの月見もえんでこそあれ　宗因
秋とならん契《ちぎる》宇治茶の後むかし　宗因（西翁十百韻）
一葉ちる宿は餅有だんご有　宗因
せんじ茶をして日ぐらしの声　宗因（蚊柱はの巻）
あくびまじりのうつかりの聲　宗因
急雨や茶うすの上にめぐるらん　宗因（歌仙そろへ）
おもしろく橋をかけたるすきの庭　宗鑑
ちやの湯のおけのかつらきのかみ　宗鑑（新撰犬筑波）
しんきくはんすのつるやめされん　宗鑑
あはづのはらのちやこそにがけれ　宗鑑（新撰犬筑波）
にぎりほそめてつゝといればや　宗鑑
はぢやつぼの口のせばきにおほぶくろ　宗鑑（新撰犬筑波）
これぞまことのえんのうばそく　宗鑑
たちいでゝちやをつみ玉ふ八のみや　宗鑑（新撰犬筑波）
一筋に阿弥陀の光たのむなり　宗鑑
ちやわんのはたのすみぞめの袖　宗鑑（新撰犬筑波）

とんせいしたるものゝふのはて　宗鑑
安うりちや立るざたうにやとはれて　宗鑑（新撰犬筑波）
門わきの塀をひらりとゝびこえて　宗鑑
おもしろく橋をかけたるすきの庭　宗鑑（新撰犬筑波）
すきの衆あづまの旅におもむきて　宗鑑
たづぬやすりちやつぼのいしぶみ　宗鑑（新撰犬筑波）
仕付なき人は鑵子のふためきて　宗鑑
これやちやおけのそこつなるらん　宗鑑（新撰犬筑波）
饂飩にきはまる萩の下露　鬼貫
茶屋か所一時のなさけ花をくれる　宗旦（當流籠抜）
戀の道こそすき〴〵にあれ　宗朋
若衆の口をそのまゝすい茶にて　宗朋（鷹筑波）
閑室の蒲団ふるふも花なれや　拾翠
茶摘に席を譲る頓興《とんきょう》　拾翠（江戸筏）
春も経ぬ十三経のほまち道　沾徳
梨花も答ず振舞茶汲　秋色（類柑子）
月待にほたる飛かふ付書院　來川
薄茶はみごと立る珍斎　秋石（つかのかげ）
此年までも息災にござる　秋風
手に結ぶ茶湯《ちゃとう》の數は重りて　秋風（俳諧雑巾）

寂として椿の花の落る音　杜國
茶に糸遊をそむる風の香　重五（續虚栗）
唐《もろこし》をきくに花香の心ざし　重次
春の茶の湯の客まつらがた　重次（鷹筑波）
きりつぼの内に夕顔さかりにて　重次
五條あたりの茶の湯かず〳〵　重次（鷹筑波）
ほろりくはんすの秋の夕暮　不詳
大ふくの茶や四所に立ぬらん　重忠（鷹筑波）
草枕あまり夜ふかう起なれて　重頼
世を佗數奇の袖の炭斗《とり》　重頼（俳諧之註）
山寺のひえを里より思ひやり　重頼
いでは茶つほの口きりて見ん　重頼（毛吹草）
こゝかしことたちうかがふ人のせい　春魚
かゆもる茶碗もろ手してだく　春魚（談林一字幽覧集）
僧が画きし屛風見せばや　自珍
一碗に茶入のかぎり打あけぬ　春香（続一夜松後集）
雁朧也唐やうの月　政定
花更に茶瓶瑪瑙の盃や　春澄（江戸桜の巻）
御在國こは珍らしの月見臺　五雲
茶道ひとりの秋の夜すがら　春武（春慶引）

そと盗む猫が袂に鳴出して　掬斗
朝茶けぶりを歌に詠まるゝ　春甫（董集歌仙）
衣の外ぞ若い紫　帳吾
茶に酔た人も往來の華曇　春羅（俳諧十六日）
機嫌よう朝から光る草の花　斗文
愛宕の茶屋の同しあしらひ　春來（高判集）
我のみかかゝる櫻の朝朗　兎園
東は胡蝶西は茶の水　春畊（遺篇歌仙）
芝屋根も南東を引請て　翅輪
いやといふまで朝茶汲出す　助叟（古太白堂句選）
飛ンだその鵙《もず》の草茎堪がたく　序令
角力の尻でくぼむ茶俵　序令（江戸筏）
文見るなとは道中の傳　石周
茶俵にむくる後のかんこ鳥　序令（錢龍賦）
下戸花に腹を切べし芳野越　言水
煎じ茶簀《ママ》の瀧匂ふ春　恕流（東日記）
都の西より丸太うる聲　幽山
茶數寄とも朝〳〵を待所に　恕流（江戸八百韻）
蚊帳の内にて茶をそあちはふ　貞室
作病はとかの尾なりととかむなよ　勝利（玉海集）

釜中《ふちゅう》になきし黒豆の露　正友
あをによし奈良茶に花の香をとめて　松意（談林十百韻）

追出しの芝ゐ過行夕嵐　正友
茶弁当よりうき雲の空　松意（談林十百韻）

淡路嶋向桟橋に花待て　西鶴
茶辯當より一滴の春　松意（虎溪の橋）

迯てゆかしき冬の鶯　几董
茶を啜る友来ルあり山里も　松烏（新雑談集）

従者がたしなむ鏃ほゐなき　斗入
土器を先づ床前に直し置く　松人（むかし合）

突兀と大入道の紙衣哉　寥太
茶に友待の霜の手箒　松隣（七柏集）

月影のうそ〳〵寒くなるままに　一茶
茶の匂ひなき島のふる廻　蕉雨（七番日記）

なんでも九文鼻毛まで濟　丈岳
茶俵をしよつてまんまと芥川　丈岳（綾錦）

おしむ秋日暮の事とおもはるゝ　春雄
茶碗に乗てありく仙人　丈石（雙林寺千句）

暖簾《のうれん》のとれて涼しき雨むかひ　風國
わつた茶碗をいつそ粉にする　丈艸（菊の道）

北局火打が岡の松さむき　常矩
茶碗手水のなみだたばしる　常矩（俳諧雑巾）

門の外板輿あげて行過る　如泉
納豆茶袋春来ぬらん　信徳（中庸姿）

打渡す花の葉ごしの難波橋　常之
棚なし茶舟ゆきかひの春　信徳（誹諧七百五十韻）

吹矢を折て墨染の月　芭蕉
秋の哀隣の茶屋もはやらねば　信章（江戸三吟）

いつやきつけの岸の欵冬《やまぶき》　芭蕉
芳野川春も流るゝ水茶碗　信章（江戸三吟）

掃の御好なつごもりの神　葛才
橘の茶に三笑の花の友　信夫（物の親）

下河原花は青葉にちり残　涼菟
茶酌のもとは一トの杖　晋子（皮籠摺）

竈の口明け急ぐ樂焼　倍子
渋茶をも天窓數ほど汲ならん　深志（無常迅速）

子供迄狂女の念佛聞覺へ　寥太
家は挽茶の臼に羽箒　深松（七柏集）

結構な肴はないか鴻の池　八葉
茶苑も添て山の肝煎　水也（庵の記）

まるい最中の月も踊も　水谷
ひやゝかな茶漬に菴の棚さがし　杉羽（七柏集）
あやはの酔のまた呉服まで　水谷
色かへぬ薄茶のみどり今ひとつ　杉羽（七柏集）
ひしぎもあへず蚊に通ふ五夜　淩聟
浄く裾を茶水に仕渡して　杉夫（小野の里）
熱湯《にえゆ》をながす末の白浪　芭蕉
茶巾さばき袖よりつたふ風過て　杉風（両吟韵）
皃は新酒のしやすつはぬき　曉烏
茶宇平も半季勤の古袴　澄江（七柏集）
引捨牛蒡雨にたゝかれ　古同
せんし茶ハ奢り晝さへ月を友　寸亭（有多々根）
雁みだれ飛いそのわか草　花陶
おなじ手に茶摘袷を染あげて　寸龍（関清水物語）
膳にばらりと明る干鰕《えび》　楸下
約束の茶の湯延してさびしがり　成宇（枯尾花）
柱かつぎとともに世をへん　浙江
茶粥する身延の水を袖にかけ　成美（遺篇歌仙）
遠き思ひに磯浪をふむ　濱藻
日蓮に茶も振廻ぬ霜の家　成美（一茶連句選成）

簾かけたる春の門〳〵　久蔵
懐旧の茶の湯に泣し若菜汁　成美（俳諧鼠道行）
終に今としも暮ゝ熨斗たば　士朗
家を出る名ごりの茶湯見ごとにて　成美（鶴芝）
桐一葉三葉四葉にかや葺て　一茶
雨の茶湯の人を待かね　成美（我春集）
蘆とはいはずよしと答へし　一蛾
月影や御所の御ふるの茶の袷　成美（俳諧何袋）
わる口は何御湯たての後　正康
しぶちやをば振舞《ふるまう》人の耻なれや　正康（鷹筑波）
かまへおかしき門口の文字　正秀
月影に利休の家を鼻に懸《かけ》　正秀（ひさご）
薫物かほる見物の場《にわ》　政信
すいふろの湯でも濃茶やたてぬらん　正章（紅梅千句）
繪賛ある掛物にしも打むかひ　可頼
正客ぶりの挨拶はよき　正章（紅梅千句）
つけかへて昔の道は波越る　常之
茶釜戴く大蛇あらはれ　正長（誹諧七百五十韻）
如何《いかなるか》禅山青ク月白シ帰依和尚　常之
生前出シ茶一盃の露　正長（誹諧七百五十韵）

　榮へひさしき神田検校　　常之
茶縮緬ころもの袂ゆたかなる　　正長（誹諧七百五十韵）
　馬糞掻《かく》あふぎに風の打《うち》かすみ　　荷兮
茶の湯者おしむ野べの蒲公英《たんぽぽ》　　正平（冬の日）
　雑巾や麻の小衣墨に染　　清風
羽箒の跡塵の世の風　　清風（おくれ雙六）
　橋杭も今は危く見えし時　　西見
平家の茶舟寄る計に　　西金（大矢數）
　はし縫のしるしと思へば月は丸　　西能
茶袋の口秋の夕暮　　西雪（大矢數）
　姫に四つ身の似よふ染衣　　西鶴
茶を運ぶ人形の車はたらきて　　西鶴（日本道にの巻）
　月花は今目前の二尊院　　西鶴
茶杓は名物炉の名殘なり　　西鶴（大矢數）
　内證の首尾はまかせ水汲む　　西鶴
お茶一つ兼て進ぜう計也　　西鶴（大矢數）
　老母のいたわり孝行の道　　西鶴
煎じ茶を金の茶釜で沸されて　　西鶴（大矢數）
　圍《かこい》くらゐにかくるしら露　　西鶴
御茶もよし花紫の物思ひ　　西鶴（大矢數）

　時は今六條参りもなかりけり　　西鶴
茶呑て暮す鹽竈の浦　　西鶴（大矢數）
　式三番や幕上《あげ》て出る　　西鶴
茶辯當朝日待得て汲ふやう　　西鶴（大矢數）
　瓦落〻〻と脆も落る神鳴か　　西鶴
茶碗摺鉢しがらきの山　　西鶴（大矢數）
　また是に付て見給へ蜑小舟　　西鶴
さては奈良茶を焼さしのかけ　　西鶴（大矢數）
　うらゝかに浦行旅の遺銭　　西鶴
浪の泡たつ茶でも酒でも　　西鶴（大矢數）
　したしめし是はさつ書に顕たり　　西鶴
茶はそなたから宇治の川霧　　西鶴（大矢數）
　扇が廃れば頭巾を頼む　　西鶴
茶引坊其松原を詠《ながめ》やる　　西鶴（大矢數）
　朝顔の盛待つ間の世界也　　西鶴
茶湯すきして袖の月影　　西鶴（大矢數）
　霞を躰てまなく時なく　　松意
茶屋に寝て別れをいそぐ佛様　　西鶴（虎溪の橋）
　臂は根ぶとの色になる草　　西鶴
月影も茶臼の如く廻り行　　西鶴（大矢數）

是は無常の風の音にぞ　西鶴
慈悲にたつる茶引人形巡來て　西鶴（大矢數）
むかしがたりに弥右衛門が春　西鶴
消にけり茶釜の名のみ雪の泡　西鶴（大矢數）
咲にけり本朝よりも唐津の花　西鶴
茶碗の焼出し草の下萌　西鶴（大矢數）
此たくみ公儀へ知るゝ陥穽《おとしあな》　西鶴
八坂の茶屋の戀は影の間　西鶴（大矢數）
極印のあたる所を幸に　西鶴
茶舟中間の浪の行末　西鶴（大矢數）
岩が根の床端《ぶち》削て物數寄に　西鶴
松の茶筅は亭主の手前　西鶴（大矢數）
目黒の原あはう拂に成にけり　西鶴
茶屋が奢て風の行末　西鶴（大矢數）
精進の内ならばこそ鯖くふな　西鶴
茶碗は冷て水の呑置　西鶴（大矢數）
惡銀などを見ぬ者のため　西鶴
浮世茶屋やうすがあって立破り　西鶴（大矢數）
世々の豆板抓まれて行　西鶴
茶屋の口鼻進出ては聲を上《あげ》　西鶴（大矢數）

極楽の光なりけり金一まい　西鶴
こゝろざす日の茶を詰にやる　西鶴（大矢數）
ぬがぬか見えぬ梅の花笠　西鶴
鶯茶同じ貌の山越て　西鶴（大矢數）
蓬莱に鶴のやしわ子うみ置て　西武
ちやせんを多くみやげにぞかふ　西武（鷹筑波）
而良不天嬉思時不有梅　西武
金有金大服奇母茶事有　西武（貞德永代記）
抱へ帯の結ひ所もはやりもの　青魚
茶の流儀さへ変る二代め　青魚（桑蓬集）
歳暮使の樽に大根　青蘿
噺して茶漬ふるまふ板の間に　青蘿（俳諧骨書）
ごくにたゝねといとおしの人　静壽
惡敷茶を柳のもとでくれぬらん　静壽（鷹筑波）
碁は兎もかくもこは鶉たち　完来
繰上る自在の五架《うこぎ》茶煮こぼれ　石意（七柏集）
節季候《せきぞろ》さむき雪の編笠　曾良
出かかりて茶の湯の客を誘ヒ合　石菊（俳諧深川）
綻に頓の針業五六寸　斗麥
廓こと葉に茶屋の愛想　石菖（七柏集）

　波ぅつ際の芥片つく　竹應
宵の茶は茶袋ばかり残るなり　石窓（嵐外付合集）
　あつぱれ和尚兒性《こしょう》すき也　卜尺
万石を茶の具にかへて身しりぞき　雪柴（談林十百韻）
　人中をはなれきつたる隠居住　一朝
岩井の流茶釜をあらふ　雪柴（談林十百韻）
　殊更に薄雪かゝる門かざり　巴風
いざよ出口のせんじ茶の音　仙化（續虚栗）
　我おもふ雪隠建て風の月　牛刀
油つぼより散茶買ヒなり　仙鶴（花月六百韻）
　松坂よりはいせに日だより　素民
夏切の茶をとりはやす朝の月　先放（渡鳥集）
　ふとんの裾に物のつかゆる　風叩
今晩も奈良茶と見へて蓋茶碗　先放（渡鳥集）
　日和かたまる宿宵《よべ》のこがらし　桃里
花になる垣は茶の木の雫して　千崖（俳諧新深川）
　滑川ひねり艾《もぐさ》に火をとぼし　芭蕉
鶴が岡より羽箒の風　千春（一葉集）
　一方は藪にもたるゝ板びさし　寸龍
茶椀にしてはいかき赤楽　千當（関清水物語）

　千代のもたれし瓢古びる　花陶
飼付て置か茶毎の花に鳥　千當（関清水物語）
　寺へ使者浅瀬教て一周忌　来禽
吾もむかしと文で茶を煮る　線来（万国燕）
　藪入の宿に御恩はあまる供　心祇
茶をかけてとはめしの愛想　全史（新撰武蔵曲）
　耳うとく妹が告《つげ》たる時鳥《ほととぎす》　芭蕉
つれなき美濃に茶屋をしてゐる　曾良（一橋）
　日中の鐘撞比《つくころ》に成にけり　桃里
一釜の茶をかすり終《おはり》ぬ　曾良（陸奥鵆）
　燒かほる物見の筵押まくり　芭蕉
もらひ寄《よせ》しも茶にあはぬ水　曾良（繼はし）
　賛のうたれぬ菊を作りし　夜來
うつくしき瀬戸の小茶碗十ならべ　楚堂（俳諧新深川）
　眠気ざましに鳥の囀る　梅堂
枯柴に茶釜の蓋のくら〳〵と　素外（一茶連句選成）
　形よりはとんだやさしい鶴の聲　梅塵
茶漬の膳に涙こぼるゝ　素外（遺篇歌仙）
　雀の子机のうへに口明きて　素丸
茶臼の僻《ひが》を挽直さばや　素丸（五色墨）

むら烏啼やあへなき御最期と　一茶
茶屋から横にみゆるあら海　素頑（蕉門中興俳諧）
道端に鍬を並ぶる晝あがり　龜柳
天目ふきてかぶる手拭　素牛（藤の實）
擧ッて濁る中に名石　琴志
茶の若狭老るとよらの寺の月　素琴（小野の里）
打割た竹の中から悟か出　素琴
茶の口切と押かけて行　素琴（有多々根）
施主と名のみの卒都婆一本　茶鶴
茶釜にもならぬ兜の鉢ばかり　素琴（七柏集）
手水鉢にも廻る清水　素玄
炉釜にや音羽の滝をしかくらん　素玄（大坂獨吟集）
ほつれたまゝの鎧着て見る　一瓢
茶の花も東雲ごろの恋草に　素桃（遺篇歌仙）
破風口に日影やよはる夕涼　芭蕉
煮レバレ茶ヲ蠅避ケルレ烟ヲ　素堂（三日月日記）
その里へ戻らるゝ駕こしらへて　獨卜
時宜する内に冷る煎茶《せんじちゃ》　素覽（俳諧千鳥掛集）
浮舟の身はしどもなき滋戸の浦　推之
酌茶の中に松葉ちり込　素覽（幾人主水）

虚に實に語り合ふ夜は明け安し　文路
古茶と新茶を佗の饗應　素諷（世事の凍解）
蚊遣火にかゝる小雨は誰が涙　一茶
玉簾よる屋に朝茶たてつゝ　双樹（遺篇歌仙）
蚊のすね程の足に灸する　梅塵
これは又まゝ妄想な朝茶の子　痩菊（遺篇歌仙）
たのしさは赤土染の花衣　一茶
茶つみの唄を二つ覚る　相我（遺墨）
花あかり土圭は鳴ど暮遅く　荘丹
めぐる茶臼の青き春かな　荘丹（能静草）
ねたしとて花によせ来る小袖武者　嵐雪
美山ンの笑ひ茶簱《キ》の風流　其角（虚栗）
若衆気にしてやつれ凋れる　楊水
ストント茶入落しては命とも　其角（俳諧次韵）
むさし壹歩さすがにと讀でやみけり　芭蕉
艶なる茶のみ所求めて　其角（俳諧次韵）
とく起て聞勝にせん時鳥　芳重
船に茶の湯の浦あはれ也　其角（鶴の歩）
風そよ夕べ切《きり》籠《こ》灯《とう》の記　李下
酔はらふ冷茶《れいさ》は秋のむかしにて　其角（虚栗）

山彦と碁をうつ風の山寺に　子堂
茶僧の首烏豆《かしらくろ》を啼《なく》　其角（虚栗）
乞食に馴て安き世を知　蚊足
町ぐたり二聲賣らぬ茶筌賣　其角（續虚栗）
菊萩の庭に疊を引づりて　越人
飲でわするゝ茶は水になる　其角（曠野集）
黒いわつぱのくし〳〵と泣　仙化
あふよしも割た茶碗をつぐがごと　其角（華摘下）
ちどりにあれし笠を小座敷　希杖
茶俵の棒ぐみ五人月を見て　其翠（遺墨歌仙）
霰こぼして雲は晴行　几董
茶にからじたるよ詩にある住居也　多少（石の月）
俤のかくるゝ傘に霰飛ぶ　恒丸
茶のはなほどき情売るかや　太笻（犬古今）
道者引むと口たゝくらん　随古
あやまつて香煎多く振出し　太祇（平安二十歌仙）
へし折れハ木槿にはまだ雨かある　几圭
竹輿へとゞかぬ茶をわめく也　太祇（はなしあいて）
鶯のうしろに有明の月　几董
秋寒み客は茶粥をねだられて　泰里（続一夜松前集）

名利をすてゝ紫衣も物うし　不二庵
遠州の茶の前礼に行ばやな　大江丸（はいかい袋）
ゆかしさに異国の寺號襲ふらん　几董
煎《せんじ》茶にほふ夜の静かなる　大魯（几董遺稿）
東からいつ紛れたか御室山　几圭
茶の上るまで京に逗留　大路（はなしあいて）
湊入帆のみゆる屋根越し　濁子
世の中を畫にのがれたる茶の烟　濁子（芭蕉翁付合集）
黒部の杉のおし合《おう》て立　芭蕉
はびこりし廣葉の茶園二度摘《つみ》て　濁子（鄙懐紙）
よひ縞ともやうを褒《ほめ》て詠《ながめ》やり　涼葉
葉茶壺直す床の片隅　濁子（鄙懐紙）
扇にすくひ吹て捨けり　新柳
浴衣着て四面目の下出し茶呼《よぶ》　男鈴（万国燕）
書てもすめる畫の植代　如吟
茶の事は犀の力を旨にして　知守（小野の里）
鱸釣る門の友舟漕よせて　可候
茶もひと包わするべからず　知足（七柏集）
乗行《のりゆく》馬の口とむる月　重辰
藁庇霧ほのくらく茶を酌《くみ》て　知足（幽蘭集）

居替りに女ひでりや江戸の町　知足
運ぶ茶臺にうつる前髪　知足（俳諧千鳥掛集）

青鷺の嘴さし入るゝ藻刈舟　月渓
茶樽をあけて酒買に行　竹外（続一夜松後集）

山本はめそ〳〵として鐘の聲　拾翠
茶をはこばせて白氏文集　竹爲（西国曲）

新宅は閏九月の月見にて　周禾
羽箒て我體掃込　茶雷（金花七発集）

枕も木の端客も木のはし　茶裡
山寺や茶挽小僧の子守り諷《うた》　茶裡（俳諧奈類佛）

蘇鉄へ釘も袮けふとき　茶裡
與四郎は口切ことに建倒れ　茶裡（俳諧奈類佛）

また逢ハぬ師へ塩辛のうや〳〵し　帳吾
ひっくり返して灌く茶袋　帳吾（俳諧奈類佛）

障子開れば寒き川風　知足
袴着ぬ人を上座に茶を入て　蝶羽（千鳥掛）

寺へ使者浅瀬教て一周忌　来禽
夕べは雨といふて茶を燒《たく》　蝶我（万国燕）

蕗の臺《とう》とりに行程雪ふりて　支考
あれは茶漬のぬるい音也　長緒（草苅笛）

誤て寒し落花の麓町　宗端
朝日いたゞく茶摘手拭　長水（五色墨）

いくらもたつる城のほりばた　政信
普請には上より御茶を下されて　長頭丸（紅梅千句）

あつたらみかんくさらかしぬる　長頭丸
丸壺の引茶もいらず花散て　長頭丸（新増犬筑波）

不すをねぶりしまねの狂言　長頭丸
こぼす茶碗やわるゝ小〻性《姓》　長頭丸（新増犬筑波）

ところのみ掘くふ僧の山ごもり　長頭丸
笠をもたねば茶やへこそよれ　長頭丸（新増犬筑波）

きりたくも有切度もなし　長頭丸
茶うすやの上手はにくきつらがまえ　長頭丸（新増犬筑波）

あながちなりと人や笑はん　長頭丸
喉かはくおりしもすひ茶飲過し　長頭丸（新増犬筑波）

頭巾をだにも今はかづかず　長頭丸
せいをだす茶引ばうずが熱氣して　長頭丸（新増犬筑波）

袋はふたつ空にぶら〳〵　長頭丸
茶にしても壺にや入ぬくこうこき　長頭丸（新増犬筑波）

仕付なき人は鑵子のふためきて　長頭丸
茶碗わりたる皃《かお》のおかしさ　長頭丸（新増犬筑波）

にが〳〵しくもおかしかりけり　長頭丸
へちくはんの茶湯にわるき茶を立て　長頭丸（新増犬筑波）

あはづの原の茶こそにがけれ　長頭丸
兼平やこがしをのみて歸るらん　長頭丸（新増犬筑波）

のどのかはきはたゞふじの山　長頭丸
田子の浦に打出みれば茶やもなし　長頭丸（新増犬筑波）

のまざればしぶ柿色の上戸衆　長頭丸
白茶斗《ばかり》をこのむたうせい　長頭丸（新増犬筑波）

きりたくも有切度もなし　長頭丸
風爐のすき評判するはひさくにて　長頭丸（新増犬筑波）

きりたくも有切度もなし　長頭丸
あしき客まじる茶壺の口惜や　長頭丸（新増犬筑波）

あつたらみかんくさらかしぬる　長頭丸
正月の茶子にことをかきはかり　長頭丸（新増犬筑波）

君ゆへに腎虚せむこそ望なれ　長頭丸
しほちやのわけも下されよかし　長頭丸（新増犬筑波）

こんがうかいにいづるあさ市　長頭丸
晝數寄にあふや矢はぎが宿の邊　長頭丸（新増犬筑波）

手拭《てのごい》はかけながらこそ朽にけれ　長頭丸
古き數寄やに殘る石鉢　長頭丸（新増犬筑波）

時〳〵に花も得咲ぬ新畠《あらばたけ》　之道
晝茶わかして雲雀かたむく　珍碩（あめ子）

借金もたぬ身こそ安けれ　椿石
茶をわかし食《めし》喰じまい茶をわかし　椿石（弓）

素麺《そうめん》も白木綿なれやゆでちらし　鶴永
茶屋もいそがし見せさし時分　鶴永（大坂独吟集）

河内ノ国へ三足ふみ込　一茶
茶をまいれ江湖崩れの羅漢達　鶴老（株番）

白きものこそ黒くなりけれ　不詳
水晶のずゞに茶染の緒をすげて　貞德（犬子集）

春の日は大あくびしてねのび哉　貞德
酔醒かすむ茶のまふの声　貞德（犬子集）

明恵聖人腹やたつらん　貞德
とがの尾の茶園をあらす往来にて　貞德（犬子集）

余寒の時分棗もぞなき　貞德
薄茶さへ小壺に入てすきぬらん　貞德（哥いづれの巻）

めつるはきしやなさかつきの影　貞德
御茶入はつるつきとこそみえにけれ　貞德（玉海集）

今よひから四十八夜とさえぬらん　貞德
茶園をみれば霜おほひせり　貞德（玉海集）

かりそめに付たるくせかうせすして　貞徳
よそへ茶磨をかしてくやしき　貞徳（玉海集）
道はらつしもなき愛宕山　貞徳
打落す茶壺の茶こそ散にけれ　貞徳（犬子集）
ありたけの花のこぼれし朝朗　とく阿
たて茶の淡のそよぐ春風　貞印（株番）
釣ためし能登鯖の荷を打かたけ　貞室
茶匙とるやほゝんほんのり夜明方　貞室（玉海集）
ふくろうつきにかゝる藪醫者　貞室
初雪に茶ことの客やめしつらん　貞室（玉海集）
なさけはふかし底はつめたし　貞利
お手つから茶碗の湯つけ下されて　貞利　玉海集）
世をばひつきりはいるかくれ家　定之
七賢は心ゆるりと茶の湯して　定之（鷹筑波）
蓑むしや己ひとりが冬構　青翁
鳥追こめて散らす茶の花　泥足（其便）
月にうかるゝ霜の底冷　元次
茶屋建て花に奢《おごり》といはるべし　泥足（其便）
大地がわれて粕漬となる　宗旦
茶碗鉢ゆすり落して棚の月　鉄幽（當流籠抜）

長安の鐘きこゆなる花の雲　暁臺
茶々喫茶替に心長閑し　斗入（むかし合）
袖に飛つくいどゝ竈馬《こおろぎ》　不詳
大酒のよはげ見せじと茶漬喰　杜若（皮籠摺）
浅草まつり留守の間にすむ　可轉
干鱈さくけふは茶漬の時おくれ　菟焉（嵐外付合集）
硯の水のこほる朝おき　左見
同じ茶の焙じたらぬは氣香もなし　怒風（幽蘭集）
洗ひたてゝ窓のむかふや若葉山　東恕
新茶を旅の雨のなぐさみ　東恕（北国曲）
五月雨の髪ぞ咄しの無盡蔵　露川
茶袋ほどの蚊屋に一ぱい　桃妖（北国曲）
日雇の五器を籠に取《とり》込　八桑
扈従《こしょう》衆御茶屋の花にざはめきて　桃隣（別座舗）
客寺の木の間〳〵をもるゝ月　当風
ほの〴〵明ににほふ茶の湯気　当風（不詳）
宇治へは人のあまた頓政　一正
お茶呑みがむかしの事やおもふらん　道職（犬子集）
竹刀つかひて泊てやるなり　草丸
鐵氣水茶を煮る度に濃かけて　頓和（嵐外付合集）

　脊戸を明れば見ゆる近道　　蕪村
一つまみ木挽に能《よき》茶入て遣　　呑溟（几董遺稿）
　文鎮のごとくすれたる老の尻　　線来
宮軍《みやいくさ》にて新茶たけたり　　雛里（万国燕）
　吸物尽てほとゝぎす書《かく》　　蝶我
見て廻す茶碗の底の花盛　　雛里（万国燕）
　月に三ヶ日は鳥うたぬ沙汰　　干當
宿がへの茶がま汲干す雪明り　　二董（新華摘）
　雨母親の留守を慰む　　匂子
烟らせて男の立テ茶水くさし　　匂子（虚栗）
　しもくにおろす撞鐘の錠　　支考
こぎ込の茶を干ちらす六月に　　如行（繼尾集）
　やとれとの御身いかなるひと時雨　　西翁
茶釜の下火たつる木嵐　　如自（ひと時雨）
　現在《うつせみ》の蔭の瘧に蔭の鍼　　百堂
茶に合ふ水と玉川を汲　　如水（みはしら）
　世捨坊主深山櫻をいのち哉　　如昔
茶釜一つに雪の玉水　　如昔（櫻十句）
　空に消えゆく柄香爐の雲　　正長
遠からぬ九品の茶臺さしあぐる　　如泉（誹諧七百五十韻）

　荻につたふる幸若が風　　正長
お次には茶堂小ゝ性《姓》きりぐゝす　　如泉（誹諧七百五十韻）
　高く行あるは低きも月の雲　　麥二
臼の茶かする窓の露寒　　如毛（続一夜松前集）
　傾城の書は五哀をあらハして　　笛十
けふの茶の湯も金につもられ　　如藍（さし柳）
　藁屋ならべて朝日白〳〵　　之道
灰焼の団子くれけり茶の塩に　　之道（あめ子）
　唐人の名月詠ふ夜もすがら　　之道
茶ものがたりや莨若《たばこ》編〳〵　　之道（江鮭子）
　昏の月仕舞普請をいそぐらむ　　几董
革の袴に茶漬こぼるゝ　　之兮（続一夜松後集）
　何とて松はすねて見ゆらん　　不詳
薄柿とも茶ともわかれぬ蜂の雲　　芭蕉（江戸両吟）
　親仁の説法きけばきく程　　不詳
茶小紋の羽折は墨に染ねども　　芭蕉（芝肴）
　宵うつり盞の陳を退りける　　其角
せんじ所の茶に月を汲　　芭蕉（武蔵曲）
　衣装草萌出る翠紅《みどり》に　　其角
雪ふゞき茶や花の端つゞき　　芭蕉（武蔵曲）

呼かへせどもまけぬ小鰹　士芳
肌さむき隣の朝茶のみ合て　芭蕉（芭蕉翁付合集）

首《つぶり》にものをかぶる掃除日　支考
花咲て茶摘初《はじ》まる裏の山　芭蕉（鳥の道）

はたけにかはる芝居淋しき　信徳
此翁茶屋をする事七度迄　芭蕉（江戸三吟）

山雀《やまがら》のかきふんどしに尻からげ　信徳
青茶の目白羽織着て行　芭蕉（江戸三吟）

血の道気うらみ幾日の春の雨　似春
胸の煙に捜す茶袋　芭蕉（芝肴集）

もろこしに獨の茶數寄有けるが　似春
織部燒なる秦の舊跡　芭蕉（芝肴集）

つく〴〵と榎の花の袖にちる　桐葉
獨《ひとり》茶をつむ藪の一家《ひとつや》　芭蕉（熱田三歌仙）

竹鉢のするどき月の夕あらし　叩端
茶の實こき行牛の嗛《たれかむ》　芭蕉（ゆめのあと）

忘れて焦《こが》す飯の焚《たき》しり　叩端
お茶壺の雨にむかひて扇子敷《しく》　芭蕉（ゆめのあと）

雪嚢師走の市の名残とて　曾良
煤掃《すすはき》の日を草庵の客　芭蕉（奥細道拾遺）

歌の會すみかゝるとき肌寒き　支考
臺子の間にも居《すわ》る侍　芭蕉（百囀）

松山の腰は躑躅《つつじ》の咲わたり　洒堂
焙爐の炭をくだす川舟　芭蕉（深川集）

足もとに菜種は臥《ふし》て芥《けし》の花　銀杏
茶を煮て廻す八瀬《はせ》の学寮　芭蕉（俳諧寂栞）

三條の橋より西は時雨けり　凉葉
茶屋の二階は酒の楼閣　芭蕉（鄙懐紙）

咲《さく》花に十府《とふ》の菅菰あみならべ　野坡
はや茶畑も摘しほが來る　芭蕉（續寒菊）

黒紅の小袖は襟のあからみて　馬莧
ゴスの茶碗を賣に出さるゝ　芭蕉（いさみたつの巻）

春の日に産屋の伽のつつくりと　山店
かはる〴〵や湯漬くふらん　芭蕉（小文庫）

陽炎に眠気付たる醫者の供　丈艸
新茶のかざのほつとして來る　芭蕉（市の庵）

朝月夜駕に漸《やうやう》追付《おいつき》て　配刀
茶の煙たつ暖簾《のうれん》の皺　芭蕉（今日の昔）

あたゝかに濱の薬師《やくし》も明ひろげ　惟然
しるし見わけてかへす茶筵　芭蕉（一葉集）

われもさびよ梅よりおくの藪椿　雅良
茶の湯に残る雪のひよどり　芭蕉（春と秋）
大根のそだゝぬ土にふしくれて　芭蕉
上下ともに朝茶のむ秋　馬莧（續猿蓑）
野ゝ宮に万度の家もはやる也　晋子
風のたよりを茶屋へ早速　馬黒（類柑子）
折角に出したを喰ぬ夕菜飯　一茶
茶碗と茶碗同士の恋仲　梅塵（遺篇歌仙）
たゞ大海の底は見えぬる　梅盛
引た茶を皆すくひ出す茶入にて　梅盛（鷹筑波）
男法度の部屋しんとして　一茶
隠しても流石お通の茶の手前　梅堂（一茶連句選成）
うれ〱とはたちを越えぬ恨こと　羽曲
天晴娘茶杓ふくなり　梅符（高判集）
菫が咲てむらさきの原　梅路
水茶屋はぬるむでからの柱立　梅路（俳仙窟）
午餐おくれて急に世話しき　幹雄
茶道具を手まめに老の寄せ集め　這雄（甲府太田公園）
まんまと越えし乗合の船　春甫
そゝくさと茶漬の膳をあつらへる　柏葉（遺篇歌仙）

撰集に砂金遥〱使者のべて　大橋
早速ながら茶漬すゝめる　白花（七柏集）
石をいたゞけおこり請合　知洞
曉の縁に釣瓶と水茶碗　白兎（小座鋪）
土器にことし米盛宿とりて　五稜
茶柄杓削る香の幽なり　白老（世美冢）
阿難迦葉へ銀子いささか　晋子
藪の色薄茶の稽古風そよぐ　幡川（類柑子）
麻羽織日傭かしらの帳提て　素丸
所すゝめの茶売餅売　斑象（五色墨）
灸によい日と覗く蝶〱　班象
裏茶屋に苦界忘るゝ小鍋立　班象（七柏集）
朝がほの花にはあらず茄子漬　盤谷
宇治の焙炉は庵室の伊達　盤谷（延享廿歌仙）
繼に伏見の出船おくるゝ　一得
酔ざめの茶碗に誘ふ水一ッ　盤中（七柏集）
熨斗を屓ねる栗は山形リ　佳木
月の前薄茶を印度《イド》の茶碗にて　飛泉（鵲尾冠）
塀におくまる放下師が家　敬斎
南天も枇杷も茶の木もみな老木　百堂（みはらし）

柳あり竹あり奥に隠はあり　百童
薄茶くらゐは解く稚連《おさな》　百童（老曾の森）

夏の月張子の馬の背に答へ　新眞
たて茶呑にはうしろ向なり　百里（杜撰集）

馬上の寒さ詩に吼る月　李井
茶坊主を貰ふて帰る追出シに　百萬（反故衾）

尺八の名にも聞へしいわて山　李井
甜て茶に汲む三睽《みつまた》の水　百萬（反古衾）

くどかれてしめ木にかゝる花の種　亀玉
よそへもらすな茶袋の梅　不孤（籠前栽）

六弥太が身のかんにんやならざらん　不詳
茶湯釜でも魚をこそにれ　不詳（犬子集）

つき上窓に出る日を待つ　不詳
ふりたつるこい茶の色のいかならん　不詳（犬子集）

土の中よりよしは出けり　不詳
手ぎはにもしたる數寄やの下地窓　不詳（不詳）

今朝汲やとそつ天より立霞　不詳
大ぶくわかす竹自在釜　不詳（犬子集）

目づかひのたつみの方やたゝるらん　不詳
常ふり坊に引茶ぬるとは　不詳（不詳）

煩ふ牽頭《たいこ》舌やさけなん　不詳
駕宿は未《ま》だ夜深《よぶか》きに茶が煮《にえ》て　不詳（江戸筏）

千鳥の声の届く本陣　不詳
茶つみのむかし見るうちに立　不詳（俳諧童の的）

蛇の舌焦つく石の間より　不詳
茶うりの樽にきえる初雪　不詳（俳諧童の的）

毛を自慢する壬生の百姓　不詳
裏茶やの持仏にあまる枝紅葉　不詳（俳諧童の的）

裸で寝入る蓮のまれ人　不詳
さくらを孕ム茶屋のうそつき　不詳（俳諧童の的）

貴様ひとりで城は磐石　不詳
足洗ふゆも茶の下も母次第　不詳（俳諧觿）

女郎の子でも鵆は生れず　不詳
茶屋の葭戸《よしど》の裏に八ツ山　不詳（俳諧觿）

闗帝様の髭をぬき足　不詳
少し茶壺に勝《かつ》た掌《てのひら》　不詳（俳諧觿）

縮緬を敷く霧晴の灘　不詳
酒にみぢんな口切の後坐《ござ》　不詳（俳諧觿）

きいたか〳〵今のかりがね　不詳
落す茶碗のそこの露ちる　不詳（誹諧当世男）

梨子柿の跡おもしろし接木の實　不詳
初て鹿《しし》を得たる余り茶　不詳（俳諧草結）
吉岡の松にかゝれる雲はれて　不明
雨やくろちやをそめて行らん　不明（金襴集）
蕪あたゝかに煮える赤味噌　不騫
宗鑑が茶に雇るゝ小才覚　不騫（七柏集）
町はしづかに摂家親王　雪珊
口切にしぐれもそふてめぐるらん　普茂（七柏集）
來い〳〵といふ方はいや也　芙雀
あの人に茶漬を居《すえ》よおれも喰　芙雀（砂川）
弥高し彦〳〵山の櫻狩　呂雄
柳の糸の茶筅振り立　舞雪（うたたね）
起いでゝ落首よみくだすをかしさよ　几董
茶に汲む水の浅くてに澄ム　蕪村（續明烏）
三十経る次郎が胤を妊ミけん　几董
茶にうたかたの粥すくひ喰ふ　蕪村（新虚栗）
夏もおくあるしほり戸の道　松宗
茶のにほひかしこき人やおはすらん　蕪村（写経社集）
耳にたまるはおもひ有《ある》時　風葉
茶の方へ九軒の折敷寸法し　風葉（江戸筏）

陽炎消《きゆ》る庭前の石　曾良
たのしみと茶をひかせたる春の水　風流（雪の薄）
けふも又蘆山の連衆アサをぎむ　指馬
膳所の新茶に千木の逼迫　文竿（類柑子）
今の世や猫も杓子も花見笠　一茶
竹押まげた茶屋の春風　文虎（一茶連句選成）
唐真似の一賢人が笏さして　一茶
岩の鼻から茶水流るゝ　文虎（一茶連句選成）
堂の玄関はかいはいの出來　文虎
花ざかり茶を乞ふものにほつとして　文虎（兩吟連句帳）
窓切抜て小松三本　文虎
あつさりと利休が花の咲にけり　文虎（兩吟連句帳）
冬籠物覚《おぼえ》ての大雪に　左柳
茶の立《たて》やうも不案内なる　文鳥（桃の白實）
塩あんばいも妾ならでは　白花
茶歌舞伎の後座は涼しき舟路香《ママ》　文母（七柏集）
春来ても旦那炬燵を去り給はず　米仲
茶漬まいつて御帰りあれ　米仲（靭随筆）
咄シじや〳〵霰の礫　米仲
せんじ茶の釜こそもらね板庇　米仲（靭随筆）

ゑしれぬ草を膏薬に干　米仲
茶漬飯ざつと仕廻ふてつき出し　米仲（延享廿歌仙）

やくやとうふのみもこがれつゝ　便一
来ぬ人をまつの下なる茶屋のかゝ　便一（鷹筑波）

四阿の手一はいなる雪の朝　鳳鳴
茶後に乞ハれて出した妼　鳳鳴（俳諧奈類佛）

酔狂は坂本領の頭分　魚素
松にきあはす辛崎の茶屋　北枝（卯辰集）

犬なんど追ふをかごとに目をやりて　北枝
こゝろのある敷塩茶迄出す　北枝（北枝発句集）

鰤あぶるにほひに飽し夷講　支考
茶の湯ごゝろに咲た水仙　牧童（草苅笛）

その一ふしを猫もしゃくしも　竹睡
有明になれば茶摘のはじまりて　没味（六花庵往来集）

朝曇昼あたたかに花さかり　空芽
茶つみの下を通るわる口　万里（菊の道）

二人静にかたるばゝたち　不詳
せんじゆ茶をのむのむよめやそしるらん　不詳（犬子集）

謡ずき引取息の下までも　不詳
箸はすたらぬなら茶なるらん　不詳（不詳）

さかやきを半分剃て悔《くやみ》うけ　不詳
脱だ浴衣へ茶椀うしなふ　不詳（不詳）

頭巾深く月のあやなき闇ヲ着ル　不詳
松烟ひとり茶粥すゝって　不詳（武蔵曲）

駕籠のすだれのはては飯次　未石
濱茶屋は太左衛門橋から大桂馬　未石（綾錦）

日を北賣らん彼是の市　物赤
蕎麦なら茶花や譽を盛るらん　茂領（新虚栗）

縫箔の年に似合ぬ紅粉《べに》を着て　許六
十念すめば茶の段になる　木導（宇陀法師）

世を春風の思ひなき顔　越人
有明のぬるい茶漬を五六杯　問景（庭竈集）

尾張をうつす木曾の大根　去来
やれ残る茶碗ひとつはいそがしき　野童（鵜の音）

腹いっぱいも喰はで奉公　文立
引直す茶臼の癖に氣を盡し　柳山（秋田蕨）

ひけらかすこそはつ大角豆《ささげ》なれ　長頭丸
所がらなら茶を月の夜振廻　友仙（紅梅千句）

呼子鳥ふるきけしきをうつすらん　布石
茶の風呂敷を肩に懸たる　友國（花見二郎）

順禮の札はうたれし柴屋町　晩滄
茶碗を割て何を囁く　有角（陸奥衡）

賤の女の切火に清し蠶棚　有佐
よい茶の匂ひ奥深き春　有佐（延享廿歌仙）

人をも裂て鴇ならび飛　八香
月高し茶にも煮れず花の雪　有風（花月六百韻）

經はまだかと寺見せにやる　五桐
いや〳〵といふて茶漬が三四盃　由洛（一幅半）

我國ハ見ゐて重たき笈仏　乙朶
腹立拍子茶漬掻込　楊舟（俳諧十六日）

あそこ爰《ここ》ぬひなをしたる戀衣　寒水
二番煎じは茶の花がなき　落荷（勧進牒）

焼物に宵の席書添てやり　現獅
利休好ミの利休迷惑　嵐外（ふたりづれ）

夏の月丸うは出れと宵のうち　可轉
麥も茶筌のけに奇麗なり　嵐外（嵐外付合集）

中〳〵に遠きが花の友なれや　蕪村
摘むはつむかし挽後むかし　嵐山（石の月）

笠うち越せば恨の瀧を柳哉　擧白
大葉の茶摘小葉も候《そろ》べく　嵐雪（其袋）

暮かけて啼盛りたるほとゝぎす　史邦
山も御茶屋も青葉なりけり　嵐竹（芭蕉庵小文庫）

暮るに間なく凍戻る畔　茶雷
上客は茶汲人形に膝立て　蘭人（俳諧十六日）

また下手さうな章門の針　利安
茶にも色〳〵ある宇治の里　利安（鷹筑波）

すぢかひに木綿袷の龍田川　野坡
御茶屋のみゆる宿の取つき　利牛（炭俵）

燕口なる椀のかず〳〵　利貞
お茶をたゞ自由自在に立ゐぼし　利貞（鷹筑波）

わめいて通る宿の馬方　許六鼇
竈《くど》の火もほのかに明て茶の出ばな　李由（韻塞）

大橋をこさぬ中なれやかた船　其角
茶でも止まらずのどかはく月　里東（俳諧勧進牒）

請状すんで奉公ぶりする　沾圃
よすぎたる茶前の天気きづかはし　里圃（續猿蓑）

舞雩に風《ふかれ》に花の木登《のぼり》　止水
春日影座頭茶磨をゆるされて　立園（伊達衣）

穴よりもひばかりやたゞ出ぬらん　良徳
茶酌の節を鼠くひ折　良徳（鷹筑波）

此程の普請の有し坪の内　良次
茶のへりぬるとせんさくぞする　良次（鷹筑波）

物に馴たる親仁なりけり　亀二
駒留て薄茶の花の紅和巾　鱗江（七柏集）

夜着の袖から盗人の顔　恋稲
風鈴を聞《きく》普茶の満腹　恋稲（俳諧觽）

弟もともに足軽月の影　素丸
鬼灯賣りはちやん袋うり　蓮之（五色墨）

ひとり住ゐの鎰《かぎ》持てゆく　嵐青
茶をこきに一はなおこる賑かさ　路健（續有磯海）

見かはす皃《かお》に落る清涕　路人
有明に短き髪を茶せんして　路人（續一夜松前集）

まくりて歸る榻《しじ》のねむしろ　芭蕉
茶ひとつの情を思ふ衛士《えじ》が妻　路通（幽蘭集）

他所山もみゆる窓から差圖して　燕説
茶の下もやせどこも飯時　露川（西国曲）

顔見ちがゆる人の剃たて　燕説
口切のけふはもつとも衣がえ　露川（北国曲）

慢勝にきよろ付し対待　徐道
水茶屋に真の景を建潰し　露竹（有多々根）

三日月に蔦の夕日の照り残り　呂風
濃茶にならぶ人〳〵の秋　浪化（そこの花）

化やうが古いと狸とり置て　支考
お茶屋の松に風さはぐ也　浪化（そこの花）

公事に汚るゝ迚も灶込《たきこみ》　亂絮
茶に塩の入とも知らずおもひ朽《くち》　亂絮（江戸筏）

寺町を看籠じやと賣□□（虫損）　來山
茶師のくせとて軽薄な状　來山（續いま宮草）

岩根ふむ遍路に不思議語合　寥太
飯は仕廻ふて茶も播磨鍋　兀つら（七柏集）

葭ぬきに来る子もやさし垣の花　嵐雪
茶具取置て爐をふさぐ比　兀峯（弓）

口にまかせて付る俳名　凉袋
茶の下へ毎日垣が透て来る　凉袋（南北新話）

ことしも立て早〳〵な盆　凉菟
口切を隣へおくるひしこ漬　凉菟（皮籠摺）

とりさばきたる葛籠細引　由洛
せんじ茶の中へ湯煎を突込て　凉菟（一幅半）

誰もいふ旅は道づれ老の坂　露川
一樹の陰の昆布に煎茶《せんじちゃ》　凉菟（幾人主水）

吹たふす杉も起さずこの社《やしろ》　左柳
いつも茶のみに寄る端の家　涼葉（鄙懐紙）

　降山も間に有て野分吹　几圭
次郎よちやと出よちかづきの牛　几圭（其雪影）

　若やいて着替る樫の落葉哉　達三
茶はさむしろにさめて初蟬　几圭（はなしあいて）

　住吉戻り内て腰かけ　周禾
ぬるい茶も時に取てハ賢《かしこ》けれ　几掌（金花七発集）

　夕暮ハ小春の空も朧月　茶雷
茶出しの口に落葉流るゝ　几掌（俳諧十六日）

　初雪ふれり師走ついたち　維駒
朝込に針屋が茶のゆおもしろや　几董（五車反古）

　五里に一舎かしこき使者を労《ねぎらい》て　蕪村
茶にうとからぬあさら井の水　几董（桃李）

　雨寒く物かたりあふ立ながら　佳棠
古き茶入の売《うれ》るさたあり　几董（新雑談集）

　博奕して廿日の月も更ぬらん　毛條
茶粥に塩を入過す秋　几董（続一夜松後集）

　ちどりゆくなる小便の前《さき》　几董
俳諧はよい茶たうべて苦吟也　几董（新雑談集）

　画工をとめてけふも去《いな》さず　几董
麦飯に老のむら氣の茶の湯して　几董（續明烏）

　春や華まづ曙の始見舞　龜友
風大ぶくの釜に入來《きた》る　呀我（氷餅集）

　法の師いまだ出てわせぬ春　太祇
ほつ〳〵としぶ茶に花の物語　嘯山（平安二十歌仙）

　本明星は三輪ぐむなり　午寂
茶畠のうへに引ぱる赤根染　團友（皮籠摺）

　拂子《ほっす》にて人追まくる善知識　壺中
のみたい時はせんじ茶をのみ　壺中（弓）

　三里よし四里よし春の膝栗毛　半臺
呑てさう間もないに茶屋入り　壹大（無常迅速）

　住馴て左り勝手も其通り　荒振
ひらりと飾付けの羽箒　寥殊（影七尺）

　月やむかしの根来一組　寥太
渋帋に茶俵わける秋の風　寥太（七柏集）

　箭喚のきのふにかはる松の声　月守
宇治へ移転の茶には富候《そろ》　寥太（七柏集）

　まだ売きらぬ苣の片畚　半輪
永き日の茶漬に祖父をいたはられ　寥太（七柏集）

折ることはならぬ都や八重櫻　寥太
けふ爰もとにぬるむ水茶屋　寥太（七柏集）

天台の山時めける寺〳〵に　菊貫
茶にも顔出す袴あきなひ　寥太（七柏集）

酔ふたる梵論《ぼろ》の顔を隠さず　寥主
割飯の茶漬はきこし召るゝ　寥太（七柏集）

くもらぬ暖簾聲なうて呼　幸輪
茶色鳩嘴と申せば都也　専吟（類柑子）

岩角の尖《とがり》も山の近いから　万裏
開帳あてに茶屋の相談　榮央（笠の晴）

夕顔の病人ふへて宿せはし　不詳
茶苑の太鼓泰平を打　沾徳（類柑子）

引たゝぬ秋海棠のしみたれは　沾石
茶を頬白の洗ひ髪散ル　沾石（江戸筏）

死《しん》だとて月の入べき穴もなし　嵐雪
茶碗の中の白い秋立　渭北（錢龍賦）

朝霧に繪の具の箱の蓋あけて　昌房
茶を精出してはこぶ弟　游刀（枯尾花）

藤で柄まく相口の捺《なた》　滄波
奥山の五器に茶を汲花曇　滄波（別座鋪）

賣にやる筍《たけのこ》掘ておしむらん　支考
茶どきの雨のめいわくな隙《ひま》　諷竹（砂川集）

地蔵の埋《うも》る秋は悲しき　支考
仕事なき身は茶にかゝる朝の月　諷竹（其便）

雲吹はれて余寒すゝどき　太祇
花の頃茶園は埃の溜りよし　随古（平安二十歌仙）

三年かゝりし須磨の彩色　太祇
茶嫌ひと沙門の身には言ひかねて　随古（平安二十歌仙）

三日の月いつの間にかは出て有て　嘯山
茶筅の雨をかつぐ松虫　随古（平安二十歌仙）

【主要参考資料一覧】

『日本俳書大系』（日本俳書大系刊行会、一九二六〜）
『初期俳諧集』（新日本古典文学大系、岩波書店、一九九一）
『天明俳諧集』（新日本古典文学大系、岩波書店、一九九八）
『江戸坐点取俳諧集』（新日本古典文学大系、岩波書店、一九九三）
『元禄俳諧集』（新日本古典文学大系、岩波書店、一九九四）
『連歌俳諧集』（日本古典文学全集、小学館、一九七四）
『近世俳句俳文集』（日本古典文学全集、小学館、一九七二）
『近世俳諧資料集成』（中村俊定編、講談社、一九七六）
『新俳句大観』（佐々政一編、明治書院、二〇〇六）
『上方俳書集』（大谷篤蔵編、上方芸文叢刊刊行会、一九八一）
『関東俳諧叢書』（加藤定彦・外村展子編、青裳堂書店、一九九七）
『秋田俳書大系　近世編』（藤原弘編、秋田俳文学の会、一九七一）
『三翁俳諧集』（淺川寅平編・刊、一九一八）
『西山宗因全集』（同書編修委員会編、八木書店、二〇〇四）
『芭蕉俳句集』（中村俊定校訂、文庫、岩波書店、一九六〇）
『松尾芭蕉集』（井本農一校注、日本古典文学全集、小学館、一九七二）
『芭蕉連句集』（文庫、岩波書店、一九七五）
『芭蕉七部集』（新日本古典文学大系、岩波書店、一九九〇）
『蕪村俳句集』（穎原退蔵編注、文庫、岩波書店、一九三二）
『一茶七部集』（勝峯晋風編、古今書院、一九二五）
『一茶俳句集』（荻原井泉水編、文庫、岩波書店、一九七九）
『一茶七番日記』（丸山一彦校注、文庫、岩波書店、二〇〇三）
『栗本青羅発句集』（橘屋治兵衛板、一七九七）
『虚白発句集』（神野嘉右衛門刊、一八九八）
『加舎白雄全集』（宮脇昌三他編、国文社、一九七五）
『夏目成美全集』（石川真弘編、和泉書院、一九八三）
『几董発句全集』（朝美美智子編注、八木書店、一九九七）
『田上菊舎全集』（上野さち子編、和泉書院、二〇〇〇）
『駿河俳諧資料集』（杉本光子編、同書刊行会、一九八五）

あとがき

　江戸時代にどんな茶がありどんな飲まれ方をしていたのかは、興味のあることではあるが、種々の文献に記されている断片を手がかりにする以外には知る手立てがすでにないように思われてきたのではあるまいか。手っ取り早く思いつくのは江戸時代に書かれたいくつもの地誌類の記述をさぐることだが、しかしそれらは各地に固有だった茶について何ごとかを語ってはいるものの、相互の関連についてはほとんど示唆するところがないのも確かなのである。

　それは、すでに遠くなった江戸時代の喫茶文化の実態を知ることさえ困難だという事情を物語っていようが、文献的な探索以外にも、十全ではないまでも方法がないわけではあるまい。たとえば、近代にまで残ってきた各地の晩茶の類やその独自な喫茶法を、実態に即して周到に考察することもその一つになり得るはずである。もちろんその作業は、往時の社会構造や文化構造の種々の構成要素を全面的に考慮に入れることが必要になろうが、いくつかのことを前提にすればかなりの程度までは可能であろう。

　では何が前提となり得るだろうか。往々にして陥りがちな思考——茶を現代的でマテリアルな商品としてだけ考える思考を排することはもちろんだが、わたしが考えるのは、あらゆる茶を等位・等価値のものとして見ること、および茶の生産を含めてその文化を主導するものは〈喫茶〉にほかならないことの二つである。これは現代のそれについても当然適合する前提となろう。

江戸期の俳諧作品が含む茶の句は、もちろんさまざまな制約はあるものの、近世の茶の実際を知る上で一つの手がかりを示してくれているように思う。本書が近世喫茶史を考察する上での一助になれば幸いである。

本書の上梓は八坂書房社長八坂立人氏以下の方々の深甚なご理解を得て実現することが出来た。長く続いている出版不況のもとでまことに得がたい僥倖と言うべきであろう。最後になったが、記して衷心からの謝意を申し述べる次第である。

二〇〇七年七月二五日

著者識

著者紹介

山田 新市（やまだ・しんいち）

1937年静岡県（旧中川根町）生まれ．立教大学文学部卒．
文芸論・喫茶史

【主な著書・論文】
『日本喫茶世界の成立』ラ・テール出版局、1998年
『緑茶の事典』共著、柴田書店、2000年
「反俗の終焉」（『文芸驢馬』、1989年）
「試論　杣の茶」（『淡交』、1999年2月）
「古代茶伝承をめぐって」（『茶の文化』2002年10月）
私家句集『點鬼簿』、1994年　他．

URL.　http://homepage2.nifty.com/taigu-soh/
E-mail　taigu-soh@nifty.com

江戸のお茶 ―俳諧 茶の歳時記

2007年 8月27日　初版第 1 刷発行

著　者　山田新市
発行者　八坂立人
印刷・製本　モリモト印刷（株）

発行所　（株）八坂書房
〒101-0064 東京都千代田区猿楽町1-4-11
TEL.03-3293-7975　FAX.03-3293-7977
URL.: http://www.yasakashobo.co.jp

ISBN 978-4-89694-897-4

◆関連書籍のご案内

歳時の文化事典

五十嵐謙吉著

四季折々に人々の心を捉える風物80項目を収録。東西の古典や民俗誌、近現代文学から百科事典的データまでを渉猟。日本の季節のゆたかな移ろいの中で成熟した文化を再認識し、日常の事物に新鮮な発見を楽しむ―心を豊かにしてくれる教養事典。

四八〇〇円

江戸の野菜 ―消えた三河島菜を求めて

野村圭佑著

江戸の庶民は、どのような野菜を食べていたのだろうか？季節ごと旬の野菜は、どこで作られ、どのようにして大江戸市中へ運び込まれていたのだろうか？近郊での野菜の栽培、流通、販売、舟運、川と野菜との関係、飢饉と野草の利用まで、野菜を通して当時の生活の一端を明らかにする。

二四〇〇円

植物と動物の歳時記

五十嵐謙吉著

春夏秋冬を彩る花・鳥・草・木・虫・魚。日本人が忘れかけていた、いきものと季節の係わりを、東西古典文学、民俗誌、神話、自然科学書から農業白書までを紐解き、やさしく綴る。日本ならではの季節感を再考させる歳時記エッセイ。

二八〇〇円

ロマンス・オブ・ティー ―緑茶と紅茶の1600年

W・H・ユーカース著／杉本 卓訳

中国での茶樹発見以来一六〇〇年、世界各国で独自の喫茶習慣を生みだした緑茶と紅茶。西欧へ持ち込まれた17～18世紀当時に飲まれていた茶の三分の一は緑茶だった。本書は緑茶・紅茶文化のすべてを詳述。その歴史に秘められた、伝説・逸話・名言・芸術の一大データベースである。

二六〇〇円

＊価格は税別価格